ARBEITERBEWEGUNG
ERWACHSENENBILDUNG
PRESSE

Festschrift für Walter Fabian
zum 75. Geburtstag

Mit einem Vorwort von Carola Stern
Herausgegeben von Anne-Marie Fabian

Europäische Verlagsanstalt

CIP-Kurztitelaufnahme der Deutschen Bibliothek

Arbeiterbewegung, Erwachsenenbildung, Presse:
Festschr. für Walter Fabian zum 75. Geburtstag / mit Beitr. von
Arno Behrisch ... – Köln : Europäische Verlagsanstalt, 1977.
  ISBN 3-434-00341-x
NE: Fabian, Walter: Festschrift; Behrisch, Arno [Mitarb.]

© 1977 by Europäische Verlagsanstalt, Köln-Frankfurt/M.
Lektorat: Anne-Marie Fabian
Gesamtausstattung: Edgar Krausch, Nieder-Roden
Druck: F. L. Wagener, Lemgo
Buchbinderei: Klemme & Bleimund, Bielefeld
ISBN 3-434-00341-x
Printed in Germany 1977

Inhalt

Carola Stern

Walter Fabian zum 75. Geburtstag

In Walter Fabians Geburtsjahr 1902 tagte in München unter dem Vorsitz Clara Zetkins die 2. Konferenz sozialdemokratischer Frauen Deutschlands und erhob die Forderung nach dem Wahlrecht für die Frauen und ihrer Zulassung zu politischen Vereinen. Heute, 75 Jahre später, besteht die Mitgliedschaft der SPD zu vier Fünfteln immer noch aus Männern. Viele Frauen, die Willy Brandt 1972 zu seinem großen Wahlsieg verholfen haben, wählen inzwischen wieder CDU.

In Walter Fabians Geburtsjahr wurden Franz Mehring und Rosa Luxemburg in die Redaktion der »Leipziger Volkszeitung« berufen. Heute, 75 Jahre später, würde eine Umfrage unter bundesdeutschen Oberschülern, was sie von diesen beiden großen Gestalten der deutschen Arbeiterbewegung wissen, wohl ein erschreckendes Ergebnis bringen.

In Walter Fabians Geburtsjahr tagte der 4. deutsche Gewerkschaftskongreß in Stuttgart. In seinem Schlußwort erklärte der Vorsitzende der Maurergewerkschaft Theodor Bömelburg, warum die deutsche Gewerkschaftsbewegung und die deutsche Sozialdemokratie gemeinsam auf dem gleichen Wege seien: »Die deutschen Gewerkschaften werden niemals ablassen von der Forderung einer grundsätzlichen Umgestaltung der Verhältnisse, weil sie wissen, daß sonst eine endgültige Lösung der sozialen Frage nicht möglich ist.« Der Unterschied zu 1977 bedarf nicht erst des Hinweises. Und weil ein größerer Abschnitt dieser Festschrift unter dem Obertitel Presse steht, soll schließlich noch erwähnt sein:

In Walter Fabians Geburtsjahr gehörten zur sozialdemokratischen Presse neben dem »Vorwärts« und der »Neuen Zeit« 54 Tageszeitungen, 21 Wochenzeitungen, 3 Monatszeitungen und 2 Illustrierte. Heutzutage gibt es keine einzige überregionale sozialdemokratische Tageszeitung mehr und außer dem »Vorwärts« auch keine weitere sozialdemokratische Wochenzeitung für ein größeres Publikum.

Gewiß, man könnte im Vergleich zwischen dem Anfang des 20. Jahrhunderts und dem Beginn seines letzten Drittels die positiven Veränderungen betonen. Doch Walter Fabian wird die politische Melancholie seiner Freunde und Kollegen in diesem Jahr verstehen, vielleicht auch teilen. Für demokratische Sozialisten in der Bundesrepublik ist dies kein hoffnungsvolles Jahr. Keine Aussicht auf ein Ende der Arbeitslosigkeit, sondern Furcht vor noch höheren Arbeitslosenzahlen, keine Aussicht auf längst überfällige Reformen, auf paritätische Mitbestimmung, baldige Verminderung der Rüstung, Rückschläge in der Entspannungspolitik ... Aus den Zeitumständen kommt die Ermutigung in diesem Jahre nicht. Doch sie erwächst uns, lieber Walter, im Blick auf einen Lebensweg wie Deinen.

Was ist daran über das Einzelschicksal weit hinaus so exemplarisch? Sozialist zu werden und zu bleiben, politische Standhaftigkeit und Kontinuität führten in furchterregende äußere Lebenswirrnisse; ein hohes Maß gesellschaftlicher Verantwortung bedingte, von politisch Kriminellen aus der Gesellschaft getrieben, zu ihrem Feind erklärt zu werden. Mit anderen Worten: Als junger Mensch in der Weimarer Republik Sozialist geworden und dies als alter Mann in der Bundesrepublik immer noch zu sein – ein solches Leben beinhaltet zwangsläufig Verfolgung und Illegalität, Verhaftung oder Flucht, Angst und Armut, Internierung in der Hitler-Ära. Und nach deren Ende eine schwer zu überwindende Enttäuschung in der Ära Adenauer/Ulbricht: den Verfall der großen Hoffnung auf ein sozialistisches Nachkriegsdeutschland. Da Ihr dennoch niemals resigniert habt, nehmt Ihr uns, den Jüngeren, das Recht zu resignieren.

Es gibt eine andere Konsequenz aus Walter Fabians Leben, die ebenso gewichtig ist. Er beweist uns nämlich, daß Unabhängigkeit des Denkens und Sozialist zu sein, Eigenwilligkeit der Meinung und links zu sein, nicht etwa Widersprüche sind. Gerechtigkeit, sprich Freiheit für die Mehrheit, kann nicht der erstreben, der die Fähigkeit zum Denken und zur eigenen Meinung Disziplinanforderungen politischer Behörden unterwirft, mögen dort auch Gleichgesinnte schalten. Walter Fabians politische Unbequemlichkeit ist eine nachahmenswerte Tugend.

Mit jener Wärme, jener Herzlichkeit, die seine Freunde, Genossen und Kollegen an Walter Fabian so lieben, überreichen sie zu seinem 75. Geburtstag diesen ihm zu Ehren geschriebenen Band.

1. Arbeiterbildung – Erwachsenenbildung

Fritz Borinski

Arbeiterbildung im Leipzig der zwanziger Jahre

I.

Wir lernten uns 1924 in Leipzig kennen. Ich leitete damals die studentischen Arbeiterunterrichtskurse an der Universität. Walter Fabian kam zu mir. Er wollte einen Kurs übernehmen. Ich weiß nicht mehr, welcher Kurs es war. Die Arbeiter-Unterrichtskurse (»AUK«) standen am Rande der Leipziger Arbeiterbildung. Sie waren kurz nach 1900 von sogenannten »Freistudenten« gegründet worden, die das konventionelle Korporationswesen ablehnten und sich, statt zu feuchtfröhlicher Geselligkeit zusammenzukommen, unter einer gemeinsamen sozialen Aufgabe zusammenfanden. Sie wollten die Kluft zwischen Student und Arbeiter überbrücken helfen und bemühten sich, Arbeitern und Angestellten behilflich zu sein, ihre elementaren Kenntnisse und Fähigkeiten auszubauen. So gab es Kurse im Rechnen, in der Rechtschreibung, der Stenographie, der deutschen Stilkunde usw. Anspruchsvollere Themen wurden nicht behandelt. Man beschränkte sich darauf, elementares Wissen zu vermitteln, und fand damit Resonanz. Im Wintersemester 1923/24 fanden etwa 30 Kurse statt, an denen Arbeiter und Angestellte aller Altersstufen teilnahmen.

Die AUK waren dem Sozialamt des Allgemeinen Studentenausschusses (»ASTA«), der Organisation der studentischen Selbstverwaltung an der Universität, angeschlossen. Freilich waren viele Kursleiter in ihrer Aufgabenstellung und Methodik unsicher. Deshalb versuchte ich, sie mit der Arbeiterbildung der Volkshochschule in Kontakt zu bringen. Der Gründer und Leiter der Volkshochschule, Hermann Heller, hatte an der Leipziger Universität ein »Seminar für freies Volksbildungswesen« gegründet. Seine Assistentin, Gertrud Hermes, nahm sich unserer Kursleiter an.

11

Sie berichtet 1924 in Hellers Buch »Freie Volksbildungsarbeit« über diesen Versuch, die Mitarbeiter der AUK methodisch zu schulen¹.

Ich selbst war zu dieser Zeit der Arbeiterbildung und Arbeiterbewegung nähergekommen. Ich bin in Berlin zwischen 1903 und 1919 aufgewachsen. Ich stamme aus einem bürgerlich-liberalen Elternhaus (man las das Berliner Tageblatt und die Vossische Zeitung). Die Lehrer meiner Schule, eines Charlottenburger Gymnasiums, waren zumeist konservativ oder alldeutsch. Drei Begegnungen bzw. Begebnisse lenkten mein wachsendes politisches Interesse auf die Arbeiterbewegung und auf den Sozialismus: Mein Mitschüler Kurt Hemmel, die Novemberrevolution und die Jugendbewegung.

Kurt kam 1913 zu uns in die Quinta. Er war Arbeiterkind, – älter als wir, klein, blaß, zäh. Seine Art und seine Kleidung waren anders. Er war ein Außenseiter, aber er war ein guter Turner und konnte sich nötigenfalls wehren. Er war intelligent und zog mich in seiner ruhigen, nüchternen Berliner Haltung und Redeweise an. Wir hatten den gleichen Schulweg. Kurt begleitete mich oft nach Haus. Er erzählte mir im Frühjahr 1914, daß sein Vater gegen den Kaiser und gegen den Krieg sei – Sozialdemokrat. Dieses Thema hat uns dann, im Krieg, immer häufiger beschäftigt. Die Novemberrevolution rührte auch unsere Obersekunda auf. Schülerräte wurden gewählt, politische Jugendbünde wurden gegründet. Nach den Weihnachtsferien kam Kurt nicht mehr in die Schule. Ich traf ihn einige Wochen später auf der Straße. Wir hatten ein langes Gespräch. Auf einem stundenlangen Marsch durch den Tiergarten berichtete mir Kurt vom Kampf um das »Vorwärts«-Gebäude, den er neben Karl Liebknecht mitgemacht hatte. Dann folgte ein grundsätzlicher, gründlicher Exkurs über den Kommunismus. Ich nahm ihn kritisch auf; aber ich war tief beeindruckt und kaufte mir das Erfurter Programm, mit dem Kommentar von Karl Kautsky. So begann ich, den Marxismus zu studieren. – Wir zogen im Frühjahr von Berlin fort. Ich habe Kurt, der offenbar von der Schule abgegangen war, nur noch einmal gesehen. Wir trafen uns zufällig bald nach dem Kapp-Putsch in Berlin auf der Straße. Kurt war von der Kommunistischen Partei enttäuscht. Er war Syndikalist geworden und im Begriff, ins Ruhrgebiet zu fahren, um dort zu agitieren und zu kämpfen.

Die Novemberrevolution hatte mein politisches Interesse aktualisiert und zur Entscheidung gedrängt. Ich konnte mich freilich noch nicht endgültig für eine Partei entscheiden. Ich schwankte zwischen der sozialen

1 H. Heller: Freie Volksbildungsarbeit, Leipzig 1924, S. 164 f.

Demokratie Friedrich Naumanns und dem demokratischen Sozialismus
der Mehrheitssozialisten. Ich erlebte mit Leidenschaft den Kampf zwischen Demokratie und Diktatur, stand viele Stunden in diskutierenden
Gruppen auf der Straße oder in Massenversammlungen. Ich begann nun
auch, die radikale Presse zu lesen, die »Freiheit« und die »Rote Fahne«.
Auf den Spuren der Straßenkämpfe entdeckte ich die Arbeiterviertel und
Elendsquartiere des Berliner Ostens. Sie machten mir die soziale Frage
anschaulich und bewußt.

Zur gleichen Zeit ergriff mich die Jugendbewegung. Ich begann, ihre
Schriften (etwa die Zeitschrift »Junge Menschen«) zu lesen, und ging in
radikale Versammlungen, in denen Jugend aller Richtungen heiß und
endlos diskutierte. Diese Auseinandersetzung ging auch in der Kleinstadt weiter, als wir im Mai 1919 nach Wernigerode zogen. Ich gründete einen kleinen demokratischen Jugendbund, der sich Naumannbund
nannte, und kam in einem Diskussions- und Arbeitskreis mit der Sozialen
Arbeitsgemeinschaft Berlin-Ost von Friedrich Siegmund-Schultze in Verbindung. Ich suchte und fand Kontakt mit der Arbeiterjugend des Ortes
und erlebte mit ihr den Umsturz, den der Jugendtag der Arbeiterjugend
im Sommer 1920, das »Weimar der arbeitenden Jugend«, auch in dieser
Jugend der kleinen Stadt bewirkte, die nun die freien Formen der
Jugendbewegung übernahm.

II.

So vorbereitet, kam ich im Februar 1921 zum Studium nach Leipzig.
Ich nahm bald Fühlung auf zu den Jungdemokraten und den demokratischen Studenten. Beide Gruppen schienen mir in ihrer Gesinnung zu
eng parteigebunden und in ihrer Lebensart zu steif und bürgerlich zu
sein. Ich rebellierte. Damit verärgerte ich die Studenten, die mich nicht
ernst nahmen. Ich fand jedoch in der Jugendgruppe Anklang. Sie wurde
aufsässig und drängte mit mir zur Jugendbewegung. Wir trennten uns
von der Partei und zogen aus ihrem Lokal, dem »Siebenmännerhaus«
am Bayrischen Bahnhof, in das städtische Jugendheim, das in der Töpferstraße lag. Dort hatten wir dann an jedem Donnerstagabend unseren
eigenen Raum. Er war nüchtern, aber er war »autonom« und, vor allem:
wir waren nun frei und offen für das lebhafte Treiben der Jugendbewegung, deren Gruppen und Bünde in diesem Haus ein- und ausgingen – von den Pfadfindern bis zu den »Naturfreunden«, vom »Monistenbund Sonne« bis zur »Arbeiterjugend«.

Bald standen wir in freundschaftlichem Kontakt mit der Arbeiterjugend, mit den Jungsozialisten und den Sozialistischen Studenten (SDS). Wir hatten freundschaftliche Beziehungen zu ihren Führern Otto Stammer[2] und Heinrich Deist[3].

Im Sommer 1922 fragte uns Heinrich Deist, ob wir Interesse an einer Arbeitsgemeinschaft politische Jugendbewegung hätten, die der Leiter der neu gegründeten Volkshochschule, Hermann Heller, plante. Natürlich hatten wir Interesse. So kam ich zu Hermann Heller, zur Leipziger Volkshochschule und zur Arbeiterbildung.

Die Arbeitsgemeinschaft wurde im Arbeitsplan für das zweite Halbjahr der Volkshochschule speziell als »Jugendarbeitsgemeinschaft« angekündigt, und ihr Titel war: »Freie Aussprache über gesellschaftswissenschaftliche Fragen der Gegenwart«. Das klingt heute recht abstrakt, aber jene Arbeitsgemeinschaft war eine der lebendigsten meines Lebens.

Wir trafen uns jede Woche in einem Klassenzimmer des Sozialen Frauenseminars in der Königstraße. Wir waren 20-30 Jungen und Mädchen aus der Jugendbewegung, Arbeiter, Angestellte, Schüler und Studenten. Es waren zur Hälfte Jungsozialisten. Dazu kam eine Anzahl Wandervögel, Freideutsche, junge Monisten sowie »Landsassen«, unter ihrem Führer Hans Albert Förster[4].

Heller legte dem Kurs die vor kurzem erschienene Schrift Gustav Radbruchs »Kulturlehre des Sozialismus« zugrunde. Er las an jedem Abend des Kurses zunächst einige Sätze aus dem Buch vor, erklärte sie, und erklärte sie so, daß sie eine Diskussion herausforderten. Diese war meistens äußerst lebendig, unter allgemeiner Teilnahme. Sie war kein sokratischer Dialog. Das verhinderte das Temperament Hellers. Seine kämpferische Leidenschaft war stärker als seine pädagogische Toleranz. Er war jedoch Pädagoge genug, um sich zur rechten Zeit zurückzuhalten und die jungen Teilnehmer der Arbeitsgemeinschaft sprechen zu lassen. Er hielt keine Monologe, sondern sorgte dafür, daß alle mit ihrer Meinung herauskommen konnten, und seine kraftvolle Diskussionsführung regte zum

---

2 Der spätere Politologe an der Freien Universität Berlin.
3 Nach 1945 führender Wirtschaftspolitiker der SPD, der den wirtschaftspolitischen Teil des Godesberger Programms wesentlich bestimmt hat.
4 Die Landsassen bzw. Landfahrer waren utopische Kommunisten. Sie wollten in ihrem Leben mit dem Kommunismus ernst machen und durch ihre kleinen kommunistischen Inseln das Meer des Kapitalismus austrocknen. Sie lebten in großen Kommunen ohne jedes Privateigentum, arbeiteten in Werksgemeinschaften (z. B. einer Druckerei) und in einer landwirtschaftlichen Siedlung. Mit Mut und Opfersinn haben sie zehn Jahre lang den Kampf mit der kapitalistischen Umwelt durchgehalten.

Widerspruch an, forderte die andere Meinung heraus. Er verstand es gut, Diskussionsteilnehmer, die einen interessanten, vielleicht entgegengesetzten Standpunkt äußerten, dazu zu bringen, diesen Standpunkt am nächsten Abend in einem kurzen Referat vorzutragen, so daß der Referent und unser ganzer Kreis aus dem Überdenken der gelegentlichen Meinungsäußerung Gewinn ziehen konnten.

Heller sprach eine anschauliche Sprache. Er vermied nach Möglichkeit abstrakte Fremdwörter und wissenschaftliche Fachausdrücke. Er gebrauchte gern Bilder und bildhafte Zitate, mit Humor und Ironie gewürzt. Er bemühte sich, an die eigenen Erfahrungen des jungen Arbeiters anzuknüpfen. Die Themen wurden gründlich hin- und hergewendet. Ich erinnere mich, daß lange über Wesen und Ziele des Sozialismus, über den »Nachtwächterstaat« der Liberalen, über das Verhältnis von Wirtschaft und Kultur, vor allem aber über den Historischen Materialismus gesprochen wurde.

Die Arbeitsgemeinschaft wuchs schnell zusammen. Wir trafen uns manchmal auch in Hellers Wohnung und auf Wanderungen. Manchmal lagerten wir uns, Heller zog ein Buch aus der Tasche, – einmal war es der »Faust«, ein anderes Mal der »Großinquisitor«. Heller las vor, kommentierte, und wir haben lange diskutiert.

Die meisten Jungsozialisten gehörten zu einer Gruppe, die sich bald darauf dem jungsozialistischen Hofgeismarkreis anschloß. Sie haben in den späteren Jahren in der Partei, in den Gewerkschaften, den Genossenschaften und im Reichsbanner aktive Arbeit geleistet. Einige von ihnen gingen noch während unseres Kurses in ein Volkshochschulheim über, das erste der Leipziger Volkshochschulheime, das im Dezember 1922 von Gertrud Hermes eröffnet wurde.

III.

Die Leipziger Volkshochschule war eine Stätte der freien Arbeiterbildung. Sie wurde weder von einer Partei noch von einem Verband gelenkt. Sie reihte sich in Leipzig, das eine Hochburg der Arbeiterbildung war, in eine Vielzahl von Institutionen und Organisationen ein, die der Arbeiterbildung dienten. Dazu gehörten u. a. das Arbeiterbildungsinstitut, die Arbeitersportschule, die Bildungsorganisationen der SPD und der Gewerkschaften, die Bünde und Gruppen der proletarischen Jugendbewegung und die von Walter Hofmann gegründeten, zunächst wesentlich auf den proletarischen Leser eingestellten Volksbüchereien.

Das seit 1919 vom Rat der Stadt Leipzig geplante Städtische Volks-bildungsamt war als Koordinator der Arbeiterbildung gedacht. Der Leiter des Amtes sollte sich in der Arbeiterbildungsbewegung auskennen und ihr Vertrauen besitzen. Heller wurde unter diesen Voraussetzungen im März 1922 nach Leipzig berufen. Er war von dem Referenten für Erwachsenenbildung im Preußischen Kultusministerium, Robert von Erdberg, empfohlen und stand der von diesem stark beeinflußten »Neuen Richtung« der Volksbildungsbewegung nahe, die kultur- und gesell-schaftskritisch war und, statt altes Bildungsgut kritiklos auszubreiten, den Menschen in seiner konkreten Situation und aus deren Vorausset-zungen heraus intensiv bilden wollte. Für Heller war das Problem der freien Volksbildung »im wesentlichen ein Problem der Arbeiterbildung«. Es bedeutete, »der ungestalteten Masse der Handarbeiterschaft zur Form-werdung zu helfen; es gilt eine Arbeiterkultur zu schaffen«[5]. Die Arbeiter sollten »aus ihrer Klasse für ihre Klasse gebildet werden«. Aus der Ein-sicht in den Vorrang der Arbeiterbildung und in die sozialpsychologische Bildungssituation des Arbeiters ergeben sich didaktische und methodische Konsequenzen: das gesellschaftlich-politische Ziel der Arbeiterbildung, die Auswahl entsprechender Bildungsgegenstände und die Methodik der Mitbestimmung und aktiven Mitarbeit des Arbeiters am Bildungsprozeß.

Der lehrende Mitarbeiter der Leipziger Volkshochschule mußte also *Arbeiterbildner* sein. Er sollte dem Leben und Denken des Arbeiters nahestehen, sich ständig damit auseinandersetzen.

Im Winter 1923/24 unternahm die Leipziger Volkshochschule eine Umfrage bei ihren Teilnehmern, die die Denkformen des großstädtischen Arbeiters ergründen sollten. Die Ergebnisse dieser Umfrage hat Gertrud Hermes einige Jahre später in einem Buch verarbeitet, das sie »Die geistige Gestalt des marxistischen Arbeiters und die Arbeiterbildungsfrage« nannte[6]. Sie versuchte, mit diesem Buch eine sozialpsychologisch-reali-stische Grundlage für die Arbeiterbildung zu geben.

Aus der Statistik der Leipziger Volkshochschule in den 20er Jahren ergibt sich, daß die praktische Arbeit ihr Ziel erreichte. Sie wurde im wesentlichen von Arbeitern und kleinen Angestellten wahrgenommen. Im Winterhalbjahr 1923/24 waren 41,5 % der Teilnehmer Handarbeiter und 29 % Angestellte; 70 % der Hörer hatten nur den Abschluß der Volksschule.

Juristischer Träger der Volkshochschule war ein Verein, in dessen Vor-

5 Heller, Freie Volksbildungsarbeit, S. 8 und 11.
6 Tübingen 1926.

stand u. a. die Gewerkschaften, die Mitarbeiter und die Kursteilnehmer vertreten waren. Die Verwaltung der Volkshochschule lag beim Städtischen Volksbildungsamt, dessen Direktor in Personalunion Leiter der Volkshochschule war. Um die Volkshochschule herum reihte sich eine Anzahl von Bildungseinrichtungen, die sich gegenseitig anregten und ergänzten: die Schule für Wirtschaft und Verwaltung (mit Fachkursen für ehrenamtliche, meist den Gewerkschaften angehörende Funktionäre); die Arbeitslosenschule, die fünf oder sechs Volkshochschulheime und das der Universität angeschlossene Seminar für freies Volksbildungswesen. Ich habe an ihnen allen mitgearbeitet.

IV.

Die Arbeitslosenschule wurde im Oktober 1923 durch einen der hauptamtlichen Mitarbeiter, Dr. Herbert Schaller, eingerichtet. Die Arbeitslosigkeit stieg am Ende der Inflation schnell, mit ihr die Nachfrage nach Kursen. Es fehlte an Lehrern. Schaller kam zu mir, der ich noch in meinem vorletzten Semester stand, und überredete mich schließlich, einen Kurs zu übernehmen. Das Thema war: Goethe. Ich zögerte. Ich war 20 Jahre alt, war kein Germanist, und mir fehlte es an Kurs- und Lebenserfahrung. Schaller jedoch überwand meine Bedenken. Er selbst gab zwei Goethe-Kurse, die überfüllt waren. Es bestand damals ein erstaunliches Interesse bei der arbeitenden Jugend an Goethe, das wohl mit einem starken kulturellen Bestreben, mit der geistigen Bewegtheit dieser Jugend zusammenhing. Schaller versicherte, daß seine Gespräche mit den jungen Arbeitslosen keineswegs zur ästhetischen Heldenverehrung neigten, sondern immer wieder zu den Lebensfragen der Gegenwart, zu den Problemen der heutigen Jugend führten. Freilich war er ein begabter und erfahrener Pädagoge und Jugendführer, der es verstand, junge Menschen in seinen Bann zu ziehen. Ich wußte, daß ich dazu nicht fähig war. Aber ich wollte es versuchen.

Ich ging mit einigem Lampenfieber in meinen ersten Kursnachmittag. Der Raum der Gewerbeschule war überfüllt: 50 Teilnehmer, Männer und Frauen aller Altersschichten, aber in der Mehrzahl Jugend, standen und saßen im Klassenzimmer. Es war ein Ritt über den Bodensee. Aber ich kam hinüber.

Ich gewann Kontakt, vor allem mit der Jugend. Man vertraute wohl dem ehrlichen Bemühen, auch wenn es Fehler machte. Als im nächsten Winter der Kurs zu Ende ging – er war inzwischen auf die Hälfte der

Teilnehmer zusammengeschrumpft –, brachte mir der Gehilfe eines Leipziger Bildhauers, ein älterer Mann, eine von ihm gefertigte Nachbildung der Goethebüste von Rauch. Sie stand bis zu meiner Emigration auf meinem Schreibtisch.

Mit einigen Teilnehmern dieses Kurses stand ich bis zur Emigration in Verbindung: es waren ein junger Metallarbeiter aus der proletarischen Kinderlandbewegung, zwei junge Angestellte und ein etwas seltsamer Angestellter mittleren Alters, eine Karikatur des sächsischen Autodidakten, der ebenso wissenshungrig wie kauzig und anhänglich war.

Wir wanderten in die Umgebung von Leipzig und fuhren auch einmal, 4. Klasse, nach Weimar, wo wir das Haus am Frauenplan, die Stadt und die Parks durchstreiften und abends im Nationaltheater den Faust sahen, mit Emmi Sonnemann als Gretchen.

V.

Die Erwerbslosigkeit ging zurück und die Arbeitslosenkurse liefen aus. Ich übernahm Kurse an der Volkshochschule: Verfassungsrecht, Politik und Geschichte, meine Studiengebiete. Viele Besucher der Kurse kamen aus der organisierten Arbeiterjugend. Die Volkshochschule Leipzig war in den 20er Jahren in hohem Maß eine Bildungsstätte der Jugend, wobei zu betonen ist, daß in ihr keinerlei Fach- und Fortbildungskurse oder Sprachkurse gegeben wurden. Noch 1926 waren 60% aller Arbeiter, die an Volkshochschulkursen teilnahmen, unter 25 Jahre alt. Auch ein großer Teil der Lehrenden gehörte zur jungen Generation. Heller war, als er die Volkshochschule gründete, 31 Jahre alt, und die drei Jungakademiker, die sein Arbeitsteam bildeten, waren einige Jahre jünger.

Ich gehörte zu einem festen Kreis von ca. 30 nebenamtlichen Mitarbeitern. Heller stand in der Mitte dieses Kreises (und ebenso ab 1924 sein Nachfolger Paul Hermberg). Wir kamen regelmäßig zu grundsätzlichen und praktisch-organisatorischen Besprechungen im Seminar für freies Volksbildungswesen oder im Volksbildungsamt zusammen. Es scheint mir notwendig zu sein, über den Kern dieses Kreises einige Sätze auszuführen.

Hermann Heller war ein genialer Pionier und Anreger; sein junges, leidenschaftliches Temperament, seine vielseitige Begabung und seine rhetorische Kraft rissen die Jugend mit. Aber sein Temperament konnte sich auch übersteigern; es konnte sich in Polemik festfahren und taktische Fehler begehen.

Ganz anders war sein Nachfolger *Paul Hermberg*. Heller hatte ihn selbst vorgeschlagen. Sie hatten die gleiche Meinung über den volksbildnerischen Primat der Arbeiterbildung[7]. Sie waren beide Sozialisten. Sie kamen beide aus der Jugendbewegung und aus dem Krieg, aus dem sie auch beide schwere Verwundungen heimtrugen, an denen sie ihr Leben lang gelitten haben. Sie waren gute Soldaten gewesen, wurden mit hohen Tapferkeitsauszeichnungen geehrt, die sie aber kaum je erwähnt haben[8]. Im übrigen aber war ihr Wesen sehr verschieden.

Während Heller, der aus einer österreichischen Juristenfamilie stammte, durch seinen Schwung bezaubern konnte, war Hermberg, der Sohn eines holsteinischen Pfarrers, kühl und zurückhaltend. Als beide bei Gelegenheit der Übergabe der Volkshochschule im April 1924 im großen Theatersaal nacheinander sprachen, wirkte nach dem prophetischen Auftritt Hellers sein Nachfolger nüchtern und blaß. Wir erfuhren aber bald, daß Hermberg ein ebenso überzeugter wie überzeugender Vorkämpfer der Arbeiterbildung war. Er war Experte einer rationalen Wissenschaft (Volkswirtschaftler, spezialisiert auf Wirtschaftsstatistik). Er hatte in Kiel und Berlin mit den Jungsozialisten zusammengearbeitet. Er war ein scharfer Beobachter und Analytiker. Aber seine Sachlichkeit war keineswegs unpersönlich oder trocken. Er fand schnell Kontakt zu seinen Mitarbeitern im Amt oder in einer Arbeitsgemeinschaft, ja, er hatte persönlichen Charme und norddeutschen Humor. Er vermied große Worte und Gesten, war in seinem Urteil vorsichtig, ja, oft skeptisch. Aber sein Urteil hielt stand, war zuverlässig. Er hat das mutige, geniale Konzept Hellers gegen Widerstände, die von allen Seiten kamen, zielsicher gehalten und ausgebaut. Er war ein zäher Sachwalter der Arbeiterbildung in der Industriestadt. Hermberg war ein an Marx geschulter Sozialist, während Heller stärker zu Lassalle hielt.

Neben Heller und Hermberg stand *Gertrud Hermes*. Sie war Berlinerin, Tochter eines evangelischen Kirchenpräsidenten, und in ihrer unbestechlichen Sachlichkeit und Treue eine wertvolle Hilfe und Ergänzung für den genialischen Heller. Als sie Ende 1922 nach Leipzig kam, war sie 50 Jahre alt. Sie war damit nicht mehr der Jugendbewegung

---

7 P. Hermberg: Arbeiterbildung und Volkshochschule in der Industriestadt, Breslau 1932.
8 Hermberg war Ritter des Bayrischen Maximiliansordens und damit zum Tragen des Adelstitels berechtigt. Er hat davon nie Gebrauch gemacht. Man erfuhr es erst, als er 1933 aus politischen Gründen seinen Lehrstuhl in Jena aufgab.

zuzuzählen. Aber sie war offen für die radikale Unruhe der Jugend wie für den Klassenkampf der Arbeiterschaft.

Sie war ein ernster, ehrlicher, sich engagierender Mensch. Ihr Leben war ein »unablässiges Ringen« (Gustav Radbruch). Sie trat aus der Kirche aus, aber ihre Arbeit stand unter dem christlichen Gebot der Liebe, im Gehorsam gegenüber dem unbekannten Gott. Christlich-realistische Konsequenz führte sie von der SAG Siegmund-Schultzes zum klassenkämpferischen Sozialismus, wobei der Klassenkampf als gesellschaftliche Tatsache und dialektische Voraussetzung einer wirklich menschlichen klassenlosen Gesellschaft gesehen wurde. So machte Gertrud Hermes sich die Arbeiterbildung zur Lebensaufgabe, in der denkbar intensivsten Bildungsarbeit ihres Volkshochschulheims. Daß sie zehn Jahre lang als ältere Frau ein Heim junger Arbeiter geleitet und das durchgestanden hat, gehört zu den Wesenszügen dieses pflichtbewußten, puritanischen, preußischen Menschen. Und dazu gehört auch, daß sie im Jahre 1922 die Gründung des ersten Leipziger Volkshochschulheims dadurch ermöglichte, daß sie eigene Möbel und Kunstgegenstände verkaufte. Wir jüngeren Mitarbeiter hatten diesem Mentor viel zu danken.

Man darf jedoch über die drei leitenden Vorkämpfer der freien Arbeiterbildung in Leipzig das Team der drei hauptamtlichen Mitarbeiter nicht vergessen. Sie kamen wie Heller und Hermberg aus der Jugendbewegung. Sie hatten den Krieg mitgemacht und nach dem Krieg studiert und promoviert. Die Schwerpunkte ihrer Bildung und ihrer Arbeit lagen auf verschiedenen Gebieten, und so konnten sie sich wirksam ergänzen. Sie haben alle die Verwaltung mit aufgebaut, in Volkshochschulheimen mitgearbeitet, aber ebenso auch in der Arbeitslosenschule und im Seminar. *Walter Beck* kam aus der Sozialarbeit und ist bald nach 1925 auch wieder in seinen sozialpädagogischen Beruf gegangen. *Wolfgang Seiferth* war ein stärker wissenschaftlicher Typ, – Geisteswissenschaftler und Kunsthistoriker. Er hat Ende der 20er Jahre die Leitung der Volkshochschule Magdeburg übernommen und diese stärker auf die »Leipziger Richtung«, d. h. auf Arbeiterbildung, eingestellt.

Herbert Schaller verband die Arbeit an der Volkshochschule mit seinem Engagement in der »Kinderlandbewegung«, einer pädagogischen Gruppe von Arbeitereltern und Arbeiterkindern im Stil proletarischer Jugendbewegung. Eine Reise nach Rußland in der Mitte der 20er Jahre hat ihn tief beeinflußt. Er kam als engagierter Anhänger des Marxismus-Leninismus zurück, und seine ganze pädagogische Arbeit stand hinfort im Zeichen der marxistischen Ideologie. Zwar blieb er noch bis 1931 in der SPD, in deren Maiumzügen er mit kräftigem Gesang seine kampfbewußte Schar anführte. Aber seine Arbeit im Heim diente bewußt der Ausbildung von proletarischen Berufsrevolutionären, was mit großer pädagogischer Begabung und Wirkung geschah.

Schaller baute seine beiden Volkshochschulheime in der Mitte der 20er Jahre in eine Heimvolkshochschule um, die am Rand der Großstadt gelegen war und Jungen und Mädchen aus der Arbeiterschaft für sechs Monate von ihrer Berufsarbeit freistellte, um sie nun systematisch für den politischen Klassenkampf zu bilden. Ein Teil dieser Heimschüler kam nach Abschluß des Lehrgangs auf einem schon damals gebahnten »zweiten Bildungsweg« über den Arbeiter-Abiturientenkurs in Neukölln (Fritz Karsen) zum Studium an der Universität. Mehrere von ihnen haben nach 1945 in der DDR leitende Funktionen eingenommen. Schaller wurde von der Karl-Marx-Universität in Leipzig zum Professor ernannt. Zur gleichen Zeit war Wolfgang Seiferth, der nach Hitlers Machtergreifung in die USA emigrierte, Professor an einem Neger-College in Washington.

VI.

Zeit und Ort kamen der Hellerschen Konzeption von Arbeiterbildung entgegen. Es war die bewegte Zeit nach dem Krieg, die Zeit der Unruhe und Revolution. Andererseits geschahen die entscheidenden Akte der Gründung noch rechtzeitig, ehe die Stabilisierung der Währung und damit der kapitalistischen Wirtschaft einsetzte und der Raum für neue Experimente eingeengt wurde. Auch war Leipzig ein günstiger Ort für solche sozialen und pädagogischen Experimente: Eine aufgeschlossene, dem Fortschritt zugewandte Großstadt, nicht zu groß für persönliche Kontakt- und Gruppenbildung, aber auch nicht zu klein oder zu eng für ein bewegtes, von der Zeitwende aufgerührtes Leben. Die internationale Messestadt war auch ein klassisches Zentrum der Arbeiterbewegung und der Arbeiterbildung und zugleich war sie die Stadt des Buches in Deutschland. In den Nachkriegsjahren war sie erfüllt von einem reichen geistigen Leben: in der Universität und in den Kunsthochschulen, in der Musik, in den Theatern und Museen, in der Lehrerschaft und in der Jugendbewegung. Es gelang Heller, wichtige Persönlichkeiten und Kräfte für die primär als Arbeiterbildung verstandene Volksbildung zu gewinnen. An ihrer Spitze stand der großzügig denkende und planende, liberale Oberbürgermeister Rothe. Ihm folgten verschiedene seiner Stadträte und Stadtverordneten aus der Mitte und der Linken des Stadtparlaments, außerdem Gewerkschaftsführer, Professoren, Führer der Lehrerschaft und der Jugendbewegung. Sie vertraten und stützten die Konzeption Hellers vor der Öffentlichkeit, und bald fand diese Bildungsarbeit in der Bevölkerung, und besonders in der Arbeiterschaft und in der Jugend, eine sichere, solide Basis.

Dennoch fehlte es nicht an Gegnern, und diese kamen von allen Seiten. Sie kamen aus der Politik und aus der Pädagogik, von rechts und von links. Da griff die völkisch-konservative Fichte Hochschule an, zur gleichen Zeit wie die Marxistische Arbeiterschule der Kommunistischen Partei (während unter dem Stamm der Lehrenden und der Kursteilnehmer der Volkshochschule eine ganze Anzahl Kommunisten war). Da attackierte im Stadtparlament der rechte Flügel zusammen mit der Rechtspresse, den »Leipziger Neuesten Nachrichten«. Aber auch die »Leipziger Volkszeitung« und ihr nahestehende Führer der SPD wandten sich gegen die Volkshochschule, der, wie sie meinten, die orthodoxe Ideologie fehlte. Und während die Parteimänner die Arbeit der Leipziger Volkshochschule zu bürgerlich, zu unpolitisch-unverbindlich fanden, kritisierte man in den Kreisen der freien Volksbildung, im »Reichsverband der Volkshochschulen« und im Hohenrodter Bund die Festlegung der »Leipziger Richtung« auf das Proletariat, ihre politische Parteilichkeit.

Zwar gelang es Heller und Hermberg, die Angreifer zurückzuschlagen und die Position der »Leipziger Richtung« zu klären und zu stärken. Aber in der Auseinandersetzung zeigte sich die Problematik der freien Arbeiterbildung, die unausweichlich war und ist, bis zum heutigen Tag. Unter den Nachfolgern Hermbergs (Werner Krukenberg und Hermann Gramm) führte diese Problematik, als nun noch die Weltwirtschaftskrise und mit ihr die Hochkonjunktur des rechtsradikalen Nationalismus kam, zu einer ernsten Bedrohung der volksbildnerischen Monopolstellung des Volksbildungsamts und seiner Volkshochschule. In dieser kritischen Lage dachte der neue Oberbürgermeister von Leipzig, Karl Goerdeler, daran, das Monopol der Volkshochschule auf die öffentliche Erwachsenenbildung in Leipzig zu brechen. Aber das Problem wurde binnen kurzem durch Gewalt von außen, durch die Machtergreifung Hitlers, radikal und endgültig gelöst[9].

Wir können hier nicht näher auf diese Probleme eingehen. Ich kann auch, leider, nicht noch meine Erinnerungen an meine Arbeit in den Jungarbeiterheimen zwischen 1926 und 1931 einfügen. Das würde den Rahmen dieses Aufsatzes sprengen. Ich muß mich darauf beschränken,

9 Siehe die Dissertation von Klaus Meyer: Arbeiterbildung in der Volkshochschule, Stuttgart 1969.

zum Schluß noch auf einige Institutionen bzw. Züge der Leipziger Arbeit hinzuweisen, die für den Realismus ihrer Arbeiterbildung kennzeichnend und bedeutsam waren. Hierzu gehört das ständige Bemühen um eine wissenschaftlich-empirische Fundierung der Arbeiterbildung. Man versuchte es von zwei Seiten, von der psychologisch-soziologischen (Gertrud Hermes) und von der statistischen Seite (Paul Hermberg und sein Assistent Franz Grosse). Von den Untersuchungen von Gertrud Hermes über die psychische Gestalt des großstädtischen Arbeiters haben wir gesprochen. Parallel dazu ist die Veröffentlichung der von Hermberg geleiteten statistischen Zentralstelle für die deutschen Volkshochschulen zu nennen, die »die Bildungsinteressen des großstädtischen Proletariats« anhand einer Untersuchung der Zusammensetzung und Interessenrichtung der Hörerschaft von Leipzig und Dresden behandelte[10].

Die Bestrebungen der freien Arbeiterbildung griffen über Leipzig hinaus. Sie erfaßten benachbarte Bezirke wie etwa die systematische Aufbauarbeit unseres Leipziger Kollegen Georg Schultze im Leuna-Gebiet. Sie setzten sich aber auch mit verwandten Bestrebungen im ganzen Reich in Verbindung, und so entstand eine Arbeitsgemeinschaft für sozialistische Bildungsarbeit unter Federführung von Gertrud Hermes, die sich zum ersten Mal 1925 in Leipzig traf und dann fast jedes Jahr in Leipzig oder Jena zusammenkam. An diesen Zusammenkünften nahmen Mitarbeiter der sozialistischen Bildungsarbeit in Partei und Gewerkschaft, in Arbeits- und Wirtschaftsakademien, Heimvolkshochschulen und Volkshochschulheimen teil. Es waren Männer wie E. Nölting, W. Sturmfels, Ernst Michel, Max Braunthal, Otto Jenssen, Engelbert Graf, G. Fricke, Adolf Reichwein und Alexander Stein. Es war ein aufregender, oft grundsätzlich werdender Erfahrungsaustausch. Ich erinnere mich an eine scharfe Kontroverse zwischen Hermann Heller einerseits und Ernst Fraenkel bzw. Otto Suhr auf der anderen Seite bei der ersten Zusammenkunft des Kreises. Und dann steht vor mir eine Tagung im Frühjahr 1929, auf der die Tinzer, Engelbert Graf, Adolf Reichwein und Herbert Schaller mit leidenschaftlichem Ernst über die Voraussetzungen und das Wesen einer den ganzen Menschen ergreifenden Erziehung und Schulung zum Revolutionär stritten und Engelbert Graf aus seiner Metallarbeiterschule ein »rotes Jesuitenkolleg« machen wollte. Ich weiß nicht, ob bzw. wo sich Material über diese interessante Arbeitsgemeinschaft befindet.

10 Franz Grosse: Bildungsinteressen des großstädtischen Proletariats, Breslau 1932.

VII.

Und nun zum Schluß die Erinnerung an ein nur halbgelöstes Problem:
Die »Schule der Arbeit«. Heller umreißt es schon 1924 in seiner Schilde-
rung der Leipziger Volksbildungsarbeit. Er berichtet, daß man bereits
im Jahr 1922 überlegt habe, ob man nicht eine Bildungseinrichtung schaffen müsse, »die der besonderen beruflichen Seite der Bildungssituation
des großstädtischen Arbeiters entsprechen sollte«. Der Arbeiter müsse
fordern, »daß die Kulturgüter, an und in denen er sich bildet..., seinem
besonderen Körper- und Raumgefühl, seinen emotionalen und rationalen
Lebens- und Denkformen entsprechen... Freie Volksbildung soll und
kann nicht nur kulturrezeptiv sein, sie soll kulturproduktiv werden,
so muß sie *auch* den Weg vom Menschen zum Kulturgut der Zukunft zu
gehen versuchen, d. h. die ökonomisch-technische Seite des Arbeiterlebens
als höchst wesentliches Formelement in die Bildungsarbeit einbeziehen.«[11]
   Die Schule der Arbeit sollte diese Aufgabe erfüllen. Sie sollte nicht nur
»Unterrichtsanstalt«, sondern auch »kulturpolitisches Institut« sein. Sie
sollte jungen Arbeitern zu einer geschlossenen Lebens- und Berufsbildung
verhelfen. Aber dieses Projekt war eine Utopie. Man dachte eine zeitlang
daran, einen großen städtischen Transportbetrieb mit einer solchen syste-
matischen Arbeiterbildung, mit Internatskursen von einem Jahr Dauer
zu verbinden. Dieser Plan war mit den städtischen Betrieben und den
Gewerkschaften nicht durchzuführen. Gertrud Hermes konnte sich aber
auf einen bescheideneren Entwurf umstellen, und schließlich entstand die
»Schule der Arbeit« als ein großes Volkshochschulheim, als die Mitte der
Leipziger Volkshochschulheime und als das einzige eigene Gebäude, das
die freie Arbeiterbildung in Leipzig aufzuweisen hatte. Dieses Gebäude
war ein schöner, im Stil des Bauhauses errichteter Bau, der am Westrand
der Stadt, in der Nähe von Wäldern, im Grünen lag. Er konnte bis zu
zwanzig Schüler aufnehmen und hatte als Mittelpunkt einen großen,
hellen Tagesraum, in dem oft Veranstaltungen, Vorträge und Sitzungen,
der Leipziger Arbeiterbildung oder Arbeiterbewegung stattfanden. Am
16. März 1933 wurde die Schule der Arbeit von SA besetzt, geplündert
und schwer beschädigt. Das war das symbolische Ende der freien Arbeiterbildung im Leipzig der 20er Jahre.
   Aber die Arbeit jener Jahre ist nicht untergegangen. Wenn auch viele
Voraussetzungen jener Arbeit heute nicht mehr gelten, so besteht doch
nach wie vor die Notwendigkeit freier Arbeiterbildung.

11 Heller, Freie Volksbildungsarbeit, S. 131.

Gertrud Hermes hat die Zerstörung ihrer Arbeit tapfer ertragen. Als ich sie 1935 das letzte Mal traf, es war in London, war sie keineswegs mutlos oder verbittert. Sie versuchte, die Siege des Nationalsozialismus historisch einzuordnen und einzugrenzen, und sie studierte nun in der ihr frei gestellten Zeit gründlich Geschichte, um eines Tages junge Arbeiter in der ihnen gemäßen Art durch Geschichte zur Politik bilden zu können.

Am 26. Januar 1942 ist Gertrud Hermes in Berlin gestorben. An ihrem Sarg hielt Adolf Reichwein die Trauerrede. Gustav Radbruch sandte Verse zur Trauerfeier, in denen es heißt:

»Du warst vom echten, alten Preußengeist.
In welcher Geister Reich Du auch gekommen,
der Väter Geist hast Du mit Dir genommen,
der Pflicht und Ehre, Kampf und Arbeit heißt.«

Irmgard Buttler / Gottfried Buttler

Arbeiterbildung evangelischer Träger in Modellversuchen zum Bildungsurlaub

I.

1. In der Begrenzung auf ein kleines Aufgabenfeld als Ausgangspunkt wollen wir im folgenden versuchen, einige Perspektiven heutiger Arbeiterbildung im Raum evangelischer Kirchen in der Bundesrepublik aufzuzeigen. Da am kirchlichen Experimentalprogramm zum Bildungsurlaub unterschiedliche Träger beteiligt sind, ist auch dies begrenzte Aufgabenfeld nicht einheitlich zu sehen. Es sind uns aber beim Studium der verschiedenen Veröffentlichungen und unveröffentlichten Materialien mit Grundsatzfragen und Modellbeschreibungen bestimmte Gesichtspunkte aufgefallen, die mit mehr oder weniger starker Betonung in allen Darstellungen eine Rolle spielen und damit als Akzente evangelischer Arbeiterbildung heute angesehen werden können[1].

Es scheint uns erforderlich, zunächst kurz einiges zur Beteiligung evangelischer Träger am Bildungsurlaub zu sagen, ehe wir auf die Frage der Arbeiterbildung speziell eingehen. Wir meinen, daß sich darin bereits die Linien andeuten lassen, die wir dann ausziehen wollen.

2. Die Träger im Raum der evangelischen Kirche sind in zweifacher Weise an dem Vorhaben »Bildungsurlaub« beteiligt.

Einmal sind sie beteiligt an der Diskussion um den Bildungsurlaub und seine gesetzliche Einführung und Regelung durch die Bundesrepublik Deutschland. Sie treten dafür ein, daß *jeder* Arbeitnehmer ein Recht und einen Anspruch auf einen Bildungsurlaub haben muß, damit nicht auch noch wieder durch Weiterbildung die Gebildeten immer gebildeter wie

---

1 Materialien siehe Literaturverzeichnis 1.-5.

die Reichen immer reicher werden, die Armen aber auf alle Fälle immer arm bleiben.

Gleichzeitig beteiligen sie sich auch an der Entwicklung von Modellkursen, die zum Teil in das »Experimentalprogramm zum Bildungsurlaub«, an dem auf Bundesebene verschiedene Träger beteiligt sind, aufgenommen worden sind. Über die Ziele hinaus, die in den Seminaren mit den Teilnehmern verfolgt werden, sollen diese Modellversuche auch dazu dienen, Erfahrungen für die künftige Gesetzgebung und Material für konkrete Durchführungsbestimmungen zu sammeln, und diejenigen, die sich für Bildungsurlaub einsetzen, in ihrer Argumentation zu unterstützen.

Insgesamt wendet sich das Bildungsurlaubsprogramm evangelischer Träger an drei Kreise, die verschiedene Zielgruppen zusammenfassen. Es sind einmal sogenannte gesellschaftliche Randgruppen, zum anderen »Komplementärgruppen«, z. B. Führungskräfte und Belegschaftsvertreter, die das Berufs- und Lebensschicksal Abhängiger mitbestimmen, und schließlich kirchliche Mitarbeiter, bei denen die Kirche selbst als Arbeitgeber ihr Engagement für den Bildungsurlaub aller Arbeitnehmer zu bewähren hat.

3. Modellseminare wurden vor allem für die gesellschaftlichen Randgruppen veranstaltet. In der Forderung evangelischer Träger nach Bildungsurlaub für *jeden* Arbeitnehmer wird gerade an diese »vergessenen Menschen« gedacht, wie sie auf der 3. Weltkonferenz für Erwachsenenbildung in Tokio genannt wurden. Zunächst werden darunter die Bildungs- und Ausbildungsbenachteiligten im weitesten Sinne verstanden, ob sie nun durch soziale oder regionale Bedingungen oder durch persönliche Schicksale benachteiligt wurden. Konkret sind das z. B. Behinderte und ihre Angehörigen, Strafgefangene und ihre Ehefrauen, alleinerziehende Mütter, Eltern von Sonderschülern, Nebenerwerbslandwirte, un- und angelernte Arbeiter im öffentlichen Dienst, Schichtarbeiter, ältere Beschäftigte aus Industrie und Wirtschaft, ausländische Arbeiter oder Hausfrauen ganz allgemein.

Es geht den evangelischen Trägern dabei um Gruppen, die die Gesetzgeber beim Bildungsurlaub bisher unberücksichtigt ließen und die damit erst recht in eine Randstellung gedrängt werden, wie z. B. die Hausfrauen, aber vor allem auch um die von den Arbeitgebern Abgeschriebenen, die bildungsmäßig Unterprivilegierten und Schwachmotivierten, die keine Vorleistungen aufweisen können, um sich einer Teilnahme am Bildungsurlaub würdig zu erweisen.

Gerade die Parteinahme für die, die am Rande stehen und auch bei den

Fragen des Bildungsurlaubs aufgrund von Effektivitätsgesichtspunkten ausgeklammert werden, wird von evangelischen Trägern als ihre Aufgabe erkannt, die sich ihnen aus dem Evangelium ergibt.

II.

4. Im Sinne unserer thematischen Eingrenzung interessieren besonders jene Modellversuche, die als Zielgruppen vorwiegend Arbeiter und andere Arbeitnehmer in unteren Positionen angesprochen haben; Menschen also, die in der Mehrzahl keinen Beruf gelernt haben und sich auch kaum sonst irgendwo engagieren. Durch ihre Arbeitsbedingungen werden sie kaum motiviert für eine Bildung im allgemeinen Sinn; sie sind auch kaum dazu in der Lage, in ihrer Freizeit an Bildungsangeboten üblicher Art teilzunehmen. Und wenn sie es dennoch versuchten, würden sie in ihrer Bezugsgruppe als Außenseiter gelten.

Als Begründungszusammenhang für das Disengagement dieser Gruppe wird folgendes gesehen: Von kleinauf wurde diesen Menschen durch ihre Sozialisation in Elternhaus, Schule, Kirche und Betrieb ihr Unwert und ihre Abhängigkeit deutlich gemacht, so daß sie von ihrer Minderwertigkeit selbst überzeugt wurden. Angst und Einschüchterung haben sie sprachlos und handlungsunfähig gemacht. In ihrer abhängigen Arbeit erleben sie tagein, tagaus nichts anderes. Von Lebensphase zu Lebensphase werden die einmal errichteten Barrieren weiter zementiert.

Bei einer schrittweisen Einführung des Bildungsurlaubs würden gerade diese benachteiligten Gruppen erneut zurückgesetzt, wenn sich als dann nötige Selektionskriterien entweder bestimmte Vorleistungen im Bildungsbereich, die eine erfolgreiche Teilnahme gewährleisten sollen, oder eine Selbstregulierung durch freiwillige Teilnahme, die eine entsprechende Motivation bereits voraussetzt, durchsetzten.

5. Bei den Bildungsangeboten evangelischer Träger ist nicht daran gedacht, diesen benachteiligten Gruppen im Bildungsurlaub eine berufsqualifizierende Bildung zu vermitteln, »die dazu verhilft, in der Einkommenshierarchie nach oben zu steigen«[2]. Vielmehr wird eine Befähigung der Menschen als einzelne und als Gruppe zu einer humaneren Gestaltung des Lebens in Familie, Arbeitswelt und Gesellschaft intendiert. In dieser Option für eine »überfachliche« Bildung besteht keine Übereinstimmung mit den Vorstellungen der Arbeitgeber, wohl aber mit

2 Vos/Schlosser (4.), S. 29.

anderen Trägergruppen wie den Gewerkschaften, auch mit Intentionen im VHS-Bereich, wie z. B. aus dem Votum Kuhlenkamps hervorgeht, im Bildungsurlaub sei eine größere Transparenz der gesellschaftlichen, beruflichen und familialen Umwelt anzustreben[3].

Damit ist bereits ein erstes konzeptionelles Kriterium angesprochen: die Integration allgemeiner – und das heißt insbesondere: politischer – und beruflicher Bildung. Die Ablehnung einer rein arbeitsplatzbezogenen Bildung als einer leistungsorientierten Erwachsenenqualifizierung bedeutet nicht, daß die Lage der Arbeiter als Arbeiter am Arbeitsplatz, im Betrieb, in der Wirtschaftsgesellschaft keine Rolle spielt und nur allgemein menschliche Bedürfnisse angesprochen werden sollen. Vielmehr kann nur die konkrete – abhängige – Lage, die auch die bildungsmäßige Unterprivilegierung mitbestimmt und verstärkt, Gegenstand der Bildungsbemühungen sein. »Überfachliche Bildung« bedeutet in diesem Zusammenhang, daß es darum gehen soll, an Problemen und Konflikten der abhängigen Lage im Berufsleben die durch sie bedingte, auf alle Lebensbereiche sich auswirkende Sprachlosigkeit und Handlungsunfähigkeit durch gemeinsames Lernen schrittweise aufzuheben.

Das zweite konzeptionelle Kriterium, das in den Überlegungen evangelischer Träger immer wieder herausgestellt wird, ergibt sich daraus: Die Ermittlung der wahren Nöte und Bildungsbedürfnisse kann nur in dem und durch den Bildungsprozeß selbst geschehen. Es wird geradezu als eine der Grundfunktionen des Bildungsurlaubs angesehen, daß er durch seine Möglichkeit zu kontinuierlichen und kommunikativen Lernprozessen die Beteiligten dazu bringen kann, ihre Defizite und deren Ursachen selbst an das Licht zu bringen, da sie durch vorgängige sozialwissenschaftliche Analysen – die erforderlich bleiben – nie voll und nie konkret genug erfaßt werden können. Die didaktischen Optionen der evangelischen Träger für »offene Curricula«, Teilnehmerorientierung und prozeßorientiertes Lernen auf Gegenseitigkeit hängen damit zusammen.

Ein auf Überwindung von Sprachlosigkeit und Handlungsunfähigkeit angelegter Lernprozeß kann beim Bewußtwerden der Defizite und ihrer Ursachen nicht stehen bleiben. Als drittes konzeptionelles Kriterium folgt: Der Bildungsurlaub muß neue Möglichkeiten des Sprechens und Handelns einschließen und als Folge initiieren. Den Veranstaltern bleibt bewußt, daß mit Bildung – auch mit überfachlicher – Abhängigkeiten nicht abgeschafft werden können. Es kann aber etwas dazu getan werden,

3 Kuhlenkamp (7.), Vorwort (ohne Seitenangabe).

daß sie und ihre Folgen nicht länger als Schicksal hingenommen werden, wenn im Lernprozeß selbst vom Teilnehmer Mitbestimmung in eigener Sprache und Ausdrucksmöglichkeit erfahren wird und gleichzeitig Möglichkeiten zur Erweiterung des eigenen Handlungsspielraums erarbeitet und ansatzweise – mit der Möglichkeit eines ermutigenden Erfolgs – erprobt werden. Die Zustimmung der evangelischen Träger zu der These, daß Bildungsurlaub vor allem Motivationshilfe und Initialzündung eines weitergehenden Lernprozesses sein soll, ist mit diesem dritten Kriterium verbunden.

Für die evangelischen Träger von Bildungsurlaubsmaßnahmen finden diese drei konzeptionellen Kriterien ihre Begründung in sozialethischen Einsichten, »daß das Evangelium von Jesus Christus den Menschen zur Ganzheit ihres Lebens und Seins verhelfen will«, und daß in ihm sowohl der Teilung des Menschen in sektorale Funktionen, der Festlegung des Menschen auf bestimmte Bilder wie der Resignation am unveränderbar Scheinenden widersprochen wird[4].

III.

6. Die didaktischen Konsequenzen, die in den verschiedenen Modellversuchen aus den konzeptionellen Kriterien gezogen wurden, sollen in den folgenden vier Abschnitten noch detaillierter vorgestellt werden. In Anlehnung an die in der Regel didaktisch strukturierte Dokumentation der Modellversuche fragen wir nach den Entscheidungen über die Ziele (6.), die Zielgruppen (7.), die Inhalte (8.) und die Lernorganisation (9.).

Evangelische Träger können die *Ziele*, die von der Projektgruppe Bildungsurlaub des Arbeitsausschusses für politische Bildung genannt worden sind, auch als die ihren bezeichnen:
»Befähigung
– zu eigenverantwortlichem Handeln (Selbstbestimmung),
– zur Mitbestimmung im sozialen Kontext und
– zu verantwortlicher und wirksamer Teilnahme am Prozeß der Demokratisierung.«[5]
Wichtig ist dabei, im Sinne der konzeptionellen Kriterien festzuhalten daran, daß es sich nicht um den reinen Erwerb neuen Wissens handelt, sondern um das Erlangen von Kompetenzen, die zur Bewältigung an-

4 Bildungsurlaub (2.), S. 3.
5 Bildungsurlaub im Experiment (1.), S. 2.

fallender Probleme notwendig sind. Kurz zusammengefaßt wird dies als Selbst- und Sozialkompetenz bezeichnet oder auch als doppelgliedriges Lernziel »Freiheit und Solidarität« in seiner wechselseitigen Bezogenheit und Interpretation erfaßt. Mit dieser Akzentuierung ist eine Sachkompetenz nicht ausgeschlossen, aber sie hat gegenüber der Selbst- und Sozialkompetenz keinen eigenen Wert[6].

In den einzelnen Modellversuchen werden diesem Globalziel verschiedene Richtziele zugeordnet. Wir haben gefunden, daß sie in dem folgenden Zielkatalog am treffendsten zusammengefaßt wurden:

»– Die eigene Lern- und Kommunikationsfähigkeit erkennen und erweitern.

– Die eigene Situation und die anderer in der Arbeitswelt, im gesamtgesellschaftlichen und privaten Bereich erkennen und sachverständig und kritisch beurteilen können.

– In der Lage sein, eigene Interessen und die Interessen anderer in der Arbeitswelt, im gesamtgesellschaftlichen und privaten Bereich zu vertreten und durchzusetzen.

– Notwendigkeiten der Weiterbildung erkennen und in der Lage sein, sie zu nutzen.«[7]

Ihre Konkretion finden diese auf hohem Abstraktionsniveau formulierten Ziele in der einzelnen Bildungsveranstaltung nur auf die Weise, daß die Teilnehmer mit den von ihnen artikulierten Bedürfnissen und Erwartungen an der Zielfindung und Zielorientierung im Lernprozeß beteiligt werden. Die konkrete Lage der jeweiligen Zielgruppe führt zu jeweils besonderen Akzentuierungen. Einige Modellberichte machen diesen Prozeß sehr gut deutlich und zeigen, wie sich Veranstalterziele in Teilnehmerziele wandeln.

7. In diesem Zusammenhang ist die Frage nach den *Zielgruppen* noch einmal aufzunehmen. Interessen und Verhaltensweisen von Teilnehmern, die aus Richtzielen der Veranstalter konkrete Lernziele der Teilnehmer machen müssen, sind bei den potentiellen Teilnehmern sowohl durch unterschiedliche persönliche Entwicklungen als auch durch unterschiedliche Lebenslagen geprägt. Das hat zur Konsequenz, daß die Zielgruppen so eng wie möglich gefaßt werden müssen, damit die jeweils konkrete Lage bearbeitet werden kann, von der aus dann eine Generalisierung angestrebt werden soll. Wenn die Generalisierung durch die zu große Bandbreite der Zielgruppenlagen zu früh erfolgen muß, damit alle ein-

6 Spitzner in: Bildungsurlaub im Experiment (1.), S. 132 f.
7 Spitzner, a.a.O., S. 142 f.

geschlossen werden können, besteht die Gefahr, daß den Betroffenen der Bezug zu ihrer eigenen Situation unmöglich ist. Resignation würde dadurch vergrößert statt abgebaut; eine Hinführung zur Aktion würde verhindert.

An drei unterschiedlichen Beispielen wollen wir das deutlich machen:

● Für *Schichtarbeiter* in einer kontinuierlichen Vierfachschicht ist die besondere Lage, in der sie ihre Abhängigkeit und ihre Randstellung in der Gesellschaft erfahren, die Zeiteinteilung, der sie sich unterwerfen müssen, obwohl sie mit dem üblichen Tagesrhythmus der Umwelt nicht übereinstimmt. Wenn der Lernprozeß Reflexion und Aktion ermöglichen soll, muß sich beides an dieser Situation »Schichtarbeit« konkretisieren[8].

● Eine andere Gruppe sind *alleinstehende, erwerbstätige Mütter,* in unserer Gesellschaft dreifach unterprivilegiert: als Frauen, als Industriearbeiterinnen und als alleinerziehende Mütter. Ihre Schwierigkeiten, die immer wieder zu Konflikten und zu Resignation führen, liegen in allen drei Bereichen – Familie, Arbeitswelt und Gesellschaft – und sind dabei eng miteinander verzahnt. Selbstwertgefühl und Solidarität zu bestärken ist nur bei Ausgang von diesen konkreten Konflikten erreichbar[9].

● Wieder andere Notwendigkeiten ergeben sich für solche *Arbeiter* – häufig un- oder angelernt –, die *in einem Sanierungsgebiet* wohnen. Nicht nur sie, sondern auch ihre Familien sind von der Zerstörung ihrer Wohnwelt betroffen. Bildungsurlaub im Rahmen einer Bürgerinitiative kann zu gesellschaftlicher Beteiligung im konkreten Rahmen motivieren, weil die Notwendigkeit und das Vermögen dazu im gemeinsamen Lernprozeß erfahren werden[10].

Die Nähe zur häufiger geäußerten Forderung »homogener Lerngruppen« darf nicht darüber hinwegsehen lassen, daß hier gerade nicht »gleiche Bildungsvoraussetzungen«, sondern die Lernerfordernisse »gemeinsamer Lebenslage« Kriterien der Zielgruppeneingrenzung sind.

8. *Inhalt* der Bildungsurlaubsmodelle kann nach allem bisher Gesagten nur die jeweilige konkrete Lage der Zielgruppe sein, die es zu reflektieren und zu verändern gilt.

Es fällt auf, daß Inhalte selten allein genannt werden, vielmehr in der Regel mit den Zielen verbunden zu finden sind. Das weist darauf hin, daß weniger zu fragen ist, was jemand am Ende des Bildungsurlaubes *wissen,* als vielmehr danach, was er *können,* zu welchem neuen Verhalten

8 Probleme schichtenspezifischer Erwachsenenbildung . . . (10.).
9 Truhel/Bachmann in: Bildungsurlaub im Experiment (1.), S. 10 ff.
10 Bohlmann/Meyer, a.a.O., S. 26 ff.

er befähigt werden soll. Inhalte sind also Fähigkeiten wie: sich verständlich machen können, sich mitteilen können, seine Interessen erkennen und aussprechen können, den Gesamtzusammenhang erkennen können, in dem seine Bedürfnisse und Anforderungen ihren Ort haben, mit anderen gemeinsam zu einer Aktion kommen können. Auch die Trennung von Inhalten und Lernorganisation ist daher unmöglich.

Diese Befähigungen werden nicht losgelöst von der Lebenswirklichkeit der Teilnehmer, z. B. in einem Kommunikationstraining, sondern in der Bearbeitung der jeweiligen Konflikte vermittelt. Durch Vorannahmen der Veranstalter über mögliche Probleme der Zielgruppe werden bestimmte Themen ausgewählt, die das Interesse der Teilnehmer finden können. Sie sollen exemplarisch sein, d. h. zugleich signifikant für die jeweilige Lage und geeignet, einen Gesamtzusammenhang herauszuarbeiten.

Gemäß den konzeptionellen Kriterien und der didaktischen Konsequenz »offener Curricula« lassen sich Inhalte nicht vorher genau festlegen, sondern müssen durch die Partizipation der Teilnehmer veränderbar bleiben. Nur so wird möglich, daß in der Veranstaltung auch die Veranstalter mehr und genaueres über Bedürfnisse und Interessen der Arbeiter erfahren, die Arbeiter selbst aber lernen können, selbst zu bestimmen, was sie lernen wollen. Ein von außen herangetragenes festes Programm würde nur die Entfremdung des nicht selbstbestimmten Arbeitsprozesses reproduzieren.

9. Die *Lernorganisation* spielt darum in den Modellversuchen eine entscheidende Rolle. Die Mehrzahl der Bildungsurlaubsseminare dauerte fünf Tage, obgleich eine Dauer von zehn Tagen – eventuell in zwei Blockseminaren – für günstiger gehalten wird. Sie fanden in einer Tagungsstätte statt, so daß auch das gemeinsame Leben für den Prozeß eine Rolle spielen konnte, die informellen Phasen, die gemeinsamen Mahlzeiten und Erholungspausen. Wo die bezahlte Freistellung von der Arbeit nicht zu erreichen war, traten die evangelischen Träger für den Verdienstausfall ein.

Vor allem entscheidend für Lernprozeß und Lernergebnis ist die Organisation der gemeinsamen Arbeit am Thema. Bewußt, d. h. zielorientiert wird in der Regel dem üblichen Tagungsstil der Abschied gegeben, in dem Referenten Vorträge halten, weil sie etwas zu sagen haben, und Teilnehmer danach fast nicht mehr diskutieren, weil sie glauben, nichts zu sagen zu haben. Gewählt werden vielmehr Arbeitsweisen, die den Arbeitern ermöglichen, Selbst- und Mitbestimmung im Kurs leben und Sprachlosigkeit und Handlungsunfähigkeit im Vollzug des Lernens überwinden zu können. Dazu wird vor allem in kleinen Gruppen gearbeitet, die aktive Mitarbeit aller fordern und fördern, weil sich der einzelne selbst stärker einzubringen wagt und sich auch eher anderen zuwendet. Feststellbar ist, wie in den Gruppen und im Plenum ausreichend Zeit für ein langsames Vorgehen, für Wiederholungen, für das Eingehen auf Einzelbeiträge, für ihre Einordnung in das Ganze, kurz für eine oft sehr weitausholende Reflexion der Gruppe genommen wird, damit die Entwicklung und Strukturierung eines Gedankenganges von allen mitvollzogen werden kann.

Am Ziel der Überwindung von Sprachlosigkeit und Handlungsunfähigkeit orientiert dürfte auch sein, daß Artikulation sehr stark durch Rollen- und Planspiele, Arbeit mit Farben und Materialien möglich gemacht wird. Das Festhalten von Arbeitsergebnissen auf Wandzeitungen, mit Tonband und Videorekorder soll den Verlauf des Lernprozesses immer wieder deutlich machen und kann zugleich Ermutigung bedeuten, etwas aus eigener Kraft geschafft zu haben.

Mit dem Einbau kleiner Aktionen, wie Befragung auf Ämtern und von Experten, Brief an ein Ministerium o. ä. und der Verarbeitung der dabei gemachten Erfahrung soll gelernt werden, in gemeinsamem Tun Schwellen zu überschreiten, und zugleich die Kraft solidarischen Handelns erfahren werden.

Es lohnt in diesem Zusammenhang der Hinweis, daß sich aus solcher Lernorganisation veränderte Anforderungen an den Mitarbeiter ergeben haben, wenn er sich auf einen »Lernprozeß auf Gegenseitigkeit« einließ. Er kann sich nur als von der »Gruppe beauftragt« verstehen, »sich in ihre Situation hineinzudenken, nach Ursachen zu forschen und die Machtfaktoren zu erkennen«[11].

Eine die Teilnehmer in ihrer Mündigkeit und in ihren Interessen akzeptierende Haltung gewinnt hier ebenso viel Gewicht wie fachübergreifende und didaktisch-methodische Kompetenz, eine für die Frage nach der »Professionalisierung der Erwachsenenbildung« wichtige Einsicht.

IV.

10. Evangelische Träger, die Bildungsurlaub mit Arbeitern gestalten, verstehen diese Arbeit als emanzipatorische Bildung. Bildungsveranstaltungen, die Emanzipation intendieren, können nur so angelegt sein, daß

[11] Börsch in: Probleme schichtenspezifischer Erwachsenenbildung ... (10.), S. 17.

sie den Teilnehmern im Lernprozeß emanzipiertes Verhalten ermöglichen; sie müssen den Teilnehmern einen Handlungsspielraum eröffnen, in dem sie ihre eigene Kompetenz erproben und bewähren können, und haben dazu Hilfestellung zu leisten.

Die Kompetenz besteht darin, die eigene Situation als Problem, als Konflikt wahrzunehmen, zu analysieren und in den Gesamtzusammenhang gesellschaftlicher Wirklichkeit zu stellen. Die Gewinnung und Verarbeitung der notwendigen individuell und sozial bedeutsamen Informationen sowie die Umsetzung dieser in konkrete Aktionen muß im Bildungsprozeß an exemplarischen Inhalten vollzogen werden.

Die konsequente Teilnehmerorientierung, wie sie in den Modellen erprobt wird, macht den Unterschied deutlich, der zwischen dieser Bildungsarbeit und der als »Schulung« verstandenen Arbeiterbildung der radikalen Linken, wie sie Negt darstellt, besteht[12]. Schulung setzt ein Gefälle von Wissenden zu Unwissenden voraus, die Kenntnis der »objektiven Interessen« der Arbeiter, die den Arbeitern »vermittelt« werden muß. Teilnehmerorientierung meint, die wahren Bedürfnisse und Interessen im Vollzug des Lernprozesses gemeinsam von Veranstaltern und Teilnehmern zur Erkenntnis zu bringen. Das Ziel der »Schulung«, eine »direkte Transformation des Wissens in klassenbewußtes, revolutionäres Handeln« zu betreiben, muß von daher als unerlaubte Indoktrination angesehen werden.

Hingegen sind zu Konzeptionen der Arbeiterbildung, die »auf die Erhöhung der politischen Artikulationsfähigkeit von Primärerfahrungen der Arbeiter gerichtet« sind, wie etwa die von O. Negt u. E. in den Modellen durchaus Analogien zu finden. Direkte Bezugnahmen fehlen, aber exemplarisches Lernen, Konfliktorientierung, Reflexion auf den Gesamtzusammenhang gesellschaftlicher Wirklichkeit zeigen Strukturähnlichkeiten, die über die Kooperation mit gewerkschaftlicher Bildungsarbeit und den Arbeitskreis politischer Bildungsstätten vermittelt sein können, ohne daß eine Identität des Begründungszusammenhanges und der Gesellschaftsdeutung angenommen werden muß.

Ausdrücklich wird in verschiedenen Veröffentlichungen auf die Konzeption von Paulo Freire hingewiesen, die auch sonst, über die Ökumene vermittelt, auf die evangelische Erwachsenenbildung eingewirkt hat. Wir haben darin Ansätze wiedergefunden, wie sie Ernst Lange 1972 von der »Pädagogik der Unterdrückten« her für die evangelische Erwachsenenbildung fruchtbar zu machen suchte. Er beschreibt den »Lernprozeß, der

12 Negt/Brock (9.).

den Lernunfähigen ein neues Leben eröffnet« als einen »Befreiungsvorgang, inhaltlich und methodisch. Menschen, die ›nichts zu sagen haben‹, lernen ›das Wort nehmen‹, das ihnen verweigert worden ist, das Wort, das den Konflikt, durch den sie sprachlos geworden sind, zur Sprache und damit zur Austragung bringt«[13].

Eine solche Bildungsarbeit bedeutet Parteinahme für die in jeder Beziehung Unterprivilegierten. Ein solches Sich-einlassen auf Menschen, die vorher ebenso dem Bildungsgeschehen wie der Kirche fremd gegenüberstanden, wurde zugleich von den Veranstaltern als Lernprozeß für sie selbst begriffen; die Entwicklung neuer Lernverfahren, die Verwendung neuer Medien, neue Prioritäten für Lerninhalte und eine bisher nie gekannte Realitätsnähe werden von ihnen als Änderung ihrer eigenen Orientierung erfahren. Daß sie gerade darum, weil sie keine »Schulung« treiben konnten und wollten, auf ihre »Sache« als evangelischer Träger angesprochen wurden, war dabei wohl die erstaunlichste Erfahrung.

Verwendete Literatur in Auswahl

Die ausgewerteten Modelle sind in 1.-5. zu finden.

1. Bildungsurlaub im Experiment. Hrsg. Karl Heinz Neumann, Rüdiger Weiser. Schriften der Fachgruppe Bildungsurlaub innerhalb der Deutschen Evangelischen Arbeitsgemeinschaft für Erwachsenenbildung.
2. Bildungsurlaub. Modelle – Praxiserfahrungen – Perspektiven. Versuch einer Bilanz. Hrsg. Evangelische Arbeitsgemeinschaft für Erwachsenenbildung in Württemberg 1976.
3. Max Dans, Hansjörg Siegel, Ute Vos, Ulrich Wimmer: Gesprächswochen für Arbeiter. In: Aktuelle Gespräche, 23. Jg., 2/75, Evang. Akademie Bad Boll, S. 17 ff.
4. Ute Vos, Gerhard Schlosser: Arbeiter eine Woche in Bad Boll. In: Aktuelle Gespräche, 24. Jg., 2/76, S. 29 ff.
5. Evangelische Akademie Bad Boll – Industrie- und Sozialpfarramt Stuttgart: Sachlicher Bericht der Arbeitergesprächswochen für deutsche und ausländische Arbeiterinnen und Arbeiter aus Stuttgart und Umgebung. 1. Teil April 1976; 2. Teil Juni 1976.
6. Freire, Paulo: Pädagogik der Unterdrückten, Stuttgart, Berlin 1971.
7. Kuhlenkamp, Detlef: Didaktische Modelle für Bildungsurlaub, Grafenau 1975 – Vorwort.
8. Lange, Ernst: Sprachschule für die Freiheit. Ein Konzept konfliktorientierter Erwachsenenbildung. In: Chancen des Lebens, Hrsg. Friedrich Ziegel, München 1972, S. 58 ff.

13 Lange (8.), S. 65.

9. Negt, Oskar / Brock, Adolf: Arbeiterbildung. In: Wörterbuch der Erziehung, Hrsg. Christoph Wulf, München, Zürich 1974, S. 35 ff.

10. Seminar für kirchlichen Dienst in der Industriegesellschaft, Arbeitszentrum Mainz der Gossner Mission: Praxisbezogenes Studium von Theologiestudenten an der Johannes-Gutenberg-Universität – 2. Bericht 1972/73: Probleme schichtenspezifischer Erwachsenenbildung am Beispiel eines gewerkschaftlichen Lehrganges von Schichtarbeitern in Mainz.

Lutz von Werder

Alltagsleben, Alltagsbewußtsein, Arbeiterbildung

1. Veränderungen des Alltagslebens in der bürgerlichen Gesellschaft

Wenn sich die objektive Stellung der Arbeiter im Produktionsprozeß in der Entwicklung der bürgerlichen Gesellschaft auch kaum geändert hat, so unterliegt doch die Konstitution ihres Bewußtseins einem gründlichen Wandel. In der Phase des Konkurrenzkapitalismus führte die ungesteuerte zyklische Bewegung des Kapitals sehr schnell dazu, daß die Arbeiter hinter dem Schein von Gleichheit und Freiheit auf dem Markt die Despotie des Kapitals in der Produktion erkannten. Um überhaupt physisch überleben zu können, wurden sie zur Koalition gezwungen. Im Kampf Klasse gegen Klasse, bei der die Arbeiter noch keine politischen und ökonomischen Rechte zu verlieren hatten, mußten sich bei ihnen verbreitete Formen von tradeunionistischem und Klassenbewußtsein entwickeln. Das Alltagsleben und das Alltagsbewußtsein der Arbeiter wurde in dieser Phase vom Antagonismus von Lohnarbeit und Kapital geprägt. Nicht nur die Lebenssphäre des Betriebes und die politische Sphäre, sondern auch der urbane Wohnbereich zerfiel in zwei Welten. Das änderte sich. Im Monopolkapitalismus beginnt der Staat, Einfluß auf die Bewegung des Kapitals zu nehmen. Über Gewerkschaften und Sozialdemokratie, durch Beteiligung an parlamentarischen Wahlen sind die Arbeiter formal an der Staatstätigkeit beteiligt. Der politische und ökonomische Widerspruch zwischen Lohnarbeit und Kapital wird im Parlament oder in den Tarifkommissionen zum Verhandlungsgegenstand. Die nun ansatzweise gesteuerte zyklische Bewegung des Kapitals zerreißt nicht mehr unmittelbar den Schein von Gleichheit und Freiheit und enthüllt die Despotie des Kapitals, sondern kann durchaus bei den Arbeitern die Sozialstaatsillusionen vertiefen und die Hoffnung verstärken, daß eine mächtige Regierung der Anarchie der Privatinteressen im Interesse der Erhaltung des gesamten Systems Einhalt gebieten wird. Das Alltagsleben der Arbeiter führt nicht mehr zum verbreiteten tradeunionistischen und Klassenbewußtsein. Neuere marxistische Untersuchungen[1] reflektieren diese Entwicklung. Sie weisen darauf hin, daß im Monopolkapitalismus eine soziale Verarmung, eine »Pauperisierung des Alltagslebens«[2] stattfindet. Besonders der Alltag der Arbeiter büßt immer mehr Freiräume ein und unterliegt in wachsendem Maße bürokratischer Kontrolle. Der Alltag wird zum Objekt affirmativer Wissenschaft. Die Bedürfnis- und Bewußtseinsstruktur der Arbeiter wird stärker vergesellschaftet als früher. Das System ist tiefer in den Individuen verankert[3]. Der nach wie vor bestehende Antagonismus von Lohnarbeit und Kapital erscheint nicht mehr als gesellschaftliches, sondern primär als privates Problem[4]. Das vorherrschende Alltagsbewußtsein der Arbeiter ist harmonistisch und privatistisch. Das Bewußtsein von Unterdrückung und Ausbeutung ist ihnen fremd geworden. »Das Individuum bewegt sich in einem geformten System von Einrichtungen und Apparaturen, besorgt sie und wird von ihnen besorgt, aber es hat schon längst das Bewußtsein verloren, daß diese Welt menschliches Erzeugnis ist.«[5] Der heutige Alltag verbreitet den Schein der Unveränderlichkeit und der Wiederkehr der ewig gleichen Banalität. Weil damit die Entfremdung des Menschen ihren

1 H. Lefebvre: Kritik des Alltagslebens, München 1974-1976, Bd. 1-3, H. Lefebvre: Das Alltagsleben der modernen Welt, Frankfurt 1972, K. Kosik: Die Dialektik des Konkreten, Frankfurt 1967, Th. Leithäuser: Untersuchung zur Konstitution des Alltagsbewußtseins, Hannover 1972, G. Lukacs: Die Eigenart des Ästhetischen, Neuwied/Berlin 1963, 1. Halbbd., S. 33 ff., A. Heller: Die marxistische Revolutionstheorie und die Revolution des Alltagslebens. In: A. Hegedüs, M. Vaida u. a. (Hrsg.): Die Neue Linke in Ungarn, Berlin 1976, Bd. 2, S. 90 ff., Th. Kleinspehn: Der verdrängte Alltag, Gießen 1975.
2 Th. Leithäuser: Kapitalistische Produktion und Vergesellschaftung des Alltags. In: Th. Leithäuser, W. R. Heinz (Hrsg.): Produktion, Arbeit, Sozialisation, Frankfurt 1976, S. 52.
3 Die kritische Theorie deutet diese Entwicklung dahin, daß die bürgerliche Gesellschaft, die das Individuum als erste Gesellschaft der Menschheitsgeschichte zur Entfaltung gebracht hat, es nun zerbricht, in dem die Gesellschaft sich den Individuen gegenüber verselbständigt und entfremdet. Vgl. Th. W. Adorno / M. Horkheimer: Soziologische Exkurse, Frankfurt 1974, S. 49, Th. W. Adorno: Negative Dialektik, Frankfurt 1966, S. 361; P. Brückner: Zur Sozialpsychologie des Kapitalismus, Frankfurt 1972, S. 33.
4 Th. W. Adorno: Anmerkungen zum sozialen Konflikt heute. In: Ders.: Soziologische Schriften, Frankfurt 1972, Bd. 1, S. 184 f.
5 K. Kosik, a.a.O., S. 65.

Höhepunkt erreicht, wird der Alltag vom latenten Gefühl der Absurdität begleitet[6].

2. Struktur- und situationsspezifischer Ansatz in der Arbeiterbildung

Die Veränderung des Alltagslebens und Alltagsbewußtseins hat für die politische Emanzipation der Arbeiter weitreichende Folgen. Im Konkurrenzkapitalismus waren die Arbeiter angesichts kümmerlicher Volksschulverhältnisse von der Aneignung noch fortschrittlicher Wissenschaften ausgeschlossen. Da aber die Klassenverhältnisse angesichts kurzfristiger Krisenzyklen des Kapitals durchsichtig waren, entwickelte sich bei ihnen ein starkes Interesse nicht nur an der Aneignung der fortschrittlichen Natur- und Geschichtswissenschaften, sondern auch am wissenschaftlichen Sozialismus. Die Arbeiterbildung konnte deshalb als kritische Aneignung der Wissenschaften sich entwerfen. Sie entwickelte Form und Inhalt der Lernprozesse der Arbeiter auf der Basis der logischen Struktur der bürgerlichen Wissenschaften und des wissenschaftlichen Sozialismus[7].

Im Monopolkapitalismus haben sich die Verhältnisse allerdings soweit gewandelt, daß der Strukturansatz in der Arbeiterbildung in emanzipatorischer Absicht kaum mehr anwendbar ist[8]. Die Klassenverhältnisse

6 K. Kosik, a.a.O., S. 80.
7 Das bisherige Vorherrschen des Strukturansatzes, der den Bildungsprozeß der Arbeiter von der Struktur der Wissenschaften her entwickelt, belegen viele Untersuchungen zur Geschichte der Arbeiterbildung. Vgl. H. Reisig: Der politische Sinn der Arbeiterbildung, Berlin 1975, S. 111 ff., H. Feidel-Mertz: Zur Ideologie der Arbeiterbildung, Frankfurt 1964, S. 30 ff., A. Meier: Proletarische Erwachsenenbildung, Hamburg 1971, G. Gerhard-Sonnenberg: Marxistische Arbeiterbildung in der Weimarer Zeit, Köln 1976. Allerdings entwickelte sich die didaktische Reflektion in der Arbeiterbewegung nicht einheitlich. In der sozialistischen Kinder- und Jugenderziehung entwickelte sich während der Weimarer Zeit schon die Verwendung des Situationsansatzes. Vgl. L. v. Werder: Sozialistische Erziehung in Deutschland, Frankfurt 1974, L. v. Werder: Erziehung und gesellschaftlicher Fortschritt, Berlin 1976, S. 103 ff.
8 Der in der heutigen Erziehungswissenschaft sich anbahnende Versuch, die strukturspezifische Curriculumkonstruktion durch die situationsspezifische Curriculumkonstruktion zu ersetzen, reflektiert unbewußt den Wandel des Alltagslebens und die wachsende Schwierigkeit beim Lernen zwischen Alltagsbewußtsein, Wissenschaft und wissenschaftlichem Bewußtsein zu vermitteln. Vgl. z.B. R. Auernheimer, B. Krösche: Situationstheorie als Überwindung von Strukturorientierungen: Zur Kontroverse curricularer Ansätze. In: J. Zimmer (Hrsg.): Curriculumentwicklung im Vorschulbereich, München 1973, Bd. 1, S. 92 ff., K. P. Hemmer: Merkmale und Verfahren eines situationsorientierten Curriculum. In: A. Baumgartner, D. Geulen

und ihre Aufhebung sind nun gründlich mystifiziert. Den Arbeitern ist die Bedeutung ihrer Klassensituation und die Funktion des wissenschaftlichen Sozialismus für ihre Emanzipation weitgehend unbekannt. Eine gewisse Aneignung von wachsend affirmativen Wissenschaften in verlängerten Schulzeiten verstärkt bei ihnen nur den Einfluß unkritischer Denk- und Verhaltensformen. In ihrem Alltagsbewußtsein dominiert der Schein von Gleichheit und Freiheit, auch wenn er nicht nur der ständigen Reproduktion durch den Äquivalententausch auf dem Markt, sondern auch des Einflusses der Massenmedien bedarf.

Unter diesen Bedingungen kann die Arbeiterbildung sich nicht mehr auf der Basis des traditionellen Strukturansatzes entwickeln. Sie muß ihre Lernprozesse, wenn sie weiter am Ziel der Emanzipation orientiert sein sollen, auf der Basis der in der sozialen Alltagssituation der Arbeiter noch angelegten Emanzipationsinteressen entfalten[9].

Die Notwendigkeit dieser Neuorientierung der Arbeiterbildung, besonders mit unorganisierten Arbeitern, ist in der Bundesrepublik allerdings noch kaum in letzter Konsequenz durchdacht worden. Die in der Bundesrepublik vorfindliche Arbeiterbildung entspricht in Inhalt und Methode weitgehend immer noch dem Strukturansatz aus der Phase des Konkurrenzkapitalismus. Die kommunistischen Parteisekten gehen davon aus, daß der Antagonismus von Lohnarbeit und Kapital evident ist, und die Masse der Arbeiter spontan tradeunionistisches Bewußtsein entwickeln kann. Dieses Bewußtsein soll dann von außen durch verschulte Lernprozesse, die an der Inhaltsstruktur des Vulgärmarxismus orientiert sind und durch die Eingliederung der Arbeiter in das isolierte Leben der Sektenorganisation zum Klassenbewußtsein weiterentwickelt werden[10]. Diese Arbeiterbildung bleibt den meisten Arbeitern völlig äußerlich, sie erreicht und verändert ihren heutigen Alltag überhaupt nicht.

Die heute vorherrschende gewerkschaftliche Bildungsarbeit geht noch davon aus, daß die Notwendigkeit der gewerkschaftlichen Orientierung allen Arbeitern einsichtig ist. Diese Bildungsarbeit orientiert sich an der

(Hrsg.): Vorschulische Erziehung, Weinheim, S. 4: 1975, Bd. 2, S. 74 ff., K. P. Hemmer, J. Zimmer: Der Bezug zur Lebenssituation in der didaktischen Diskussion. In: K. Frey (Hrsg.): Curriculumhandbuch, München 1975, Bd. 2, S. 188 ff.

9 Auf diese notwendige Umorientierung der Arbeiterbildung hatte schon früh W. Reich mit den Worten hingewiesen: »Die revolutionäre Energie liegt im kleinen Alltagsleben«. W. Reich: Was ist Klassenbewußtsein? Kopenhagen 1934, Neuauflage Amsterdam 1968, S. 67.

10 Vgl. L. v. Werder: Arbeiterbewegung und Weiterbildung. In: H. Reisig: Der politische Sinn der Arbeiterbildung, Berlin 1975, S. VIII f.

Struktur der Allgemein- und Fachbildung, um für das Funktionieren der Organisation und der Funktionäre zu sorgen. Abgehoben vom heutigen Alltag der Arbeiter und seiner notwendigen Veränderung wird in dieser Arbeiterbildung »der Zusammenhang zwischen Inhalt und Verwendungssituation wie von Inhalt und Methoden nicht geplant und wenig reflektiert«[11]. Auch Ansätze zu einer stärkeren Verschulung der Lehrgangsformen werden die Masse der Arbeiter kaum zur Teilnahme motivieren. Im Gegenteil. Diese Verschulung reflektiert nur die »technokratischen Tendenzen der Curriculumdiskussion in der Pädagogik«[12].

Der Veränderung des Alltagslebens und des Alltagsbewußtseins der Arbeiter verurteilen diese veralteten strukturspezifischen Formen der Arbeiterbildung bei der Masse der Arbeiter zur Wirkungslosigkeit. Sie sprechen höchstens 30 % aller Beschäftigten an, die sich in der Bundesrepublik schon im DGB organisiert haben[13]. Sie erreichen im Grunde nur den noch geringeren Teil der gewerkschaftlich aktiven Arbeiter, die durch die Teilnahme an verschulten Bildungsveranstaltungen in abgehobene Organisationsformen aufsteigen wollen. Die Nachahmung der Lernform und Methoden des etablierten Schulsystems in dieser Arbeiterelitebildung führt außerdem zur Vermittlung von Lernmethoden, die für eine emanzipatorische Praxis außerhalb der Organisation kaum taugen.

Dem Alltagsbewußtsein der Masse der Arbeiter im Monopolkapitalismus entspricht ein situationsspezifischer Ansatz der Arbeiterbildung, der vom wirklichen Alltagsleben und Alltagsbewußtsein der Arbeiter ausgeht[14]. Dieser Ansatz muß die heutige Alltagssituation der Masse der

11 H. Brammerts, G. Gerlach, N. Trautwein: Lernen in der Gewerkschaft, Frankfurt 1976, S. 30.
12 H. Brammerts, a.a.O., S. 31, 34, 57 f.
13 Vgl. J. Bischoff (Hrsg.): Die Klassenstruktur der BRD, Berlin 1976, S. 48 f. Der geringe Grad gewerkschaftlicher Organisation der Arbeiter in der Bundesrepublik widerspricht auch der verbreiteten Leninschen Vorstellung von F. Deppe / M. Tjaden-Steinhauer, daß das in der Bundesrepublik vorherrschende Arbeiterbewußtsein schon als »tradeunionistisches Bewußtsein« bezeichnet werden kann. Vgl. M. Tjaden-Steinhauer: Gesellschaftsbewußtsein der Arbeiter, Köln 1975, S. 159 ff., F. Deppe: Das Bewußtsein der Arbeiter, Köln 1971, S. 194 ff.
14 O. Negts Beitrag: Soziologische Phantasie und exemplarisches Lernen, Frankfurt 1972, stellt den ersten Versuch eines situationsspezifischen Ansatzes in der Arbeiterbildung dar. Er greift dabei allerdings auf die Leipziger Arbeit von Paul Hermberg, Hermann Heller und Gertrud Hermes in der Weimarer Zeit zurück. Vgl. K. Meyer: Arbeiterbildung in der Volkshochschule, Stuttgart 1969, bes. S. 106 ff. Den Negtschen Ansatz versuchen neuerdings W. Bauch u. a.: Emanzipatorische Arbeiterbildung, Berlin 1975 und N. Belardi / Ch. Zuschlag: Arbeiterbewußtsein und Arbeiterbildung, Gießen 1976 unter besonderem Bezug auf die Lohnsituation auszubauen. Diese Ansätze entwickeln kein Programm zur diskursiven Untersuchung der wirklichen Alltagssituation der Masse der nichtorganisierten Arbeiter. Diese Versuche

Arbeiter analysieren, um aus dieser Analyse die Ziele, Inhalt und Methoden der Arbeiterbildung ableiten zu können. Aus dieser Analyse könnten Bildungsprojekt-Entwürfe entstehen, die innerhalb des Arbeiteralltags zur Veränderung dieses Alltags taugen.

3. Arbeiterbildung als Alltagsbildung

3.1. Die Brüchigkeit des Alltags

Das Alltagsleben im Monopolkapitalismus zwingt den Einzelnen wegen der organisierten Verschleierung der Klassenstrukturen zur verschärften Vereinzelung und Privatisierung[15]. Die Alltäglichkeit, als »täglich wiederholbare Gliederung des individuellen Lebens der Menschen im Rahmen jedes Tages«[16], führt aber nicht nur zur Vereinzelung, sondern gleicht den Lebensvollzug der Individuen untereinander an. Wenn auch der monadologische, entfremdete Alltag in Phasen der gemächlichen Wirtschaftsentwicklung seinen Einfluß auf die Arbeiter verstärkt, so entsteht in krisenhaften Phasen der Wirtschaftsentwicklung trotz aller staatlicher Kontrolle und Planung die Erfahrung der Unsicherheit. In diesen Phasen muß der Arbeiter, wenn auch meist in den privaten Formen des Alltags, die Unsicherheit seiner Lage erfahren und Tendenzen zum Bruch mit dem Alltag entwickeln[17]. Der Bruch bleibt ambivalent. Er kann sich destruktiv sowohl im individuellen Ausflippen, im Alkohol, in der Gewalt gegen Frau und Kinder als auch produktiv durch Entwicklung von Solidarität darstellen. Diese Brüche im Alltagsleben können im produktiven Fall dem einzelnen Arbeiter die Einsicht eröffnen, daß seine individuelle Autonomie nur Schein ist, und daß er zur wirklichen autonomen Führung seines Lebens die entschiedene Mitbestimmung an den kollektiven, politischen und ökonomischen Grundlagen seines Alltags braucht.

Diese Brüche sind deshalb die entscheidenden Ansatzpunkte der alltäglichen Arbeiterbildung.

wenden sich nur an die Minorität der Arbeiter, die sich schon in der Gewerkschaft organisiert haben.
15 G. Lukacs: Die Eigenart..., a.a.O., S. 65, K. Kosik, a.a.O., S. 72, Th. Leithäuser: Untersuchung..., a.a.O., S. 214.
16 K. Kosik, a.a.aO., S. 71.
17 H. Lefebvre: Kritik ..., a.a.O., Bd. 1, S. 230; H. Lefebvre: Das Alltagsleben ..., a.a.O., S. 121 f., K. Kosik, a.a.O., S. 82 ff., Th. Leithäuser: Untersuchung ..., a.a.O., S. 186 ff.

3.2. Die Erforschung des Alltags

Bei der Erforschung des Alltags der unorganisierten Arbeiter geht es nicht um die physikalische Realität, sondern um die soziale. Der Alltag besteht aus einem Zusammenhang von Situationen, die den gegeneinander verselbständigten Sphären der Produktion, Öffentlichkeit und Reproduktion zugehören. Die Alltagssituationen bestehen aus einem Komplex von Personen, der von einem bestimmten Ort und Zeitraum geprägt wird und eine sinnlich-wahrnehmbare Einheit bildet. Bei der Erforschung der Brüche im Arbeiteralltag wird es darum gehen, Umbruchssituationen im Alltag zu identifizieren, die den Arbeiter zum Lernen motivieren und die Zeiträume und Orte zu finden, in denen der Arbeiter (z. B. Sonntag Vormittag) Zeit zum Lernen hat. Dabei sind besonders in Zeiten ökonomischer und politischer Krisen die Alltagssituationen aufzufinden, die dem Arbeiter die Unsicherheit seiner objektiven Lage unter dem Schein der Harmonie des Alltags sichtbar machen. Zumeist werden Situationen der Lohnkürzung, der Entlassung sich verbinden mit Krisensituationen in der Arbeiterfamilie. Es muß herausgefunden werden, zu welchen Zeitpunkten und an welchen Orten im Alltag diese Situationen gemeinsam reflektiert werden können, so daß die gesellschaftlichen Ursachen für die individuelle Durchbrechung des Alltags durchsichtig werden. Diese Erforschung des Alltags der Arbeiter kann mit den Mitteln der Handlungsforschung geschehen. Voraussetzung jeder Alltagsuntersuchung ist die Einführung des Diskurses zwischen Untersucher und Untersuchten[18]. Die Aufnahme der Alltagsbeziehungen setzt die Lösung der Rollenkonflikte, der selektiven Wahrnehmung und der Sprachprobleme zwischen Untersucher und Untersuchten voraus[19]. Die Verankerung des Forschers im Alltag der Arbeiter muß über Gewährspersonen vermittelt werden. Diese Verankerung ist nur über »einen langen konflikthaft verlaufenden Prozeß zu erreichen, dies als Ausdruck der sehr unterschiedlichen Lebenssituationen von Theoretiker und Feldsubjekten«[20]. Um den Erfolg des Forschers zu verbessern, ist es wichtig, daß in Zusammenarbeit mit den Adressaten das Beobachtungsfeld im Alltag begrenzt wird, und die Beobachtungseinheit und das Beobachtungsthema genauer bestimmt werden. Die wichtigsten Mittel der pädagogischen Alltagsforschung sind das Erfahrungsprotokoll, das Interview und soziale und statistische Analyse über

18 H. Moser: Aktionsforschung als kritische Theorie der Sozialwissenschaft, München 1975.
19 Die Reportagen von Wallraff illustrieren teilweise ganz gut, wie diese Probleme gelöst werden können.
20 H. Moser: A.a.O., S. 151.

wesentliche Merkmale und Verhaltensformen der Personen im Alltagsfeld[21].

Erst auf der Basis der Alltagsuntersuchung können Bildungsprojekte zusammen mit den Betroffenen entworfen werden, die wirklich von den Bedürfnissen und Interessen der Masse der unorganisierten Arbeiter ausgehen.

3.3. Zur Konstituierung von Alltagsprojekten der Arbeiterbildung

Das Ziel der Alltagsbildung mit unorganisierten Arbeitern besteht in der Konstituierung von Projekten im Stadtteil[22]. Diese Projekte haben die Aufgabe, die Arbeiter daran zu hindern, den Bruch mit dem Alltag individualistisch oder staatsautoritär zu wenden. Die Projekte sollen ihm vielmehr Perspektiven alternativer Selbstorganisationen des Stadtteils aufzeigen. Die Projekte sollen Aktivitäten entwickeln, die dem Abbau von Arbeitsplätzen, der Verschlechterung der urbanen Umwelt und den Struktur- und Funktionsschwächen der staatlichen Instanzen in den Kommunen entgegenwirken[23]. Der Lernprozeß in den Projekten beginnt mit der Schärfung des Bewußtseins vom Gegensatz der Ideen von Gleichheit und Freiheit und der realen politischen und ökonomischen Ohnmacht und Ungleichheit im Alltag.

Um die Gefahr des Fatalismus und der Verzweiflung zu bekämpfen, muß die Einsicht in die kollektive Gemeinsamkeit aller Arbeiter und die Gründe für ihre Individualisierung in der alltäglichen Konkurrenz eröffnet werden. Erst wenn kürzer- oder längerfristige Perspektiven der Veränderung des Alltags durch Projektarbeit sich ergeben, wird der Rückfall in die individualistische Alltagspraxis und das Vergessen schon gewonnener Einsichten verhindert. Erst mit der praktischen Ausweitung der Selbstorganisation im Alltag wird in diesen Projekten der unorganisierten

---

21 Zur Diskussion über die Bedeutung der traditionellen Methoden empirischer Soziologie für die Handlungsforschung vgl.: J. Friedrichs, H. Lüdtke: Teilnehmende Beobachtung, Weinheim 1973, H. Berger: Untersuchungsmethode und soziale Wirklichkeit, Frankfurt 1974, H. Heinze u. a.: Handlungsforschung im pädagogischen Feld, München 1975, S. 27 ff., H. Moser, a.a.O., S. 118 ff., A. V. Cicourel: Methode und Messung in der Soziologie, Frankfurt 1974, S. 63 ff.

22 Diese Projekte können als Bestandteile der heutigen Bürgerinitiativbewegung betrachtet werden. Vgl. P. C. Mayer-Tasch: Die Bürgerinitiativbewegung. Reinbek 1976.

23 Auf Handlungsspielräume an der Alltagsbasis der Gesellschaft weist auch P. Brückner hin, wenn er schreibt: »In Subregionen und Gemeinden liegen Zonen möglicher Aktivität, die von den überregional oder gar national gegliederten Organisationen, Verwaltungen usw. nur schwer in Kontrolle genommen werden können.« Ders.: Zur Sozialpsychologie . . ., a.a.O., S. 38.

Arbeiter sich auch das Interesse an Programm und Praxis der Gewerkschaftsbewegung entwickeln.

Solange die heutige gewerkschaftliche Arbeiterbewegung nicht den Aufbau von Alltagsprojekten unterstützt, werden fortschrittliche Wissenschaftler und Studenten der Universitäten industrieller Ballungsräume, die gute sozialwissenschaftliche Kenntnisse besitzen, derartige Projekte tragen. Die Konstitution derartiger Projekte durchläuft drei Phasen.

Zuerst ermitteln die Initiativgruppen im Arbeiterstadtteil über alle möglichen Quellen und Kontakte Bruchstellen des Alltags. Dann identifizieren sie im Diskurs mit Arbeitergruppen die wichtigsten Alltagssituationen. Sie erarbeiten, ausgehend von diesen Situationen, gemeinsam Perspektiven der Veränderung des Alltags. Schließlich wird versucht, in die Veränderung des Alltags in wachsender Zahl weitere Quartierbewohner einzubeziehen. Der eingeleitete Prozeß der Selbstorganisation des Alltags im Stadtteil kann die Einheit von Lernen und Handeln entwickeln[24]. Die sich in diesem Prozeß herausbildende Struktur von Arbeiterbildung läßt sich in kein verschultes, geschlossenes Curriculum pressen. Die Struktur des Alltags und das Prinzip der rückhaltlosen Einbeziehung der Betroffenen in' den Prozeß diskursiven Erkennens und Veränderns des Alltags[25] verbietet einen solchen Versuch. Die alltägliche Arbeiterbildung wird also nicht mit »zeitlosen«, »endgültigen« und »überall übertragbaren Konzepten« aufwarten können. Damit sie aber nicht zum Deckmantel eines blinden Voluntarismus wird[26], muß sie ihren Ansatz und ihre Ergebnisse der öffentlichen kritischen Diskussion stellen. Die Initiativgruppen müssen untereinander kooperieren. Ihre Arbeit muß sich in ungeschminkten Projektberichten darstellen. Diese Berichte entstehen unter Mitwirkung der Betroffenen.

24 Diese Methode wird u. a. sowohl von P. Freire: Pädagogik der Unterdrückten, Reinbek 1973, P. Freire: Erziehung als Praxis der Freiheit, Stuttgart 1974, P. Freire: Pädagogik der Solidarität, Wuppertal 1974, Arbeitsgruppe P. Freire: P. Freires Pädagogik der Unterdrückten – ein Weg zur Befreiung? In: b:e 6. Jg. 1973, H. 7, S. 22 ff., R. Bendit, H. Heimbucher: Von Paulo Freire lernen, München 1977, als auch von der Handlungsforschung entwickelt. Vgl. z. B. H. Moser, a.a.O., S. 143 ff.

25 Die Bedeutung dieses Prinzips bei der Entwicklung von Lernprozessen haben die Vertreter offener Curriculumentwicklung überzeugend dargestellt. Vgl. K. Heipcke, R. Messner: Curriculumentwicklung unter dem Anspruch praktischer Theorie; W. Sachs, C. T. Scheilke: Folgeprobleme geschlossener Curricula. Beide in: Zeitschrift für Pädagogik, 19. Jg., Nr. 3/1973, S. 351 ff., H. Brügelmann: Offene Curricula. In: Zeitschrift für Pädagogik, 18. Jg., 1972, H. 1, S. 95 ff.

26 In diesem Licht erscheint sie z. B. bisher noch der etablierten Erwachsenenbildung vgl. H. Tietgens: Zur Beobachtung von Weiterbildungsprozessen, Braunschweig 1974, S. 91.

Die Verbreitung der alltäglichen Arbeiterbildung mit unorganisierten Arbeitern ist schwierig[27]. Sie wird auf wissenschaftliches und politisches Mißtrauen stoßen. Sie wird denen nicht einleuchten, die Lernen von Erwachsenen mit schulischem Lernen in etablierten Institutionen gleichsetzen. Sie wird denen nicht gefallen, die unter Arbeiterbildung nur kompensatorische Allgemein- und Funktionärsbildung verstehen. Sie wird von denen bekämpft werden, die die Arbeiter mit gips-marxistischen Phrasen beglücken wollen. Die alltägliche Arbeiterbildung hat nur dann eine echte Chance, wenn sie im Bunde mit der objektiven Entwicklung der Gesellschaft zum Verbündeten einer Gewerkschaftsbewegung wird, die sich stärker auf die Veränderung der Alltagssituation der Masse der unorganisierten Arbeiter orientiert.

---

27 Allerdings gibt es Tendenzen, von den Volkshochschulen aus eine entschulte alltägliche Arbeiterbildung zu entwickeln. Vgl. Autorenkollektiv: Sie sollen ihre Lage erkennen aber nicht ändern. In: Sozialmagazin, 1. Jg. 1976, H. 1, S. 47 ff., L. v. Werder: Stadtteilnahe Volkshochschularbeit. In: b:e, 9. Jg. 1976, H. 12, S. 61 ff.

Erich Frister

Bildungs- und Beschäftigungspolitik im Arbeitnehmerinteresse

Bildungsreform wird häufig mißverstanden. Viele denken, es ginge vorrangig um mehr Akademiker, mehr Abiturienten, kurz gesagt, es ginge um Aufstieg durch Bildung. Das ist eine ähnliche Verengung, wie wir sie bei vielen Politikern in bezug auf die Gesellschaftsreform vorfinden. Ein von Jahr zu Jahr um einige Prozent wachsendes Bruttosozialprodukt, die Steigerung der Konsumfähigkeit machen noch keine Gesellschaftsreform. Eine Erhöhung des Lebensstandards reicht nicht aus, es kommt auf eine Steigerung der Lebensqualität an. Zumutbare Arbeitsbelastungen, großzügige Wohnungen, Spiel- und Sportplätze, bequem erreichbare Naherholungsgebiete, lebensfreundliche Städte, das sind Stichworte für die Steigerung der Lebensqualität durch Gemeinschaftsleistungen. Für den einzelnen sind Mündigkeit, Kritikfähigkeit, Möglichkeit zur Mitbestimmung und Mitwirkung, zum sozialen und politischen Engagement, zur kulturellen Teilhabe Bestandteile einer qualitativen Veränderung der Lebensführung.

Lebensstandard als ausschließliches Ziel bedeutet eine Verkürzung des Menschen auf Produktion, Verteilung und Verbrauch. Lebensqualität dagegen bedeutet, in vollem Umfang Mensch sein können, bedeutet für jeden einzelnen, in sich selbst und in seiner Umwelt günstige Bedingungen für die volle Entfaltung seiner Persönlichkeit vorzufinden. So wie wir der Anbetung des Lebensstandards die Forderung nach der Lebensqualität gegenüberstellen müßten, so muß der alleinigen Orientierung der Bildungspolitik an den Aufstiegschancen mit dem Ruf nach einer Bildungsreform im Interesse der Lebenschancen aller Kinder und Jugendlichen entgegengetreten werden.

Aufstieg durch Bildung, das ist nichts Neues. Das Wort vom Marschallstab im Tornister ist uralt. Reaktionäre und Konservative, Mitglieder der herrschenden Schichten aller Schattierungen sind immer dafür gewesen, das Bildungswesen so zu organisieren, daß überdurchschnittlich leistungswillige und anpassungsbereite Angehörige der beherrschten Sozialschichten auf dem Wege über Schweiß, Fleiß, Demut und Dankbarkeit in Aufstiegspositionen gebracht werden. Der Vorteil für diejenigen, die die bestehende soziale Schichtung einer Gesellschaft aufrecht erhalten wollen, liegt auf der Hand. Die Aufgestiegenen sind lebende Beispiele für eine scheinbare soziale Gerechtigkeit. Sie lassen sich herzeigen und glauben meist selbst an die These, wonach jeder seines Glückes Schmied sei und durch Fleiß den Preis erringen könne. Damit sind aber nicht nur Propagandisten und Verteidiger des bestehenden sozialen Systems gewonnen, sondern gleichzeitig ist den unteren und beherrschten Sozialschichten ein Führungspotential für die gesellschaftliche Auseinandersetzung entzogen.

Gewerkschaftliche, d. h. an Arbeitnehmerinteressen orientierte Bildungspolitik darf sich also nicht darin erschöpfen, die Verwirklichung der Aufstiegschancen für alle, die Herstellung der Chancengleichheit für das Gerangel auf der Stufenleiter der gesellschaftlichen Positionen zu fordern, sondern muß vor allem die im Auge haben, die nicht aufsteigen, darf nicht vergessen, daß nicht jeder aufsteigen kann. Zum Aufsteigen gehört auch das Zurückbleiben – und zurück bleibt die große Mehrheit.

Gewerkschaftliche Bildungspolitik kann sich also nicht darin erschöpfen, eine breitere Elite und einen leichteren Zugang zu ihr zu organisieren, sondern muß die Bildung derjenigen im Auge haben, die nicht zur Elite gehören und in aller Regel nicht zur Elite aufsteigen können, sondern das bleiben, was sie sind, und deren Kinder auch in aller Regel bleiben, was ihre Eltern sind, nämlich lohnabhängig Arbeitende, die von der Hand in den Mund leben, die ihre materielle Lebensgrundlage mit Tätigkeiten erwerben müssen, in denen sie nicht sich selbst gehören, in denen sie zur ständigen restlosen Anpassung gezwungen sind, in denen über sie verfügt wird. Freie Bahn dem Tüchtigen, das ist sicher auch eine Forderung der Gewerkschaften an die Bildungspolitik, aber mehr Aufmerksamkeit der Gewerkschaften erfordern diejenigen, die die Bahn freimachen müssen, die das Spalier bilden.

Die Gewerkschaften haben eine Bildungspolitik zu fordern, die die breiten Schichten der Bevölkerung nicht nur auf berufliche Tüchtigkeit dressiert, sondern ihnen Gleichheit der Lebenschancen im privaten, kulturellen, gesellschaftlichen und politischen Bereich gewährleistet. Eine Bildungspolitik der sozialen Gerechtigkeit bedeutet, daß Inhalt und Umfang der Erwerbstätigkeit eines Menschen nicht mehr – wie es das traditionelle

Bildungssystem tut – sein Bildungsniveau bestimmen. Da wird dann höhnisch gefragt, ob wir etwa den promovierten Müllkutscher wollten. Als Gewerkschafter müssen wir uns zunächst einmal gegen die in diesem Wort liegende Diskriminierung von Tätigkeiten wenden, bei denen man sich dreckig macht. Über Müllkutscher die Nase zu rümpfen, mag Aufgestiegenen anstehen. Wenn wir nicht die neue Sklavenschicht der Gastarbeiter beschäftigen würden, hätten wir zwar keine promovierten Müllkutscher, aber mit Sicherheit Müllkutscher, denen wir soviel zahlen würden wie Akademikern, damit sie unseren Dreck beseitigten. Für Gewerkschafter sollte die Vorstellung, es könnte einmal akademisch gebildete Handwerker geben, nichts Erschreckendes haben. Eine Nivellierung der Einkommen nach oben und eine ebensolche Nivellierung des Bildungsstandes nach oben sind doch wohl gewerkschaftliche Ziele. Aber lassen wir uns nicht ins Bockshorn jagen. Ob es jemals eine Gesellschaft der gleich Bezahlten und gleich Gebildeten geben wird, wissen wir nicht. Das mag eine Utopie sein. Es ist aber eine Utopie, auf die die Kompaßnadel eines Gewerkschafters zeigt, denn mehr Gleichheit als heute in den Lebensbedingungen, im Einkommen und auch im Bildungsstand, das ist auf jeden Fall möglich und auch bitter notwendig.

Wir sind heute noch lange nicht so weit, daß wir über den promovierten Müllkutscher reden müssen. In unserer Gesellschaft, in unserem Bildungssystem fehlt es noch an elementarer Chancengleichheit. Bei uns sind nicht einmal die Aufstiegschancen für alle gewährleistet, von einer Gleichheit der Lebenschancen durch das Bildungssystem kann schon gar nicht gesprochen werden. Für unser Bildungssystem gilt das, was auch für das Steuersystem unbestritten ist: Wer mehr hat, dem wird mehr gegeben. Benachteiligungen werden nicht abgebaut, sondern Vorsprünge vergrößert.

Das beginnt schon mit der Geburt eines Kindes. Für den Bezieher eines Durchschnittslohns ist angesichts unserer Mieten und der allgemeinen Lebenshaltungskosten das Mitverdienen der Ehefrau selbstverständlich geworden. Die Bundesrepublik hat im Westen die höchste Quote mitarbeitender Ehefrauen, und das nicht, weil bei uns die Emanzipation der Frau so herrlich weit fortgeschritten wäre, sondern weil die wirtschaftliche Notwendigkeit dazu besteht. Die unzulängliche Versorgung schon der Kleinstkinder begründet – wie uns Psychologie und Medizin lehren – entscheidende Mängel in ihrer Persönlichkeitsentwicklung.

Die Misere unserer Kindergärten – einmal abgesehen von dem Mangel an Kindergartenplätzen – geht auch in erster Linie zu Lasten der schon Benachteiligten. Die Kinder aus der Oberschicht und der oberen Mittelschicht drängen in die privaten und öffentlichen Kindergärten, ihren Eltern fällt auch das Zahlen der Beträge dafür relativ leicht. Diese Kinder bedürfen des Kindergartens nicht um der geistigen Anregung willen, nicht um die Voraussetzungen für schulisches Lernen zu erwerben, sondern entweder, um einfach betreut zu sein oder soziale Kontakte mit gleichaltrigen Kindern zu haben und zu üben. Sie geben mit ihrer Sprachfertigkeit, mit ihrem Wortschatz, mit ihrem Liedgut, mit ihren Spielerfahrungen den Ton an. Die unzureichend ausgebildeten Fachkräfte und die vielen unausgebildeten Aushilfskräfte in den Kindergärten stützen sich natürlich auf diese Kindergruppe, sie verlangen von den Kindern der Unterschicht und der unteren Mittelschicht Anpassung an die braven und sauberen Kinder und haben nie gelernt, wie man den benachteiligten Kindern die Anregungen für die Entwicklung ihres Verstandes, ihrer Sprache und ihrer Gefühle vermitteln kann, die sie aufgrund ihrer familiären Situation entbehren müssen.

Was für die Kindergärten gilt, trifft für die sich entwickelnden Vorschulen in verstärktem Maße zu.

Es ist kein Wunder, daß gerade die konservativen und die auf den gehobenen Mittelstand zielenden politischen Kräfte in der Bundesrepublik gar nicht genug von der Priorität der Prioritäten, der Vorschulerziehung, reden können. In die wenigen Einrichtungen der Vorschulerziehung drängen die Kinder der bildungs- und schulnahen Eltern; und solange an der Freiwilligkeit des Vorschulbesuchs festgehalten wird, dienen die in die Vorschule investierten Mittel nur dazu, die Abstände in der schulischen Leistungsfähigkeit der Kinder verschiedener Sozialschichten zu vergrößern. Damit wird das Dilemma in der Grundschule, einem Stiefkind des bundesrepublikanischen Bildungswesens, noch verschärft. Die Einführung der allgemeinen Grundschule nach 1918 beruhte zwar auf einer einwandfreien demokratischen Mehrheitsentscheidung, die herrschenden Schichten haben aber diesen Ansatz zur Demokratisierung des Bildungswesens in Deutschland immer als eine Zwangsmaßnahme empfunden, und sie haben sich bitter gerächt. Bis heute hat die Grundschule zu große Klassen, eine schlechte finanzielle Ausstattung und die billigsten Lehrer. Während 18jährige, die sich am Gymnasium auf die Übernahme von Führungspositionen in der Gesellschaft vorbereiten, in Gruppen von etwa 16-20 den Ausführungen ihres Lehrers lauschen, werden 6jährige Kinder zu 30, 40 und 50 zusammengepfercht, um damit zu beginnen, systematisch das Lernen zu lernen. Lehrerinnen und Lehrer in den Anfangsklassen der Grundschule sind – und wenn sie das Gehirn eines Computers und die Liebe Pestalozzis hätten – restlos überfordert. Sie können nicht auf das einzelne Kind eingehen. Wer nicht im Gleichschritt mitkommt, für den ist keiner da, der ihm hilft. Der Kampf ums Dasein nach dem Motto »freie Bahn dem Tüchtigen« beginnt in der 1. Klasse der Grundschule. Ist es nötig auszuführen, wer dabei zurückbleibt, wer auf der Strecke bleiben muß? Es sind diejenigen, die mit den ungünstigsten Voraussetzungen in die Schule kommen, die in der Grundschule lernen, daß sie nicht lernen können, die in der Hauptschule die Tugenden des Arbeitens – Ordnung, Fleiß, Pünktlichkeit, Gehorsam – lernen sollen, die am frühesten in den Produktionsprozeß eingegliedert werden, die große Masse derer, die sogenannte praktische Berufe ausüben. Es bleiben die Kinder auf der Strecke, deren Schicksal es ist, auf nichts anderes als auf eine unbefriedigende Erwerbstätigkeit vorbereitet zu werden. Und es sorgen diejenigen für die Verkümmerung ihres Verstandes und ihres Gefühls, die sich von bezahlten geistreichen Schreibern das Vorurteil pflegen lassen, die Masse sei eben dumm, faul, unwillig, primitiv, ungebildet, ohne den Drang nach Höherem und Edlem.

Die Verhältnisse an der Grundschule sorgen dann auch dafür, daß die Sortierung der Kinder in Deutschland im zarten Alter von 10 Jahren auf drei verschiedene Bildungswege, denen zugeteilt zu werden schon das Lebensschicksal grob bestimmt, den Anschein der Gerechtigkeit erhält. Kindergarten, Vorschule und Grundschule sorgen für ein unterschiedliches, den Sozialschichten entsprechendes Leistungsniveau der Schüler am Ende der 4. Klasse. Für die Kinder der Unterschicht und der unteren Mittelschicht beginnt dann das Bildungsghetto, das die schönen Namen Hauptschule und Berufsbildung trägt.

Hauptschule, das ist eine Schule mit größeren Klassen, mit schlechterer Ausstattung, mit preiswerteren Lehrern und einem zugunsten der Vorbereitung produktiver Verwendung (Arbeitslehre) eingeschränkten allgemeinbildenden Angebot an Inhalten, Verfahren und Methoden. Berufsbildung, das ist ein der Zuständigkeit der Unternehmer ausgeliefertes System, das von Beginn an direkt und indirekt vom Gesichtspunkt der profitablen Verwendung der menschlichen Arbeitskraft geprägt ist und das durch eine staatliche Schule repräsentiert wird, die sich schon wegen ihres katastrophalen Lehrermangels auf Ausbildungsaspekte der platten Nützlichkeit beschränken muß.

Der Einwand, es gäbe Auswege aus dem Ghetto, man könne Berufsfachschulen, Fachschulen, Fachoberschulen, Fachhochschulen besuchen, zieht nicht. Die meisten müssen im Ghetto bleiben, und ihnen hilft es nicht, daß einige unter großen Opfern und Anstrengungen sich den Weg nach draußen gebahnt haben. Die Gleichwertigkeit wird auch ihnen vorenthalten. Der Aufstieg in die mittleren Positionen ist ihnen gestattet. Der Schlüssel zu den Führungspositionen – die generelle Hochschulreife – wird ihnen vorenthalten. Den muß man eben schon mit 10 Jahren in die Hand gedrückt bekommen.

Das Konzept einer sozial gerechten, einer an Arbeitnehmerinteressen orientierten Bildungspolitik ist bekannt. Im wesentlichen finden wir es noch im Bildungsbericht '70 der Bundesregierung. Die Stichworte sind: Ausbau der Kindergärten nach Quantität und Qualität, Vorschule für alle, kleine Klassen in den Grundschulen, Gesamtschule, Integration von Allgemeinbildung und Berufsbildung in der Oberstufe des Schulwesens, Gesamthochschule mit gleichberechtigten praxisbezogenen und theoriebezogenen Studiengängen, lebenslanges Lernen durch Weiterbildungseinrichtungen und Bildungsurlaub. Heute hat es fast den Anschein, als täte es der sozialliberalen Bundesregierung leid, diesen Bildungsbericht einmal veröffentlicht zu haben. Die Verwirklichung ist zu schwierig, die Finanzierung scheint unmöglich, die Bildungspolitik verfügt über die schwächste Lobby, und weil man bei den Wahlen vor allem um die Stimmen der Aufsteiger kämpft, meint man, es genüge, für sie Bildungspolitik zu machen. Bildungsausgaben werden gesteigert und Bildungsreformen werden in Angriff genommen, aber nur in dem Maße – und auch dies nicht einmal ausreichend –, wie sie notwendig sind, um dem wachsenden Bedarf der Produktion, der Verteilung und der Verwaltung nach beruflich besser qualifizierten Arbeitskräften zu entsprechen, und wie es notwendig ist, die Masse der lohnabhängig Arbeitenden zur stärkeren Verinnerlichung von Arbeitstugenden und vielseitigerer Einsatzfähigkeit zu bringen. Außerdem muß das System des Aufstiegsalibis funktionieren, und es muß für die Befriedigung der gestiegenen Bildungsbedürfnisse der wachsenden oberen Mittelschicht gesorgt werden. Die entscheidende Frage ist also nicht, ob die Bildungsaufgaben gesteigert werden, ob Bildungsreformen in Angriff genommen werden, sondern ob die Bildungsausgaben in einem Maße steigen, daß Bildungsreformen ermöglicht werden, die alle Kinder und Jugendliche ohne Ausnahme und ohne Rücksicht auf ihre spätere Position im Erwerbsleben befähigt, ihre Anlagen im persönlichen, kulturellen, gesellschaftlichen und politischen Bereich voll zu entfalten. Doch damit sieht es trübe aus.

Ob es nun Leichtsinn, Gleichgültigkeit, Zynismus oder auch eine bewußte Politik der Stabilisierung der Herrschaft weniger über die vielen ist, wenn weiterhin Lehrer fehlen, so sind diejenigen die Benachteiligten, die als Kinder der großen Masse der arbeitenden Bevölkerung auf das Bildungssystem angewiesen sind. Ihre Chancen des Aufstiegs und der

Entfaltung ihrer Anlagen und Fähigkeiten werden noch geringer, wenn die Kindergärten knapp und dürftig bleiben, wenn die Vorschule nur wenigen zugänglich ist, das Gedränge in den Grundschulklassen bleibt, wenn Hauptschulen und Berufsschulen als die weiterführenden Schulen mit dem geringsten Prestige die größte Last tragen müssen. Zu geringe Ansätze für das Bildungswesen in den öffentlichen Haushalten treffen immer die große Masse der Arbeitnehmer. Für die Kinder und Jugendlichen des oberen Drittels der Sozialpyramide ist gesorgt. Sie besuchen die Bildungseinrichtungen, die von alters her besser ausgestattet und mit Vorrechten versehen sind. Eine schlechte Finanzlage des Bildungswesens hilft nur, den Abstand zu wahren und die Vorrechte zu konservieren.

Ein Versagen der Bildungspolitik aber hat nicht nur zur Folge, die bestehende soziale Schichtung in unserer Gesellschaft zu zementieren. Es bringt bei den gegenwärtigen strukturell und konjunkturell bedingten Problemen auf dem Arbeitsmarkt diejenigen unmittelbar um ihre Berufs- und Lebenschancen, die bei der zunehmenden Konkurrenz um Ausbildungs- und Arbeitsplätze auf der Strecke bleiben, weil sie schon durch die Schule auf die schlechteren Startplätze verwiesen wurden. Diese verschärfte Konkurrenzsituation ist freilich durch die Schule allein nicht zu beheben. Sie schlägt auch auf die Schule selbst zurück, weil sie die Ängste der Eltern um die Zukunft ihrer Kinder in die Klassen hineinträgt und entsolidarisierende Konkurrenz schon unter Schülern im jungen Alter entstehen läßt.

Deshalb hält die GEW mit dem DGB an der Forderung einer aktiven Beschäftigungspolitik fest, die über allgemeine Maßnahmen zur Wirtschaftsbelebung hinausgeht. Weitere Steuerbegünstigungen für Unternehmer werden abgelehnt, da erhöhte Gewinne keineswegs zwangsläufig zu arbeitsplatzschaffenden Investitionen führen. Es sind im Gegenteil staatliche Maßnahmen notwendig, um eine beschäftigungspolitisch sinnvolle Investition der Gewinne zu erreichen. Die bis zur Mitte der 8oer Jahre benötigten zusätzlichen rund 2,5 Millionen Arbeitsplätze sind angesichts der Rationalisierung und der strukturellen Veränderungen durch Änderung der weltwirtschaftlichen Arbeitsteilung nicht in der Produktion, im Handel und auch nicht allein im privaten Dienstleistungsbereich zu gewinnen. Die Arbeitsplatzreserve liegt bei vernachlässigten oder ausbaufähigen Gemeinschaftsaufgaben – Umweltschutz, Nah- und Fernverkehr, Stadtsanierung, Gesundheitsvorsorge, Bildungswesen, Freizeitbereich. Die gesellschaftlich sinnvolle Verwendung qualifizierter Arbeitskraft erfordert einen höheren Anteil der öffentlichen Ausgaben am Sozialprodukt (höhere Staatsquote). Dieser höhere Anteil ist weder durch höhere Verschuldung noch durch Erhöhung von Massensteuern herzustellen, da dies die Durchschnitts- und Wenigverdiener noch stärker benachteiligen würde. Die zugunsten der Beschäftigungslosen und der gesellschaftlich sinnvollen Gemeinschaftsaufgaben notwendige Solidarität ist über das Steuersystem herbeizuführen. Der Hauptvorstand der GEW hat dies konkretisiert: Abbau der Steuerrückstände, Intensivierung der Steuerprüfung bei den Großunternehmen, Beseitigung von Steuerprivilegien wie beispielsweise in der Landwirtschaft, stärkere Besteuerung hoher Unternehmensgewinne, Durchforstung des Rüstungshaushalts auf Rationalisierungsmöglichkeiten und Einführung einer Ergänzungsabgabe zur Einkommensteuer für alle, deren Monatseinkommen 3500 DM übersteigt.

Eine solche aktive Beschäftigungspolitik mit den dafür erforderlichen Maßnahmen wird in internen Zirkeln der Regierungen, Parlamente und Parteien zwar diskutiert, doch wird sie im Hinblick auf die Widerstände der Interessenten und den zu erwartenden Verlust in der Wählergunst (bisher noch) nicht öffentlich und offensiv vertreten. Noch gilt es als Tugend, bei den öffentlichen Aufgaben zu sparen, d. h. weitere Arbeitsplätze zu vernichten, noch würde eine aktive Beschäftigungspolitik mit Ausweitung der Gemeinschaftsaufgaben in die Polarisierungssituation zwischen den Parteiblöcken geraten. So will die Bundesregierung beispielsweise durchsetzen, daß 16 Milliarden DM für öffentliche Investitionen ausgegeben werden, aber ohne Folgekosten (Arbeitsplätze). Jetzt muß mit Argumenten für die gewerkschaftliche Position der gesamtgesellschaftlichen Solidarität geworben werden.

Die GEW hat sich mehrfach zu den Zusammenhängen zwischen Bildungsreform und Arbeitsmarkt in der Zukunft geäußert. Die Wirtschaft des »Blaupausenexports«, wie sie der Bundeskanzler bezeichnet hat, erfordert mehr Bildung auf allen Ebenen. Die Konzentration auf berufliche Bildung darf nicht Reduzierung der Bildung zugunsten beruflicher Abrichtung bedeuten. Wir brauchen mehr Ausbildungsplätze in Fachschulen, Berufsfachschulen und überbetrieblichen Werkstätten. Vermehrung der Ausbildungsplätze in zukunftslosen Berufen mit geringen Qualifikationsanforderungen nützen nichts. Das Zurückzucken der Regierung bei der Berufsausbildungsabgabe vor den Phantasiezahlen der Unternehmer degradiert das Ausbildungsplatzförderungsgesetz zum Wahlmanöver. Das 10. allgemeinbildende Schuljahr für die Schüler an Haupt- und Sonderschulen ist keine Bewahrmaßnahme gegen Arbeitslosigkeit, sondern Fundament für den Erfolg in einer anspruchsvollen Berufsausbildung und für spätere Weiterbildungs- und Umschulungsmöglichkeiten.

Die Misere des dreigliedrigen Schulsystems mit der Überfüllung der akademischen Einbahnstraße des Gymnasiums einerseits und der Ghettoisierung der unteren Sozialschichten und der Ausländer in den Hauptschulen andererseits kann nur durch die Einführung der Gesamtschule überwunden werden. Die zugunsten der Aufrechterhaltung des Gymnasiums inszenierten Bürgerkriege – wie z.B. jetzt in NRW – um die (zaghafte) kooperative Schule sind der Aufstand von Etablierten und Aufgestiegenen, die glauben, durch Abwehr der übrigen Kinder des Volkes von den Aufstiegsmöglichkeiten die eigene Haut im Wettbewerb um Studien- und begehrte Arbeitsplätze besser retten zu können. Hier wird blanker Egoismus gegen Vernunft und Sacheinsicht mobilisiert. Die Hochschulen müssen geöffnet, der Hochschulzugang für alle Studienberechtigten ermöglicht werden. Der Ausbau der Hochschulen hat sich sowohl nach dem vorhersehbaren gesellschaftlichen Bedarf als auch an der Nachfrage nach Studienplätzen zu orientieren. Soweit in harten Numerus-clausus-Fächern Bewerber abgewiesen werden müssen, sind diese durch das Los zu ermitteln. Jedes andere Verfahren täuscht lediglich Gerechtigkeit vor und verfestigt die Zulassungsbeschränkungen. Die Reform der Oberstufe des Gymnasiums ist in Richtung auf Überwindung der Einbahnstraße zum Hochschulstudium zu revidieren. Versuche mit der Zusammenführung von allgemeiner und beruflicher Bildung in der Oberstufe müssen forciert werden. Der vielbeklagte Schulstreß ist einerseits eine Folge des Mangels an Ausbildungsplätzen aller Art, andererseits aber auch Ausdruck der hinter den geänderten Verhältnissen zurückgebliebenen Entwicklung der Lern- und Arbeitsbedingungen. Der Kampf gegen den Schulstreß erfordert das Ausnutzen des zur Verbesserung der Lernbedingungen bereitstehenden Lehrerpotentials. Aber auch die Praxis der Lehrerausbildung muß überdacht und teilweise verändert werden. So notwendig der fachlich versierte Lehrer ist, so sehr muß die Ausbildung von »Fachidioten« verhindert werden. Der Umgang mit Kindern und Jugendlichen ist der Schwerpunkt der Arbeit des Lehrers. Dies muß auch in der Ausbildung gegenüber den Ansprüchen der Fächer gesichert werden.

Die Positionen einer offensiven Bildungspolitik vom Mütterurlaub bis zur Gesamthochschule, die auch für die Erwachsenenbildung offen ist, haben ihre Bedeutung nicht verloren. Auch die vorhandenen Schwierigkeiten im Beschäftigungssystem rechtfertigen es nicht, das Rad zurückzudrehen. Nicht die Bildungspolitik, sondern Wirtschafts- und Beschäftigungspolitik stecken in einer Krise. Die GEW muß sich dagegen wehren, daß die Bildungspolitik für die Strukturveränderungen in anderen Bereichen verantwortlich gemacht wird. So ungewiß Richtung, Tempo und Ergebnis der gegenwärtigen strukturellen Veränderungen auch sind, so gewiß ist, daß weniger Bildung die Probleme verschärfen, nur mehr Bildung zu ihrer Lösung verhelfen kann.

Es gibt auch unter den gegenwärtigen gesellschaftlichen Rahmenbedingungen keine Veranlassung, unsere Politik auf den Kopf zu stellen. Unsere Verteidigungsaktionen und unser zentimeterweises Voranschreiten dienen den vertrauten Zielen. Wir müssen den Versuchungen zur Resignation widerstehen und dürfen auch den Verlockungen der Prediger paradiesischer Patentrezepte nicht erliegen. In den Regierungen, Parlamenten und Parteien sind die Verfechter der Bildungsreform – soweit noch vorhanden – kleinlaut geworden. Dies verpflichtet uns umso mehr, an den Positionen einer zukunftsorientierten Bildungspolitik energisch festzuhalten.

Joseph Rovan

Es genügt nicht, den Abiturzwang aufzuheben

Rückblicke und Voraussagen zur Volksbildung

Das Beständige an Walter Fabian muß auch seine Freunde veranlassen, aus ihrem Lebensbereich ihm Überlegungen zu dem darzubringen, was sie in ihrer Selbstbetrachtung als bei ihnen Beständiges auffinden können. Aus einem derart abgesteckten Horizont her scheint es mir auch im Hinblick auf das, was Walter Fabian und mich zusammengeführt hat, vernünftig und sinnvoll, hier einige Gedanken über Volksbildung und Erwachsenenbildung niederzuschreiben. Ich bin in diesem Feld seit fünfunddreißig Jahren tätig und Fabian hat ihm einen wesentlichen Teil seiner Existenz gewidmet. Meine Arbeit auf diesem Gebiet hat sich natürlich besonders in Frankreich entwickelt, aber ich habe auch nach dem zweiten Weltkrieg vier Jahre lang am Wiederaufbau der deutschen Erwachsenenbildung mitarbeiten können, da ich in der französischen Besatzungsverwaltung für dieses Gebiet verantwortlich war, und die Verbindungen zu der deutschen Volksbildung sind seitdem nicht abgerissen. So mögen meine Reflektionen mit der Wirklichkeit in beiden Ländern zu tun haben.

Natürlich soll hier keine Gesamtgeschichte oder eine irgendwie auf Kohärenz ausgerichtete Überlegung vorgelegt werden, als Ersatz für ein noch nicht geschriebenes Buch, das vielleicht nie geschrieben werden wird. Aber nach so langer intensiver Beschäftigung mit einem Problemkreis, der Emotionales und Rationales gleicherweise beansprucht, darf sich der Nachdenkende wohl einige an den Grund greifende Fragen nach dem Sinn und dem Erfolg seiner Lebensarbeit stellen. Der Ausgangspunkt, für die gesamte französische Volksbildung und für mich selbst, war ohne

Zweifel der Wunsch nach einer gerechteren Gesellschaft. Als junger Intellektueller bürgerlicher Herkunft hätte ich mich mit den Vorteilen abfinden können, die mir durch Geburt und Besitz zuteil geworden waren. Daran hat mich die Abstammung meiner Familie, die liberal-freisinnige Tradition, die in ihr vorherrschte, die persönliche Erfahrung mit dem Faschismus in Deutschland, hat mich die Emigration, die Eingliederung in den neuen, anderen Kulturkreis, hat mich die bisher nicht gekannte Armut gehindert; alles Faktoren, zu denen für den »lycéen« und den Studenten sich die Bekanntschaft mit den großen sozial-ideologischen Analysen des 19. und des 20. Jahrhunderts anfügte. Das im eigenen Umkreis erlebte Unrecht macht hellhörig für alle Formen von Ungerechtigkeit. So scheint mir auch heute, wie gestern und vorgestern, das Unternehmen der Volksbildung untrennbar zusammengehörig mit politisch-weltanschaulicher Militanz. Eine vorzeichenfreie Volksbildung, eine Volksbildung, die nicht in irgend einer Weise »links« steht, scheint mir von der Sache und von der Idee her einfach undenkbar. Der Ansatzpunkt ist und bleibt, daß mehr Gerechtigkeit notwendig und daß mehr Gerechtigkeit möglich ist. Und ein solcher Ansatzpunkt bringt eine ganze Reihe von Folgerungen mit sich: Die Überzeugung, daß der Mensch bildungsfähig ist, daß Bildungsarbeit bei allen Menschen, welches auch ihre Herkunft, ihre Vorbildung, ihre gesellschaftliche, berufliche, familiäre, nationale Umgebung sein mag, sinnvoll ist. Die Überzeugung also, daß es so etwas wie Fortschritt, wie Veränderung, einen Sinn der geschichtlichen Entwicklung, also nicht eine für allemal festgeschriebene »nature humaine« gibt, sondern eine unendlich verbesserungsfähige. Es kann in diesem Sinne keine Volksbildung geben, ohne das feste Vertrauen in die Werte des Humanismus, der Aufklärung, der Rationalität, in die Ideale, mit denen seit Jahrhunderten der europäische Geist seinen einzigartigen Kampf gegen Othodoxien und Intoleranz aller Art durchgestanden hat. Derartige Behauptungen mögen gleichzeitig oberflächlich, simplifizierend und veraltet erscheinen: für mich sind sie heute ebenso wichtig und ebenso aktuell wie vor fünfunddreißig Jahren und ihre Gegner nicht weniger machtvoll und nicht weniger verrucht (oder nicht weniger dumm).

Wenn hier von Ungerechtigkeit gesprochen wird, so meinten wir, und meinen wir auch heute, die Ungerechtigkeit im Zugang zu Bildung und Kultur. Der Anspruch auf einen gerechten Zugang zu den Werten, Inhalten, Institutionen und Vorteilen des geistigen Lebens, Bildung, Intelligenz (= Einsicht) und Kunst, darf niemandem verwehrt und allen sollen die praktischen Möglichkeiten, diesen Anspruch zu realisieren, bereitgestellt werden. Damit wird der Volksbildung ein doppeltes Ziel auferlegt: der Abbau der Hemmnisse und der Aufbau von Hilfeleistungen. Die Ungerechtigkeit im Zugang zur Kultur ist Teil und Folge (und auch ihrerseits Grund) von anderen Ungerechtigkeiten. Der Kampf um die kulturelle Gerechtigkeit ist nicht trennbar von den Kämpfen für die Gerechtigkeit in der Politik, in der Wirtschaft, im Sozialleben, wenn er auch nicht notwendigerweise mit denselben Mitteln und in denselben Formen geführt zu werden hat. Das legale Recht, Verfassung und Gesetz, ist keineswegs gleichgültig oder verachtungsvoll zu behandeln, das haben uns, wenn wir es nicht schon vorher wußten, die Diktaturen beigebracht; aber nicht weniger wichtig ist die konkrete Wirklichkeit, mit der die theoretischen Möglichkeiten der Texte aufzufüllen sind. Es genügt nicht, daß vom Gesetz Möglichkeiten geschaffen werden, ja auch noch nicht, daß die nötigen Finanzmittel zur Verfügung stehen, wenn die äußeren Lebensverhältnisse und die inneren, aus der persönlichen oder der sozialen Geschichte herstammenden Hemmnisse nicht konkret abgebaut werden, welche die Opfer der Ungerechtigkeit daran hindern, die angebotenen Möglichkeiten in Gebrauch zu nehmen. Es genügt nicht, den Abiturzwang aufzuheben, um Industriearbeiter an die Universitäten fluten zu sehen . . .

Mit solchen Überzeugungen über die Ungerechtigkeit kommt man schnell zu der Überzeugung, daß im Kulturleben alles in die Gesellschaft eingebaut ist, daß Inhalte und Formen nicht dieselben bleiben können, wenn das »Publikum«, wenn die »Konsumentenseite«, verändert wird, und natürlich revoltiert man dabei gegen das Wort »Konsument«, denn es handelt sich ja gerade darum, daß die bisher Ausgeschlossenen nicht nur passiv Konsumenten, sondern aktiv Teilnehmer an der Kultur und der Bildung werden. Im Gegensatz zu der idealistischen Geschichts- und Kulturphilosophie wußten wir, daß Kultur und Bildung nicht gesellschaftsneutral sind, nicht außerhalb und oberhalb des Gesellschaftsgefüges stehen. Also mußte die Volksbildungsarbeit, mußte das Unternehmen der Volksbildung nicht nur den Zugang zu Bestehendem gerechter öffnen, sondern dem neuen Volk der Kultur und Bildung das Vertrauen geben, daß es selbst ebenso kultur- und bildungsschaffend werden würde wie die Klassen und Schichten vor ihm. Nach der Zeit der aristokratischen, nach der Epoche der bürgerlichen würde nun die Geschichte der Kultur des Volks beginnen, der gemeinsamen Kultur, von der niemand mehr aus Gründen der Geburt, des Standes, des Besitzes nicht nur legal sondern auch de facto ausgeschlossen sein würde.

Was habe ich mir heute zu diesem Credo zu sagen? Meine erste und vielleicht wichtigste Erfahrung ist, daß ein fundamentaler Unterschied zwischen Gerechtigkeit und Gleichheit durchdacht werden muß. Das war mir vor fünfunddreißig Jahren keineswegs bewußt. »Justice« und »Egalité« schienen mir damals fast gleichbedeutend. Gerade auf dem Gebiet der Bildung haben wir im Zuge der verschiedensten Reformen in unseren liberal-kapitalistischen Gesellschaften wie in denen, die von kommunistischen Parteien geformt und genormt werden, feststellen müssen, daß eine linear-materielle Gleichmacherei nicht nur die alten Ungerechtigkeiten sehr oft nur formal verschwinden läßt, sondern gleichzeitig neue aufreißt. Die Berufung fortschreitender Aufklärung und Rationalität als Natur des Menschen bedingt keineswegs gleiche Inhalte und gleiche Aspirationen: die Verschiedenartigkeiten von Veranlagung, Temperament und Charakter sind zwar nie ganz trennbar von den gesellschaftlichen Konditionen, aber auch nie ganz mit ihnen identifizierbar. Hinzu tritt, daß Gleichheit, wenn sie als Uniformität verstanden wird, das Menschsein und das Menschentum auf entsetzliche Art verarmt und entmenschlicht. Die Herstellung von gerechteren Verhältnissen im Zugang zu Bildung und Kultur darf nicht dazu führen, daß alle Verschiedenheiten und damit Ungleichheiten im Namen eines neuen Menschenbilds bekämpft und gar ausgemerzt werden. Möglichkeiten müssen geschaffen werden, damit jeder seine Persönlichkeit entfalten kann, aber ob und wie jeder diese Möglichkeiten wahrnimmt, muß ihm und in der Kindheit denen, die für ihn einstehen, überlassen bleiben, und die Möglichkeiten, die jedem offen stehen sollen, müssen ebenfalls verschieden sein und verschiedene Wege öffnen. Angewandt auf die Volksbildung bedeuten diese Überlegungen, daß unsere Arbeit nicht die individuelle Persönlichkeit einer Gemeinschaft, einer Kollektivität mit ihren Ansprüchen, opfern darf, daß sie keine Gesellschaft sich zum Ziel setzen darf, die den Gegensatz zwischen Person und Gemeinschaft aufhebt, so wenig wie sie eine Gesellschaft postulieren darf, die die Interdependenz von Person und Gemeinschaft negiert. Wir haben in unserer Jugend allzu oft davon geträumt, die Spannungen, die Widersprüche in einer einzigen glücklichen Synthese einfach aufheben zu können, in einer endlich und endgültig befriedeten Landschaft der »fin des querelles«, und diese Landschaft war in Wirklichkeit die von Auschwitz und Katyn, KZ und Gulag. Jeder, und jede Gemeinschaft, haben heute und morgen (und nicht, indem das Heute dem Morgen einfach geopfert wird) Anspruch auf besseren Zugang zur Kultur und auf eine und (mehrere) andere Kulturen. Das Interesse der Gemeinschaft, Nation, Klasse, Religion hat keinen Anspruch darauf, den Interessen und Wünschen der einzelnen vorgezogen zu werden, und diese können nicht beanspruchen, sich gegen die Kollektive durchzusetzen. Die Synthesen im hegelschen Sinne, die Aufhebungen können sowohl Kompromisse wie Siege (und damit Niederlagen) sein; nie ist wissenschaftlich vorauszusagen, welcher Weg gegangen werden muß, doch möchte ich mich wohl zu sagen getrauen, daß mich die fünfunddreißig Jahre gelehrt haben, daß solange es irgend geht, für einen Mann von Links der Kompromiß der bessere, der »linkere« Weg ist. Jeder Sieg – und jede Niederlage – trägt in sich die Gefahr des Totalitären.

Darum muß meine nächste Überlegung der Idee der »anderen« Kultur gelten, die einem anderen Publikum und einer anderen Gesellschaft entsprechen soll. In der Tat, wie könnte es anders sein, war nicht die Kultur der Barbaren nach ihrem Sieg eine andere als die der Antike, die der Araber in Nordafrika eine andere als die der Byzantiner? Die der Bürger nach der großen Revolution eine andere als die der Aristokraten? Wir aber denken noch an sehr viel weitergehende und -reichende Veränderungen. Zwischen Barbaren und Römern, zwischen Bürgern und Aristokraten war die Unterbrechung niemals so radikal wie die, von der wir träumen, nie war die Aufhebung des Unterschieds zwischen Schöpfern und Betrachtern, zwischen Produzenten und Konsumeten ins Auge gefaßt worden, höchstens hatte ein Volk das andere, eine Klasse die andere in den gleichen Funktionen abgelöst. Wie könnte ich heute mich über diesen Traum, dieses Ziel, dieses Traumziel hinwegsetzen? Wem könnte ich die Hoffnung auf eine eigene Kreativität verweigern? Die Distanz zwischen dem Bestehenden und dem Möglichen ist unendlich. Jedem mehr kreative, mehr sich selbst und die Welt verwirklichende Aktivität zu ermöglichen, bleibt ein permanentes und substantielles Ziel jeder »linken« Volksbildung, d. h. jeder denkbaren Volksbildung überhaupt. Wir haben auf dem Wege zur »Entelitisierung« der Kreativität enorme Fortschritte gemacht, mehr Menschen können heute kreativ und gestaltend sich entfalten und immer neue Gebiete und Aktivitäten können auf kreative Weise belebt und erlebt werden. Aber gleichzeitig verstehen wir, daß der Widerspruch gar nicht aufhebbar ist, daß jeder Versuch zur Entindividualisierung und Entprivatisierung der Kreativität letzten Endes, wenn er systematisch und autoritär durchgezwungen werden soll, zu furchtbarer Kulturdiktatur, zu Goebbels und Schdanov zurückführen muß. Das Genie, auch das bescheidenste, ist weder reproduzierbar, noch kann es bestellt werden: und jeder möchte schließlich irgendwo kreativ tätig sein. Lauschen, zuhören, verstehen, mitdenken sind letzten Endes ebenso kreative Haltungen wie die Hervorbringung eines Werkes oder eines Gedankens. Auch der Pianist ist schöpferisch tätig, und der Unterschied zwischen ihm und dem Komponisten, ist er wirklich so ganz anders als der zwischen dem Pianisten und dem Zuhörer? Wir müssen uns auch vor der Überforderung durch eine Art von Diktatur der Kreativität hüten, ebenso wie wir uns nicht dem Ziel der Autonomisierung, der Aufhebung der Autorität, dem Ziel der Selbstverantwortung, der Selbstständigkeit, der Selbstregierung, der »autogestion« ausliefern dürfen, obwohl es eines der Grundziele ist, für die wir angetreten sind: auch in der Hingabe, in der Unterordnung, im Gehorchen – was ja durchaus mit dem Hinhorchen verwandt ist – im freiwilligen Dienen liegt eine Art von Selbstverwirklichung. Es gibt eben ganz verschiedene Arten der »aliénation«, des Einem-Anderen-Gehören: eine Dialektik der aliénation, in der Liebe zum Beispiel, in der Hingabe an eine Gemeinschaft, an einen Meister im Sinne der alten Philosophen. Freiheit kann umgekehrt ebenso alienierend sein wie Dienen. Auf das Kulturleben angewandt, bedeutet dies, daß nicht nur eine neue, kollektive, nicht-elitäre Kultur »demokratisch« sein kann, sondern daß die Demokratie auch dem Einzelnen die Möglichkeit zur Schaffung von völlig gesellschaftsunbezogenen, oder jedenfalls von jeder Beziehung zu den von der Gesellschaft anerkannten Werten, freien Werken oder Akten geben muß.

Hier ist auch ein Exkurs über das »Volk« im Sinne der »culture populaire«, der »Volksbildung«, angebracht. Vor fünfunddreißig Jahren verstanden wir das Wort mehr im Sinne von Marx als im Sinne von Herder (dieser letztere war durch Hitler in seinem relativen Wahrheitsgehalt »okkuliert« [verdunkelt] worden, wie man heute mit einem Modewort sagt). Das Volk war die Arbeiterklasse, das Proletariat, gleichzeitig Opfer und Heilsträger der Geschichte. Und so ist es auch heute noch. Recht und Anspruch einer Kategorie von Menschen, die in der Vergangenheit so Ungeheures zu leiden hatten und deren Existenz auch heute noch selbst bei uns und in den uns trotz allem so eng verwandten »sozialistischen« Gesellschaften so viele unerträgliche und unleidliche Seiten hat, kann nicht geleugnet werden. Aber Definition, Rolle, Funktion und Ausdehnung des »Proletariats« haben in unserer Zeit enorme Veränderungen durchgemacht. Um das »Proletariat« weiter als die Mehrheit ansehen zu können, muß man seine Umgrenzung ständig erweitern. Immer mehr Menschen und Kategorien müssen einbezogen werden, fast bleiben nur ein paar zehntausend Großkapitalisten vom gesellschaftlichen Heil ausgeschlossen. Neben und unter der Industriearbeiterschaft aber beherbergen unsere Gesellschaften Massen von noch sehr viel mehr »unterprivilegierten« Menschen: Gastarbeiter, Behinderte, einsame alte Leute, Gestrandete aller Art, quatrième âge, quartmonde, zwischen einem Fünftel und einem Viertel der Gesamtbevölkerung immerhin, die aus verschiedenen Gründen den Anspruch auf kulturelle Gleichheit nicht erheben wollen oder können (obgleich manche ihn erheben sollten). Vielleicht sollten wir den neuen »Unterschichten« (die gar nicht so neu sind, denken wir nur an die »Bettler« des Mittelalters) in der Volksbildung besondere Vorrechte zuerkennen, obgleich die Arbeit für sie und mit ihnen besonders schwer ist – und daher auch meistens von den normalen Institutionen und Organisationen mehr oder minder beiseite gelassen wird? Und gleichzeitig haben der Rhythmus der Veränderungen und die Vermehrung von Wissen und Wissenschaft allen Schichten und allen Funktionen, allen Berufen und allen Beschäftigungen, kurzum allen Männern und Frauen, den Ministern, den Ingenieuren, den Hilfsarbeitern, den Hausfrauen, den Eheleuten als solchen, den Eltern als solchen, den Handwerkern und den Künstlern, den Bürgermeistern und den Bürgern als solchen, denjenigen, die auf Ferienreisen gehen und denjenigen, die einen Sport treiben, die Notwendigkeit auferlegt, immer wieder von neuem sich für ihre Berufe und Funktionen aus- und weiterzubilden; éducation permanente und – muß hinzugefügt werden – éducation universelle, für alle Lebensgebiete, das ist heute die wirkliche Dimension der Volksbildung, und das bedeutet, daß für uns heute das Wort »Volk« dabei zumindest drei Bedeutungen hat: Volk als Proletariat, Volk als die Masse der neuen Unterschichten, Volk als die Gesamtheit der Gesellschaft, und damit kommen wir eben doch zumindest indirekt auf das Volk nach Herder zurück, denn auch das sehen wir heute über den Horizont von vor fünfunddreißig Jahren hinaus klarer: Nation ist ein ebenso notwendiger wie notwendigerweise zu überschreitender Rahmen: kein Volk kann leben, ohne Nation zu sein oder um das Nation-Sein sich zu bemühen, und ein Volk, das nur Nation ist oder dem man das Nur-Nation-sein-Wollen beibringt, ist auf dem Wege, an dieser Selbsteinschränkung zu ersticken. Volksbildung muß heute allen gerecht werden, aber das bedeutet eben, daß eine Dialektik zwischen den verschiedenen Arten von Ansprüchen durchgekämpft werden muß; zum Beispiel zwischen den Ansprüchen der wirtschaftlichen Efficiency und den Ansprüchen der Gerechtigkeit, und auch von diesen beiden kann keiner ein absolutes Vorrecht beanspruchen.

Parteien, Gewerkschaften, Volksbildungsorganisationen: uns schien vor fünfunddreißig Jahren, daß diese verschiedenen Gruppierungen der Linken einen und denselben Weg zu gehen hatten, daß ihre Unterschiede nur Funktion von sachlichen Arbeitsteilungen sein sollten. Je nach den Begabungen und Fähigkeiten, nach den Lebensumständen jedes Einzelnen sollte der eine den Weg mit der Partei, mit der Gewerkschaft oder mit der Volksbildungsorganisation beschreiten. In Wirklichkeit sollte es sich jedoch bald zeigen, daß von der Politik her ununterbrochen Forderungen an die Kulturorganisationen gestellt wurden, die sich ihr unterordnen sollten: nicht nur dem allgemein-politischen Anspruch, der in der Tat die Kulturarbeit ebenso finalisiert wie jede andere Anstrengung mit gesellschaftlichen Zielen, sondern den spezifischen Zielsetzungen und taktischen Vorteilen der Parteien und Gewerkschaften, die den Kulturorganisationen nur instrumentelle untergeordnete Funktionen zugestehen wollten, wie ja auch die Gewerkschaften ihrerseits oft von den Parteien zu Treibriemen, courroie de transmission, gebraucht, mißbraucht und verbraucht werden sollten. Innerhalb des »linken« Horizonts, des Horizonts des Vertrauens in die unbegrenzten Fähigkeiten und Fortschrittsmöglichkeiten des Menschen (nicht im Gegensatz zu einer fundamental in sich existierenden Natur und, für viele von uns, zu einer transnaturalen Conditio des Menschen) aber braucht die Kultur und braucht die Volksbildungsarbeit ihre Selbständigkeit. Die Parteien wollen die Macht und sollen sie haben, sie machen die Gesetze und werden Regierung, verwalten und herrschen, aber eine Bevölkerung, in der die Volksbildung wirksam geworden ist, wird sich nicht verwalten und beherrschen lassen wie vorher, und viele in den Parteien werden dann nicht verwalten und herrschen wollen wie ihre Vorgänger. Die Gewerkschaften müssen kämpfen für Verbesserung der Arbeits- und Lebensbedingungen und an erster Stelle der Einkommen und der Sicherheit. Unsere Aufgabe aber ist es, kritisches Denken und praktisches Denken weiterzugeben: nicht Dogmen und Glaubenssätze, sondern die Fähigkeit, zwischen angebotenen Meinungen und Behauptungen zu wählen, und – wenn möglich – nach rationalen Kriterien; und nicht um Routine geht es, sondern um aufmerksames und schöpferisches Arbeiten. Unsere Aufgabe ist es, die Fähigkeit sich auszudrücken gerade bei denen zu verbessern, die am wenigsten an Schule und Weiterbildung haben teilnehmen können. Unsere Aufgabe ist es, nicht Überzeugungen als Wahrheiten unkritisch weiterzuverbreiten, sondern Mißtrauen zu lehren, damit verdientes Vertrauen, verständiges Vertrauen, kontrolliertes Vertrauen möglich wird.

Die Volksbildung soll kein Ersatz sein für Parteien, denen man nicht beitritt, kein Ersatz sein für Gesamtweltanschauungen, die man nicht übernehmen, selbst aufbauen oder glauben kann. Volksbildung ist etwas viel Bescheideneres, das jeweils nur einen Teil der damit befaßten Person mobilisieren soll, wenn auch einen wichtigen. Volksbildung soll Militanz sein (auch wenn sie als Beruf ausgeübt wird, wie das immer häufiger der Fall ist), aber kein Apostolat. Aber in ihrem beschränkten Aufgabenkreis darf sie nicht von außen her ihre Befehle erhalten, ihre Analysen, Inhalte, Lehrpläne und Methoden: wenn die Parteien der Freiheit, Gleichheit und Brüderlichkeit mündige Bürger und keine beherrschten Handlanger wollen, müssen sie so wirksam werden, wie es der Natur einer Bildungsarbeit entspricht, die keinem äußeren Ziel, ob es Politik oder Beruf sei, ganz unterworfen sein darf – auch wenn sie nicht frei im luftleeren Raum stehen kann und für Beruf und Staatsbürgerschaft wie für die anderen Lebensaufgaben Hilfestellung zu leisten hat: aber auch hier dürfen eben Widersprüche und Gegensätze in ihrer dialektischen Interdependenz nicht weggewünscht oder weggepredigt oder wegbefohlen werden.

Lieber Walter Fabian: nach so manchem guten Gespräch und bei manchen Meinungsverschiedenheiten bei grundlegender Gleichgestimmtheit meine ich, daß ich Ihnen Dank und Vertrauen nicht besser aussprechen konnte als, indem ich Ihnen diese Überlegungen sende, die Sie mir sozusagen aus der Ferne abgefragt haben. Ohne Sie wären sie nicht so entstanden, ich hoffe mich nicht zu irren, wenn ich denke, daß Sie ihnen als einer Stimme unter vielen Gehör schenken werden. Möge dieses unser Gespräch noch lange währen!

2. Perspektiven

Helga Grebing

Mehr Gleichheit — mehr Demokratie

Über den Zusammenhang von Gleichheits-Diskussion und Demokratie-
Verständnis in der Geschichte der europäischen Emanzipations-
bewegungen

Es ist gewiß nichts einzuwenden gegen den Satz, daß die Menschen nicht
zuletzt darin gleich sind, daß sie ungleich sind. Dies läßt sich ethisch-
normativ und/oder anthropologisch begründen. Dennoch — und es war
kein Geringerer als der französische Aristokrat Alexis de Tocqueville,
der 1835, also in einer nachrevolutionären Situation, darauf aufmerksam
gemacht hat — dennoch: »Geht man die Blätter unserer Geschichte durch,
so trifft man sozusagen auf kein einziges bedeutendes Ereignis, das sich
im Laufe von 700 Jahren nicht zum Vorteil der Gleichheit ausgewirkt
hätte.«
Tocqueville spricht von einer fortschreitenden Entwicklung zur Gleichheit, von einem gleichen Weg der Völker zur Gleichheit, einer gleichen
Umwälzung, einer »sozialen Bewegung« zur Gleichheit hin, von der
»demokratischen Revolution«. Die soziale Bewegung zur Demokratie ist
für Tocqueville also identisch mit der fortschreitenden Entwicklung zur
Gleichheit. Es handelt sich nicht um eine Parallelisierung oder Analogi-
sierung oder Widerspiegelung von »demokratischer Revolution« und
»Entwicklung zur Gleichheit«; es ist ein Prozeß, der nur unterschiedlich
gekennzeichnet wird: die Entwicklung zur Demokratie ist die Entwicklung zur Gleichheit und umgekehrt.
Ist es die übertriebene Sorge eines Betrachters der Geschichte, der
gewiß kein Freund der Gleichheit war, die sich in dieser Identifikation
ausdrückt? Selbst dann, wenn man dieser Identifikation zustimmt: wäre

es nicht ein vergebliches Bemühen, ein permanenter Aufstand der Menschen gegen sich selbst, ein Irrtum also: Gleichheit zu wollen, da sie doch so augenscheinlich ungleich – von Natur, durch göttliche Bestimmung etc. – sind?

Die Antwort auf eine so gestellte Frage wäre abhängig vom Bild des Menschen, was er ist, was er sein sollte. Eingesperrt in die Dialektik zwischen Gott und Teufel durch ein immerwährendes Dennoch Gottes Ebenbild auf Erden zu werden? Ein Ensemble der Verhältnisse, die er zu sprengen hätte, um zu seiner wahren Natur zu finden? Die Antwort auf solche Fragen ist nicht mehr in einem Beweisverfahren zu führen; an irgendeinem Punkte müßte es abgebrochen und ein Axiom gesetzt werden, das wiederum durch die individuelle Erfahrung und das Selbstverständnis dessen, der eine Antwort sucht, bestimmt wäre. Das Beweisverfahren stellt sich als überflüssig heraus; die Wissenschaft hätte besser gleich geschwiegen.

Was tun? Man kann, von Tocqueville angestiftet, seiner größeren Nähe zur demokratischen Revolution und seiner Sensibilisierung ihr gegenüber vertrauend, sein Diktum: »Die Entwicklung zur Demokratie ist eine soziale Bewegung zur Gleichheit« in eine Arbeitshypothese auflösen. In diese Arbeitshypothese geht allerdings ein Vorverständnis ein: das vom historischen und zugleich Prozeß-Charakter allen Handelns und Denkens. Das bedeutet, daß »Demokratie« nicht als ein unveränderbares Normengefüge begriffen wird; an seine Stelle tritt die interpretierende Beschreibung des historischen Prozesses der Demokratisierung.

Dieser Prozeß, den schon Tocqueville als eine soziale Bewegung zu erkennen verstand, kann hier nur im Medium der Gedanken derer dargestellt werden, die jeweils zeitgleich diese Bewegung als Gedankengeber oder selbst reflektierende Handelnde getragen haben.

Freiheit und Gleichheit in der frühbürgerlichen Gesellschaft

Der Leitwert der frühbürgerlich-frühkapitalistischen Emanzipationsbewegung im England des 17. Jahrhunderts hieß nicht Gleichheit, sondern Freiheit. Der Begriff der Gleichheit war ein aus dem Freiheits-Verständnis abgeleiteter: Freiheit ist die Gleichheit der Bürger im Staate. Gleichheit ist die gleiche Freiheit der ökonomisch ungleichen Eigentümer als Bürger. Es ging um die Gleichheit der rechtlichen Bedingungen für alle; die faktischen Unterschiede des Eigentums wurden nicht in Frage gestellt, vielmehr sanktioniert. Denn: rechtliche Gleichheit, rechtsstaatliche Sicherung einer möglichst umfassenden staatsfreien Sphäre und durch Normen gebundene Berechenbarkeit des intersubjektiven Verkehrs wie der staatlichen Intervention waren die Voraussetzungen für die Entfaltung der kapitalistischen Produktionsweise und für die Durchsetzung des sie begründenden Prinzips des (ungleichen) Privateigentums. Die rechtliche Gleichheit sicherte die ökonomische Ungleichheit ab.

Demokratie bedeutete die rechtsstaatliche Sicherung der freien Entfaltung der ökonomischen Ungleichheit der nur in den Begriffen ihres Selbstverständnisses gleichen Eigentümer. Denn unterhalb der Eigentümer gab es genug Menschen, die Mehrheit der Bevölkerung, die aus diesem Konsensus durch ein eingeschränktes Wahlrecht ausgeschlossen waren: der Eigentümer war der Mensch schlechthin; die Lohnarbeiter und andere Teile der Unterschichten hatten, indem sie sogar das Eigentum an ihrer Arbeitskraft verkauften, ihr Menschsein selbst eingeschränkt, ihr natürliches Recht auf Eigentum an sich selber übertragen auf den Käufer ihrer Arbeitskraft, das Recht auf gleiche Behandlung damit verwirkt.

Auch 150 Jahre später während der Amerikanischen Revolution hatte sich daran nichts im Prinzip geändert: primär war auch hier die Unverletzbarkeit der Eigentumsrechte; auch hier bestand ein Zusammenhang zwischen Eigentum und politischer Betätigung; Eigentumsqualifikationen wurden bloß heruntergesetzt, so daß ein vergleichsweise breites Wahlrecht bestand. Es läßt sich indessen sogar davon sprechen, daß in Amerika »schließlich property schlechthin zum amerikanischen Substitut für aristocracy« wurde. Das bedeutet, daß hier in Amerika die Relativierung des ökonomisch bedingten Eigentümerstatus durch soziale Statusbestimmungen fortfiel. Es wurden verfassungsgemäße Vorkehrungen gegen die Schmälerung der Interessen der Eigentümer getroffen: der Senat wurde zum institutionellen Bollwerk der Interessen des Eigentums, während das Repräsentantenhaus die Vertretung der Personen war.

Die Forderung nach radikaler Gleichheit und ihre Begrenzung durch das gleiche Eigentum

Auch die Leveller, die Bewegung der »Gleichmacher« in der englischen bürgerlichen Revolution, wollten nicht »levelling the estates«. Sie bekannten sich ausdrücklich zum Privateigentum, zum status quo der Eigentumsverteilung. Dem von ihnen vorgeschlagenen Repräsentativorgan sollte ausdrücklich untersagt sein, »to level mens Estates, destroy Propriety, or make all things common« (»das Vermögen der Menschen gleichzumachen, ihr Eigentum zu zerstören oder alle Dinge gemein zu machen«). Die (rechtlich abgesicherte) gleiche Freiheit war nicht die Freiheit der (ökonomisch) Gleichen.

War es ein Irrtum, daß die Leveller Leveller = Gleichmacher genannt wurden, oder das bewußte denunziatorisch gemeinte Kalkül ihrer bourgeoisen Gegner, sie so zu nennen? Aber warum hatten sie Gegner, wenn sie erklärtermaßen nichts weniger wollten als »communism«? Die Anhänger der Leveller waren überwiegend Kleineigentümer, die – abgesehen von wenigen Ausnahmen, die zu Kapitalisten wurden, – bedroht waren, im Zuge der Entfaltung des Kapitalismus ins Proletariat abzusinken. Ihr Interesse im Übergang von der einen in die andere Produktionsweise war, sich selbst als das Volk schlechthin begreifen zu können und damit den Anspruch zu rechtfertigen, daß sie, indem sie als Kleineigentümer ihre Interessen artikulierten, die wahren Interessen des ganzen Volkes vertraten.

Ihr Gesellschaftsmodell war das der frei bestimmten kooperativen Assoziation von unabhängigen Kleinproduzenten und Kleineigentümern bei prinzipieller ökonomischer Gleichheit (hergestellt durch statisch-ständische Wettbewerbsbeschränkungen oder – wie später bei Rousseau – durch Vorkehrungen für den Ausgleich der ungleichen Entwicklung). Dies war der historische Kompromiß der Kleineigentümer: unter grundsätzlicher Anerkennung des Grundprinzips der kapitalistischen Produktionsweise, des Privateigentums, die Errichtung einer stationären, dauernd im Gleichgewicht zu haltenden Gesellschaft der gleichen (kleinen) Eigentümer.

Ganz ähnlich sah im 18. Jahrhundert das Selbstverständnis der deutschen frühbürgerlichen Gesellschaft aus. Für Kant, ihren Philosophen, war die bürgerliche Gesellschaft eine Gesellschaft, in der Ungleichheit herrschte, aber herrschen mußte als Voraussetzung des Fortschritts des Menschengeschlechtes; aus der gesellschaftlichen Ungleichheit folgte die rechtliche Ungleichheit. Rechtlich gleich konnte nur untereinander sein, »wer sein eigener Herr (sui generis) sei, mithin irgendein Eigentum hatte (wozu auch jede Kunst, Handwerk, oder schöne Kunst, oder Wissenschaft gezählt werden kann)«. Ein Lohnabhängiger kann als ein wirtschaftlich Abhängiger nicht selbst über sich verfügen; er kann deshalb auch nicht den Status eines aktiven Staatsbürgers haben. Innerhalb der Schicht der Eigentümer als Staatsbürger jedoch herrschen egalitäre Verhältnisse, nicht im Sinne ökonomisch-sozialer Undifferenziertheit, sondern im Sinne der Gleichheit der Rechtsstellung der Partner am Markt, auf dem sie ihre Produkte tauschen und dem sie schließlich

auch die Formen des Verkehrs in den das politische Gemeinwesen betreffenden Angelegenheiten entnehmen. Doch ergibt sich aus dem Kontext
der Äußerungen von Kant, daß er sich dabei auf die vorindustriekapitalistischen Verhältnisse bezieht, wie sie damals noch in Deutschland vor-
herrschten.

Auch die Jakobiner haben den Zirkel des kleinbürgerlichen Egalitarismus nicht durchbrochen. Absolute Gleichheit der Rechte einerseits, jedoch
relative Gleichheit des Eigentums andererseits – dies waren die Inhalte
von Gleichheit und Demokratie, die die bürgerliche Gesellschaft – kaum
verändert gegenüber der Englischen Revolution, während der Amerikanischen und der Französischen Revolution – in ihr Selbstverständnis aufnahm.

Das Gesellschaftsideal der Jakobiner verlangte keineswegs die vollständige Aufgabe des Rechts auf Eigentum. Robespierre sagt lediglich
mit Rücksicht auf seine Anhänger, die Pariser Unterschichten, daß es ein
höheres Recht auf Existenz gebe, daß jedoch das Eigentum noch nie
notwendigerweise im Widerspruch zu den fundamentalen materiellen
Existenzvoraussetzungen des Einzelnen sich befunden habe. Er will deshalb das Eigentum gerade dadurch sichern, daß ihm gewisse Beschrän-
kungen auferlegt werden. Er und die Jakobiner scheiterten, weil sie am
kapitalistischen Prinzip des Privateigentums festhielten und dessen das
Gleichgewicht der egalitären Gesellschaft der Kleineigentümer störende
Konsequenzen terroristisch eliminierten.

Dies war die Jakobinische Konsequenz gewesen aus der Einsicht, daß
die rechtliche Gleichheit als die Bedingung von Freiheit eine Vertiefung
der ökonomischen und der sozialen Ungleichheit zur Folge gehabt hatte:
außerökonomische direkte Gewalt des Staates sollte das labile Gleichgewicht unter den gleichen Eigentümern dauernd wiederherstellen:
Demokratie bedeutete unter solchen Umständen eben die vom allgemeinen Willen des Volkes legitimierte und Gewaltmaßnahmen sanktionie-
rende Sicherung der Gleichheit der gleichen Eigentümer.

Die Überwindung des kleinbürgerlichen Egalitarismus

Erst Babeuf durchbricht das bürgerliche Gleichheitsverständnis, indem er,
von dem Denken der französischen Aufklärung und nicht zuletzt von
Rousseau dazu angeregt, daran erinnert, daß alle Menschen von Natur
das gleiche Recht besaßen, ihre Bedürfnisse zu befriedigen, und damit
Anspruch auf den gleichen Genuß aller Güter hatten. Da das Privateigen-

tum notwendig Ungleichheit zur Folge hatte, war es abzuschaffen. Das einzige Mittel, die tatsächliche reale Gleichheit zu garantieren, war die Gütergemeinschaft aller Mitglieder der Gesellschaft.

Das war nicht mehr kleinbürgerlicher Egalitarismus, der unter Beibehaltung des Besitzes auf dessen gleiche Verteilung abzielte, sondern Verteilungskommunismus auf der Basis der vorindustriekapitalistischen Agrargesellschaft. Es finden sich zwar bei Babeuf Hinweise auf die Notwendigkeit einer kommunistischen Produktionsgemeinschaft, doch bleiben sie unausgeführt. Auch sucht man bei Babeuf vergebens eine Beschreibung einer auf dem Überfluß an Konsumgütern errichteten kommunistischen Gesellschaft, die auf der Expansion der industriellen Produktion beruht. Babeufs Kommunismus ist vielmehr entsprechend dem von ihm in seiner Zeit vorgefundenen Stillstand in der Entfaltung der Produktivkräfte ein Kommunismus der gleichen Verteilung des Mangels an Gütern.

Dieser Verteilungskommunismus steckt auch in den Überlegungen von Wilhelm Weitling, des wandernden Schneidergesellen, wenn auch weit differenzierter. Weitling strebte nicht die Gleichheit im Sinne bloßer Gleichmacherei an, sondern ihm ging es um das Gleichgewicht zwischen den Bedürfnissen und den Fähigkeiten des Menschen. Noch in der vorindustriekapitalistischen Phase der proletarischen Bewegung hat Weitling bereits den Anspruch der Eigentumslosen gegen die Eigentümer formuliert und damit der bisherigen Tradition widersprochen, die dem kleinbürgerlichen Ideal der Wiederherstellung des wahren Wesens des Menschen als Eigentümer folgte. Insofern hat Weitling den Anfang gesetzt für eine lange und differenzierte Geschichte der Entsprechung von proletarischer Gleichheit und Demokratieverständnis im Rahmen der Emanzipationsbewegung der europäischen Arbeiterklasse. Aber erst Marx hat den radikalen Bruch mit der vorproletarischen Gleichheitstradition durchgeführt.

Gleichheit, Freiheit und Demokratie bei Marx

Marx' Kommunismus ist nicht einfach die Negation des Privateigentums, sondern seine positive Aufhebung »als menschliche Selbstentfremdung und darum als wirkliche Aneignung des menschlichen Wesens durch und für den Menschen«. Dieser Kommunismus ist »... das wirkliche, für die nächste geschichtliche Entwicklung notwendige Moment der menschlichen Emanzipation und Wiedergewinnung. Der Kommunismus ist die notwendige Gestalt und das energische Prinzip der nächsten Zukunft, aber der Kommunismus ist nicht das Ziel der menschlichen Entwicklung – die Gestalt der menschlichen Gesellschaft« (Ökonomisch-philosophische Manuskripte).

Der Kommunismus ist also der Ausdruck der historisch-instrumentellen Vernunft des Menschen, wie auch die Gleichheit als »Grund des Kommunismus« nur seine »politische Begründung« ist. Das Ziel der menschlichen Entwicklung ist die reale, radikal entfaltete Freiheit aller, jedes einzelnen. Der Mensch hat die Freiheit zur Wahl seiner Tätigkeiten, die ihn von anderen unterscheiden. Die ökonomisch-soziale Gleichheit des Marxschen Kommunismus wird so zur Voraussetzung der positiven Entfaltung der menschlichen Ungleichheit als Ausdruck totaler menschlicher Freiheit.

Marx hat später (vgl. III. Band des Kapital) diese postulativ-utopischen Aussagen in einer als historisch notwendig gekennzeichneten Entwicklungsperspektive verdeutlicht: Das wahre Reich der Freiheit kann nur auf dem Reich der Notwendigkeit als seiner Basis aufblühen; es liegt jenseits der Sphäre der eigentlichen materiellen Produktion, dort, wo die Arbeit, die immer durch Not und äußere Zweckmäßigkeit bestimmt ist, aufhört.

In der Kritik des Gothaer Programms der Sozialistischen Arbeiterpartei Deutschlands (1875) ist Marx noch einmal auf die Bedingungen von Gleichheit und Ungleichheit eingegangen. Er verweist hier darauf, daß in der ersten Stufe der kommunistischen Gesellschaft die Gleichheit darin besteht, daß jeder nach den Resultaten seiner Arbeit Güter rückübereignet erhält, und er fährt dann fort: Erst in einer höheren Phase der kommunistischen Gesellschaft, »nachdem (...) die Arbeit nicht nur Mittel zum Leben, sondern selbst das erste Lebensbedürfnis geworden ist; nachdem mit der allseitigen Entwicklung der Individuen auch die Produktionskräfte gewachsen sind und alle Springquellen des genossenschaftlichen Reichtums voller fließen – erst dann kann ... die Gesellschaft auf ihre Fahnen schreiben: Jeder nach seinen Fähigkeiten, jeder nach seinen Bedürfnissen.«

In diesem Horizont ist auch der Marxsche Demokratie-Begriff zu verstehen: Die Demokratie, die Marx meint, ist nicht die bürgerliche Demokratie in Form des liberalen Verfassungsstaates, wie er aus dem Emanzipationskampf der Bourgeoisie gegen Adel, Königtum und Klerus hervorgegangen ist. Diese bürgerliche Demokratie, die auf dem privaten Eigentum an den Produktionsmitteln beruht, ist vielmehr die Form der Klassenherrschaft der Bourgeoisie über das Proletariat.

Die Demokratie, die Marx meint, ist identisch mit der klassenlosen

Gesellschaft. D. h. im wirklichen Gemeinwesen, in der wahren Demokratie ist dann auch der Widerspruch zwischen dem Staat als der Ordnung zur Institutionalisierung des Klassenkampfes, die den offenen Bürgerkrieg verhindern soll, und dem Leben des Volkes aufgehoben: In der, wie Marx sagt, wahren Demokratie geht der Staat unter. Zwischen diesem Verständnis von Demokratie und der Diktatur des Proletariats besteht kein Widerspruch: die revolutionäre Diktatur des Proletariats ist Übergangsgewalt auf dem Wege zur klassenlosen Gesellschaft, zur wirklichen Demokratie. Ihre geschichtliche Einmaligkeit besteht darin, daß sie zum ersten Mal in der Geschichte Herrschaft der Mehrheit über die Minderheit sein wird und damit Vollendung der bürgerlichen Demokratie. Voraussetzung dafür ist (und nur darin findet die Diktatur des Proletariats ihre Legitimation), daß sie keine Diktatur einer Minderheit im angeblichen Auftrag der Mehrheit sein darf, sondern sich in unbeschränkten demokratischen Formen zu vollziehen hat.

Gleichheit der Chance und Ausgleich des Ungleichgewichtes durch den Sozialstaat

Weder Weitlings noch Marx' Verständnis von Demokratie und Gleichheit haben sich in Zusammenhang mit der Emanzipationsbewegung der europäischen Arbeiterklasse historisch durchgesetzt. Historisch durchgesetzt hat sich ein Verständnis von Gleichheit als Gleichheit des Rechtes aller, ohne Unterschied, auf gleiche Chance zur Verwirklichung des Selbstbestimmungsrechtes des Menschen. Ganz in diesem Sinne sind die Äußerungen von Wilhelm Liebknecht in seiner berühmten Rede aus dem Jahre 1872 über »Wissen ist Macht! Bildung macht frei!« zu verstehen: »Überhaupt liegt der menschliche Fortschritt in der Annäherung an die Gleichheit. Freiheit ist eine Phrase, die alles Mögliche umhüllt. Gleichheit ist ein Prinzip.«

Mit diesem Verständnis von Gleichheit hängt ein Begriff von Demokratie zusammen, der immer stärker dem Staat die Aufgabe zugewiesen hat, nicht nur den rechtlichen Rahmen der Beziehungen der Mitglieder der Gesellschaft untereinander und gegenüber Dritten zu garantieren, sondern sozial gestaltend in die Gesellschaft selbst hineinzuwirken, permanent die Garantie des sozialen Ausgleichs zu realisieren, die sozialen Unterschiede zu nivellieren. Aus dem bürgerlichen Rechtsstaat, der nur die Rahmenbedingungen des gesellschaftlichen Zusammenlebens gesetzt hatte, wird der nachbürgerliche Sozialstaat, der legitimiert wird, direkt und umfassend in die gesellschaftliche Ordnung zu intervenieren – unter Beibehaltung oder nur geringer Variation der Formen des demokratischen Verfassungsstaates.

Genossenschaftliche Gleichheit in einem repressionsfreien Rahmen als Verwirklichung der Freiheit aller – im Sinne von Selbstverwirklichung des Menschen als Menschen – diese Marxsche Vorstellung ist unrealisiert geblieben: Die sogenannten sozialistischen Gesellschaften sind Klassengesellschaften mit einem Maß an Ungleichheit und antagonistischer Aufspaltung, wie sie in den hochindustriell entwickelten kapitalistischen Gesellschaften jedenfalls nicht mehr bestehen. Die Inhalte des Reformkommunismus laufen demgegenüber – wie das jugoslawische Beispiel zeigt – auf eine Schrumpfung der Idee einer genossenschaftlichen Gleichheit ohne Repression zu einem Konzept kleinbürgerlicher Egalität hinaus.

Der Verlust der Idee der genossenschaftlichen Gleichheit scheint sich auch als Ergebnis des Prozesses sozialstaatlich garantierten sozialen Ausgleichs in den Formen des demokratischen Verfassungsstaates herauszustellen. Denn die Gleichheit in den kapitalistischen Industrieländern besteht in der »Sozialisierung« der Privilegien, in der Angleichung der Einkommen zur großen breiten Mitte hin. Die sozialstrukturell immer dominanter werdende, indessen ökonomisch keineswegs 'herrschende Klasse ist die »neue Klasse« der Quasi-Kleinbürger (was Mentalität, Einkommenserwartung, also alles, was den Güterverteilungsbereich angeht, aber keineswegs die Stellung im Produktionsprozeß). Das »Proletariat« ist zur deklassierten Klasse geworden; es hat sich – nach mehr als 150 Jahren Kampf – gewissermaßen selbst abgeschafft, nicht etwa positiv aufgehoben, wie Marx es erwartet hatte, zum Menschen an und für sich. »Proletariat« sind nur noch die gesellschaftlichen Randgruppen: die Alten, die Verarmten, die Nicht-Privilegierten, die Arbeitslosen, die beschäftigungslosen Jugendlichen, die Gastarbeiterfamilien, die Kranken, die Nur-Hausfrauen, die untersten Schichten der Lohn- und Gehaltsempfänger und die vom Norm-Verhalten Abweichenden.

Die neue Mitte der quasi-egalitären Kleinbürger akzeptiert eine relative Gleichheit im Verständnis von sich selbst; optimierbares Habenwollen und nicht qualitatives Tunkönnen kennzeichnet sie; Leistung wird erbracht in der Erwartung eines Mehr an individuellem Konsum und Besitz. Es herrscht ein individuell-konsumptives und besitzindividualistisches Verständnis von Gleichheit; deren Labilität ist unproblematisch und spannungslos, solange wirtschaftliches Wachstum Zuwachs an besitzindividualistischer Gleichheit ermöglicht und damit auch extreme Ungleichheit in der Verfügungsgewalt über die Verwendung der durch die Gemeinschaft der Arbeitenden geschaffenen Werte kaschiert werden kann.

»Mehr Gleichheit« = »weniger Demokratie«?

Die Frage stellt sich, was zu tun ist, wenn dieser Bedingungszusammenhang zwischen wirtschaftlichem Wachstum und individueller Besitzanhäufung nicht mehr fortsetzbar ist. Es gibt inzwischen Konzepte, die darauf Antwort zu geben versuchen. Johano Strasser z. B. hat vor einiger Zeit Überlegungen angestellt, die in die Richtung auf eine noch intensivere Homogenisierung der großen Mehrheit der Bevölkerung durch »mehr materielle Gleichheit« gehen.

Materielle Gleichheit wird dabei doppelseitig verstanden: einmal entsprechende Verteilung der Primäreinkommen (also Reduzierung der Umverteilungskapazität des Sozialstaates) und Ausweitung eines öffentlichen Angebotes einer Gleichheit der Chancen zur Verwirklichung der jedem Menschen entsprechenden Möglichkeiten. Die große Frage bei diesem Konzept ist: wie denn das zu dieser Form von »mehr Gleichheit« notwendige Optimum an gesellschaftlicher Übereinstimmung als Voraussetzung für demokratisch legitimierte Entscheidungen über die Grundrichtung der Entwicklung angesichts auch der Grenzen des Wachstums hergestellt werden kann.

Wolfgang Harich ist angesichts dieser Frage rigoros-konsequent: er sieht keine andere Alternative als die Rückkehr zu Babeufs Konzept (»auf höherer Stufenleiter«) der gleichen Verteilung des Mangels. So entwirft Harich das Projekt eines Kommunismus der Rationierung, der Null-Wachstum erlaubt, die Marktbeziehungen ausschaltet, in dem Gebrauchswerte aufhören, Waren zu sein, der das Geld abschafft, das Leistungsprinzip obsolet werden läßt. Dieser Kommunismus wird nicht die Überflußgesellschaft sein, wie sie sich Weitling und Marx vorgestellt haben; und er wird auch nie ohne staatliche Autorität und kodifiziertes Recht auskommen: »Jeder Gedanke an ein künftiges Absterben des Staates ist daher illusorisch«. Was Harich in dieser Situation des drohenden Nullwachstums für eine historisch schon einmal thematisierte Problemlösung hält, ist die Realisierung von Babeufs menschenfreundlichem Verteilungskommunismus mittels jakobinischer terroristischer Rationalität.

Autoren, die in der Tradition eines Denkens stehen, das seit jeher Gleichheit im Gegensatz zur Freiheit als dem primären Wert gesehen hat, begreifen Gleichheit auch aktuell als Aufhebung der natürlichen Rangordnung des Seins, der wesensmäßig bedingten Unegalität der Beziehungen der Menschen untereinander; sie bezeichnen als ihre Alternative die Einschränkung, ja Zurücknahme von Gleichheit. Das Gleichheitspostulat wird dabei unter der Hand zur »Gleichförmigkeit«, ja »Gleichschaltung« herunterstilisiert, wie z. B. kürzlich bei Kurt Biedenkopf. Alternativ zum Gleichheitspostulat wird die Freiheit des einzelnen, sozial temperiert durch den »Grundsatz der ausgleichenden Gerechtigkeit«, angeboten.

Offenbar beruhen solche Äußerungen auf einer Verunsicherung der bisher durch eine mittelständische Egalität des Konsums verdeckten elitären Position. Wenn es inzwischen zuviel Gleichförmigkeit, Gleichschaltung, zu wenig Freiheit geben sollte, dann wäre die Antwort darauf ja wohl nicht »weniger Glcichheit«, sondern z. B. »mehr Minderheitenschutz«, »mehr Teilung der Verantwortlichkeiten«. Es war die Einsicht des liberalen konservativen Tocqueville, daß Freiheit und Gleichheit einander bedingen: » ... die Menschen werden vollkommen frei sein, weil sie alle völlig gleich sind; und sie werden alle vollkommen gleich sein, weil sie alle völlig frei sind. Dies ist das Ideal, dem die demokratischen Völker nachstreben.« Ja, er schrieb: »Man kann sich einen äußersten Punkt vorstellen, wo Freiheit und Gleichheit sich berühren und verschmelzen.«

Die Alternative für die Zukunft

Von diesem Punkt her wäre der Zusammenhang von Gleichheit und Demokratie unter den konkreten historischen Bedingungen neu zu durchdenken. Gewiß bedarf es eines Mehr an materieller Gleichheit, aber nicht im Sinne der absoluten Gleichheit der je individuellen Einkommen, sondern im Sinne der Ausweitung der kollektiven Leistungen der Gesellschaft als Voraussetzung der individuellen Freiheit der Wahl der Selbstverwirklichung. Doch dies wäre immer noch eine Frage der Verteilungsgleichheit.

Außer acht bleibt dabei der qualitativ entscheidende Punkt der formalen rechtlichen, institutionell entsprechend verankerten Gleichheit aller Produzenten in der Verfügung über die Produktionsmittel und in der Entscheidung über die Richtung der Werteschöpfung bei der Verwendung der Produktionsmittel. Die Gleichberechtigung von Kapital und Arbeit ist bisher nur eine Gleichheit der rechtlichen Bedingungen in der Auseinandersetzung über die Verteilung des gesellschaftlich Produzierten – ein

Vorgang, der sich auf der Ebene der Institutionen des demokratischen Verfassungsstaates bei der Entscheidung über die Um- und Rückverteilung des gemeinschaftlich Produzierten noch einmal im Prinzip wiederholt.

Worauf es ankäme, wäre eine Gleichheit der rechtlichen Bedingungen der Verfügung der Produzenten über die Produktion selbst, nicht nur allein der Verfügung über die Produkte. Dies würde dann auch ein Verständnis von Demokratie als realer Selbstbestimmung der Produzenten (im weitesten Sinne) ermöglichen.

Wenn hier die Erweiterung des Inhaltes des Demokratie-Begriffs mit dem Postulat einer qualitativ-rechtlichen Fassung des Gleichheits-Begriffs begründet wird, so steht dies im Gegensatz zur faktischen Eigentumsordnung in den entwickelten kapitalistischen Gesellschaften. Wenige Gruppen, nicht unbedingt die Kapitaleigentümer, vor allem die Führungseliten des Managements verfügen über den größten Teil der Produktionsmittel und fällen die Entscheidung über ihre Verwendung. Es handelt sich um eine Art privat-bürokratischer Kollektivierung der Verfügungsgewalt über die Produktion; komplementär dazu und ihr korrespondierend handeln die Führungseliten der staatlichen und der gewerkschaftlichen Bürokratie. Die Forderung, daß diese elitäre Verfügungsgewalt durch eine demokratisch legitimierte ersetzt werden muß, indem die Produzenten selbst auf immer mehr Gebieten mit immer mehr Entscheidungskompetenzen versehen werden müssen (so U. Gärtner u. a.), ist nur ein anderer Ausdruck der hier vertretenen Auffassung von Gleichheit und Demokratie: Qualitativ-rechtliche Gleichheit könnte unter diesen Bedingungen im Rahmen der dann nachkapitalistischen Gesellschaft ein verallgemeinerungsfähiges Interesse sein, wie es einst in der vorindustriekapitalistischen Gesellschaft die Forderung nach Gleichheit der rechtlichen Bedingungen der am Marktgeschehen beteiligten Produzenten war.

Jugoslawische Autoren vor allem haben darauf aufmerksam gemacht, daß damit nicht Ungleichheit aus der nachkapitalistischen Welt geschafft sein wird (so Svetozar Stojanović); aber auch Richard Löwenthal hat in der Auseinandersetzung mit Jürgen Habermas unterstrichen, daß die nachkapitalistische Gesellschaft nicht »klassenlos« sein wird, daß die strukturelle Ungleichheit der Verteilung von Macht und Eigentum nicht zu beseitigen sein wird. Die Frage ist, wer denn überhaupt die Zielprojektion der absoluten Gleichheit vertritt, ob sie nicht vielmehr von den Gegnern der Gleichheit wie »eine ideologische Vogelscheuche« immer wieder »zur Warnung aufgestellt wird, wenn es um die Privilegien

weniger geht« (Erhard Eppler). Absolute soziale Gleichheit würde – auch
darauf verweist Stojanović – eine neue Form von Ausbeutung begründen: derer, die mehr arbeiten (können, wollen, dürfen). Ungleichheit der
Einkommen kann sogar im gesamtgesellschaftlichen Interesse legitim sein;
entscheidend ist der Ausgleich von Ungleichheit a) durch Vorkehrungen
der solidarischen Rückübertragung des individuell Erworbenen zur Erhaltung und Ausweitung der kollektiven Leistungen der Gesellschaft,
b) durch die Herstellung der prinzipiellen Gleichheit aller Produzenten.

Die Erkenntnis beginnt sich durchzusetzen, daß die gegenwärtige
krisenhafte Entwicklung der industriekapitalistischen Gesellschaften nicht
allein mehr konjunkturell bedingt ist, sondern auf strukturellen Mängeln
beruht: Umweltzerstörung, Wachstumsgrenzen, Zusammenbruch des
Weltwährungssystems. Die Frage steht, ob es gelingt, unter diesen Bedingungen einen neuen »Schub« der Transformation des ursprünglich liberalen, nun organisierten Kapitalismus unter Erhaltung der inzwischen
erworbenen demokratisch-sozialistischen Substanz anzutreiben. Die hier
vorgetragenen Gedanken über die Möglichkeit eines auf dieses Ziel hin
orientierten Verständnisses von Gleichheit und Demokratie sind »nur«
als Begründungen für entsprechendes Handeln zu verstehen, das sich in
einen historischen Zusammenhang hineingestellt begreifen läßt. Notwendige strategische Perspektiven für dieses Handeln sind ein anderes
Thema.

Wer aktuelle Begründungen für Handeln historisch ableitet, muß
darauf hinweisen, daß es historisch auch immer nicht nur Alternativen
negativer Art zur Transformation des je bestehenden Kapitalismus gegeben hat, sondern daß diese sich auch historisch durchgesetzt haben. Es
ist nicht Ausdruck weinerlichen Pessimismus, sondern Einsicht aufgrund
realitätsnaher Analyse, wenn Sozialisten seit Rosa Luxemburg immer
wieder davon sprechen, daß sich als Alternative zum Sozialismus der
»Abstieg in die Barbarei« stellt. Alternativen dieser Art gibt es auch
heute wieder: zunächst vielleicht »nur« der Versuch elitär-zentralistisch-
technokratischer Planung (so Gärtner u. a.), dann Gewaltherrschaft, legitimiert durch die Furcht vor dem Sturz in die Anarchie (so Löwenthal).
Aber noch steht uns frei, wie Leszek Kolakowski auf den demokratischen
Sozialismus bezogen feststellt, »für das zu optieren, was wir für einen
menschlichen Wert erachten«.

Martin Gralherr: Demokratie und Repräsentation in der Englischen Revolution, Meisenheim a. G. 1973

C. B. Macpherson: Die politische Theorie des Besitzindividualismus. Von Hobbes bis Locke, Frankfurt a. M. 1973 (stw Bd. 41)

Alexis de Tocqueville: Über die Demokratie in Amerika, München 1976 (dtv Bd. 6063)

Hans-Christoph Schröder: Das Eigentumsproblem in den Auseinandersetzungen um die Verfassung von Massachusetts, 1775–1787. In: Rudolf Vierhaus (Hrsg.): Eigentum und Verfassung, Göttingen 1972

Hans-Christoph Schröder: Die amerikanische und die englische Revolution in vergleichender Perspektive. In: Hans-Ulrich Wehler (Hrsg.): 200 Jahre amerikanische Revolution und moderne Revolutionsforschung, Göttingen 1976

Jürgen Schlumbohm: Freiheitsbegriff und Emanzipationsprozeß, Göttingen 1973

Jürgen Schlumbohm: Freiheit. Die Anfänge der bürgerlichen Emanzipationsbewegung in Deutschland im Spiegel ihres Leitwortes, Düsseldorf 1975

Richard Saage: Eigentum, Staat und Gesellschaft bei Immanuel Kant, Stuttgart 1973

Walter Grab (Hrsg.): Die Debatte um die Französische Revolution, München 1975 (nymphenburger texte zur wissenschaft Bd. 22)

Babeuf: Der Krieg zwischen Reich und Arm. Artikel, Reden, Briefe, herausgegeben von Peter Fischer, Berlin 1975 (WAT Bd. 9)

Robert Kalivoda: Der Marxismus und die moderne geistige Wirklichkeit, Frankfurt a. M. 1970 (es Bd. 373)

Johano Strasser: Grenzen des Wachstums – Grenzen der Freiheit? In: Technologie und Politik, Reinbek 1975 (rororo-aktuell Bd. 1942)

Wolfgang Harich: Kommunismus ohne Wachstum?, Reinbek 1975

Kurt H. Biedenkopf: Fortschritt in Freiheit, München 1974

Helga Grebing: Über einige Differenzierungen des Begriffs »Gleichheit« – im historischen Prozeß gesehen. In: Vorgänge, Heft 20, 1976

U. Gärtner, U. Haymos, J. Huber, P. Luder, P. Schürmann: Demokratische Systemgestaltung. Modell einer humanen und demokratischen Wirtschafts- und Gesellschaftsordnung, St. Gallen 1976 (als Manuskript gedruckt)

Svetozar Stojanović: Kritik und Zukunft des Sozialismus, München 1970 (Reihe Hanser Bd. 41)

Jürgen Habermas: Legitimationsprobleme im Spätkapitalismus, Frankfurt a. M. 1973 (es Bd. 623)

Richard Löwenthal: Gesellschaftliche Umwandlung und demokratische Legitimität. Zu Jürgen Habermas' Analyse der Krisentendenzen im »Spätkapitalismus«. In: Neue Rundschau, Heft 4, 1975

Erhard Eppler: Ende oder Wende. Von der Machbarkeit des Notwendigen, München 1976 (dtv Bd. 1221)

Leszek Kolakowski: Marxismus – Utopie und Antiutopie, Stuttgart 1974

Arnold Künzli

Gefordert: Mehr Mut zur Utopie

Ein gewisses Maß an Wohlstand und existentieller Sicherheit vorausgesetzt, scheinen die Menschen dazu zu neigen, eine bestehende Gesellschafts- und Staatsordnung als vernünftig und alles, was diese Ordnung grundsätzlich in Frage stellt und umwandeln möchte, als unvernünftig, utopisch, irreal oder ideologisch zu werten. Der britische Konservative Lord Cecil hat diesen eingefleischten Konservatismus des Durchschnittsmenschen einmal psychologisch zu erklären versucht. Der Mensch lebe, so meinte er, in einer Welt voller Geheimnisse, er fühle sich wie ein Kind in einem dunklen Raum, von allen Seiten von Gefahren bedroht. Deshalb halte er sich an das, was er kenne und als sicher und dauerhaft erfahren habe und sage sich: warum soll ich das Bekannte, das heil ist, aufgeben zugunsten eines Unbekannten, das gefährlich sein kann? Und Lord Cecil zitierte ein englisches Sprichwort, das man als Motto über allen Konservatismus setzen könnte: »Lieber eine Unze Tatsachen als ein Pfund Theorien.«[1]

Aber dieses Sprichwort verschleiert, daß zumindest auf politischem, wirtschaftlichem und allgemein-gesellschaftlichem Gebiet die sogenannten Tatsachen nichts anderes als verwirklichte Theorien sind. Ja mehr noch: viele dieser heutigen Tatsachen, denen wir oft geradezu den Charakter von Naturgebilden zusprechen, hatten in früheren Zeiten den von Utopien. Der Konkurrenzkampf des liberalen Wirtschaftssystems, der geheimnisvoll und geleitet von einer unsichtbaren Hand dem Wohle des Ganzen dienen soll – in Mandevilles Bienenfabel war er noch eine Utopie. Der Neandertaler wußte noch nichts von Referendum und Initiative, der

[1] Lord Hugh Cecil: Conservatism, London 1912, S. 9 f.

Pfahlbauer noch nichts von Gewaltentrennung, Parlamentarismus, Volkssouveränität, bürgerlichen Rechten, Rechtsstaat, Frauenstimmrecht; kurz: unser ganzes heutiges politisches System war vor gar nicht so langer Zeit noch Theorie und Utopie. In der Unze Tatsachen, die dem Sprichwort lieber ist als ein Pfund Theorie, sind Tonnen von Theorien komprimiert. Unser heutiges, bürgerlich-demokratisch-liberales, parlamentarisches politisches System ist nicht vom Himmel gefallen, ein irdisches Abbild des von den Konservativen so gern beschworenen Kosmos, noch ist es ein aus Blut und Boden organisch herausgewachsenes Naturprodukt. Sondern fast alle unsere politischen Einrichtungen – und dasselbe gilt von den ökonomischen und gesellschaftlichen überhaupt – sind irgend einmal von irgend einem Philosophen am einsamen Schreibtisch als Theorie entworfen worden. Und fast alle diese Theorien sind ursprünglich von den damaligen Konservativen und von denen, die sich in ihren privaten Interessen bedroht fühlten, als wirklichkeitsferne Utopien belächelt oder verschrieen und bekämpft worden. Man lese bloß einmal nach, was zur Zeit der Französischen Revolution von Konservativen gegen das demokratische Prinzip der Volkssouveränität vorgebracht wurde. Noch ein Hegel, der in seiner Jugend die Französische Revolution begeistert begrüßt hatte, zählte später die Volkssouveränität »zu den verworrenen Gedanken, denen die wüste Vorstellung des Volkes zu Grunde liegt«[2], und meinte, daß die auf der Volkswahl beruhende Demokratie »der Idee der Sittlichkeit entgegensteht«[3]. Und in den katholischen Wiener »Jahrbüchern der Literatur« stand 1839 zu lesen, die Lehre von der Volkssouveränität sei »auf dem Gebiet der Religion eigentlich antichristlich, in politischer Hinsicht aber ein Verbrechen, wie Mord und Brand, oder Durchstechung der Dämme«[4].

Daß aus den Theorien Praxis, aus den Utopien politische Tatsachen wurden, ist ebenfalls nicht die Folge einer in der menschlichen Geschichte wie ein Naturgesetz wirkenden Entwicklungslogik, sondern es ist die Folge davon, daß zu bestimmten Zeiten Gruppen von Menschen den Mut zur Utopie gehabt haben und für diese Utopien sogar auf die Barrikaden gegangen sind. Unser ganzes politisches System ist der zur Tatsache geronnene Mut zur Utopie unserer Vorfahren. Ob etwas Utopie oder Tatsache ist, ist meist nur eine Frage der Zeit. Deshalb gibt es nichts Ein-

---

2 Hegel: Grundlinien der Philosophie des Rechts. In: Hegel-Studienausgabe, Bd. 2, Hrsg. v. Karl Löwith und Manfred Riedel, Frankfurt a. M. 1968, S. 273.
3 A.a.O., S. 277.
4 Zit. in: Theodor Eschenburg: Tocquevilles Wirkung in Deutschland, in: Alexis de Tocqueville: Werke und Briefe I, Über die Demokratie in Amerika I, Stuttgart 1959, S. XXIX.

fältigeres, als die Veränderung des Bestehenden anstrebende politische Theorien unbesehen als wirklichkeitsfremde Utopien zu verketzern und diese den sogenannten Tatsachen gegenüberzustellen, auch wenn es natürlich Utopien gibt, die wirklich Hirngespinste sind. Denn die sogenannten Tatsachen triefen vom Geist der Utopie und allzu oft auch vom Blut der Utopisten.

Nun höre ich zwei Einwände. Der eine kommt von orthodox-marxistischer Seite und weist mich darauf hin, daß sich mit Marx doch eine Entwicklung von der Utopie zur Wissenschaft vollzogen habe und ich somit hinter Marx zurückfalle, wenn ich den Geist der Utopie beschwöre. Darauf möchte ich nur antworten, daß bei aller Anerkennung der wissenschaftlichen Leistung von Marx auf dem Gebiete von Analyse und Kritik die geschichtliche Entwicklung seine Revolutionsphilosophie und seine Prognosen doch weitgehend falsifiziert, d. h. als falsch erwiesen hat. Es gibt keine einzige Revolution, die sich nach den Vorstellungen von Marx vollzogen hätte, und dort, wo es zu Revolutionen hätte kommen müssen, sind sie bis heute ausgeblieben. Mit der Wissenschaftlichkeit des Historischen Materialismus scheint es deshalb etwas zu hapern. Der Mensch ist ein zu irrationales Wesen, als daß seine Zukunft sich wissenschaftlich berechnen ließe. Deshalb muß auch dem Marxismus gegenüber die Notwendigkeit des Mutes zur Utopie betont werden. Auch den Ländern, die sich heute sozialistische nennen, würde ein Schuß Utopie nicht eben schaden.

Der zweite Einwand kommt von liberaler und konservativer Seite. Hier wird auf Wert und Funktion der Tradition hingewiesen und vor einem radikalen Traditionsbruch gewarnt, der das an Emanzipation bereits Erreichte und Institutionalisierte mutwillig zerstören könnte. Weiter wird gewarnt vor der Versuchung, die Menschen mit Gewalt in ihr Glück hineinzuzwingen, der Gesellschaft eine Utopie aufoktroyieren zu wollen, da dies nur zu neuer Unfreiheit und Entfremdung führe.

So berechtigt nun gewiß die Warnung vor Utopien ist, die den Menschen mit Wissenschaft und Technik in sein Heil hineinexperimentieren wollen, so läßt sich andererseits mit Warn- und Verbotstafeln allein kein Weg in die Zukunft weisen.

Gewiß sind Wert und Funktion der Tradition anzuerkennen, sofern diese nicht partikularen Interessen, sondern der Wahrung des bisher in der Geschichte an Emanzipation Erreichten dienen soll. So gesehen wäre der Einwand der Konservativen und Liberalen durchaus zu beherzigen. Der echte Mut zur Utopie muß somit heute hindurchlavieren zwischen dem tristen Kleinmut der Resignierten und Pessimisten, dem einfältigen

Hochmut der über ein universelles Patentrezept verfügenden Dogmatiker und dem traditionsfeindlichen Übermut der Bilderstürmer mit ihrem blinden Glauben an die schöpferische Kraft der tabula rasa.

Aber nun höre ich noch einen zusätzlichen, vielleicht den entscheidenden Einwand: wozu denn heute überhaupt noch Utopien? Nehmen uns Wissenschaft und Technik heute die früheren Aufgaben der Utopie, auch und gerade auf politischem Gebiete, nicht ab? Entwickelt sich die moderne Gesellschaft nicht nach technologischen Sachgesetzlichkeiten, die immer mehr auch das politische Leben bestimmen? Sind Staat und Gesellschaft nicht so durchrationalisiert, daß sie immer mehr einem auf Zweckrationalität eingestellten Automaten gleichen, den es bloß zu ölen, notfalls zu reparieren und dauernd etwas zu vervollkommnen gilt, wofür die Technologen und Technokraten zuständig sind?

Dieser Einwand ist insofern völlig berechtigt, als er zweifellos die Entwicklung in den Industriegesellschaften, oder zumindest den sie bestimmenden Trend, richtig zeichnet. Aber diese Entwicklung ist identisch mit einer fortschreitenden Entdemokratisierung, und Entdemokratisierung heißt Entmündigung. Immer mehr tritt an die Stelle einer ohnehin nur partiellen und eingeschränkten demokratischen Selbstbestimmung eine technokratische und bürokratische Fremdbestimmung. Selbstbestimmung aber ist nur ein anderes Wort für Freiheit. An die Stelle der Freiheit tritt also immer mehr ein sogenannter Sachzwang, der freilich nur sehr bedingt Ausdruck einer ihm innewohnenden Rationalität ist und hinter dem sich immer auch handfeste Interessen verbergen.

Außer mit dem technologischen Sachzwang wird neuerdings auch noch mit dem Begriff der Komplexität gegen die Demokratie Sturm gelaufen. Unsere Gesellschaften, so heißt es, hätten sich zu einem so komplexen System entwickelt, daß eine echte demokratische Beteiligung der Bürger an der politischen Willensbildung gar nicht mehr möglich sei. In der Demokratietheorie ist denn auch, vor allem im angelsächsischen Raum, ein moderner Begriff von Demokratie entworfen worden, der dieser Entwicklung Rechnung trägt und Demokratie nicht mehr im klassischen partizipatorischen Sinn begreift als ein System, das dem Volk, dem Bürger, eine größtmögliche Selbstbestimmung garantiert, sondern – um einen der Väter dieser Theorie, Joseph A. Schumpeter, zu zitieren – als »diejenige Ordnung der Institutionen zur Erreichung politischer Entscheidungen, bei welcher einzelne die Entscheidungsbefugnis vermittels eines Konkurrenzkampfes um die Stimmen des Volkes erwerben«[5]. Das

5 Joseph A. Schumpeter: Kapitalismus, Sozialismus und Demokratie, Bern 1950², S. 428.

bedeutet: die Möglichkeit zur Selbstbestimmung des Bürgers und zur Kontrolle der Regierung durch das Volk ist hier reduziert auf die Wahl von Repräsentanten, aus denen sich die Regierung rekrutiert. Es ist bezeichnend, daß die Theoretiker dieser Mini-Demokratie in der politischen Apathie und Ignoranz des Bürgers zum Teil etwas Positives sehen, da diese eine gewisse Garantie dafür bieten, daß die Repräsentanten, einmal gewählt, sich möglichst ungestört ihrem erleuchteten Tun zum Wohle des Volkes widmen können[6]. Diese bezeichnenderweise »neuer Realismus« getaufte Demokratietheorie bedeutet aber auch noch etwas anderes: Demokratie wird hier – in Analogie zum ökonomischen Liberalismus – verstanden als Konkurrenzkampf von Eliten um Wählerstimmen. Diese Art Demokratie wird nach Bottomore zur »Bestätigung der Eliteherrschaft durch periodische Wahlen ...«[7]. Das ist eine Art politische freie Marktwirtschaft; die Politiker und die Parteien erscheinen in der Rolle des freien Unternehmers, es herrscht das Gesetz von Angebot und Nachfrage und der Wähler wird in die Rolle des Konsumenten gezwängt, der im politischen Supermarkt mit seiner Stimme den Preis für die Ware »Repräsentant« bezahlt, mit deren Kauf er für die nächsten vier oder fünf Jahre politisch eingedeckt ist[8]. Der Wahlzettel erhält so den Charakter eines politischen Geldscheins. Entsprechend bieten sich im harten politischen Konkurrenzkampf die Repräsentanten immer mehr wie Markenartikel an und die Wahlkämpfe gleichen immer mehr dem edlen Wettstreit der Spray- und Waschmittelfabrikanten in der abendlichen Fernseh-Reklamesendung.

Natürlich ist das eine Übertreibung. Aber diese »neorealistische« Demokratietheorie kennzeichnet doch mehr oder weniger weitgehend unsere demokratische Wirklichkeit. In dieser machen wir heute eine merkwürdige Erfahrung. In Ländern, die diesem marktwirtschaftlichen Demokratiemodell entsprechen und die dem Volke keine Möglichkeit einer direkten Partizipation an der politischen Willensbildung bieten, scheint das System zumindest insofern zu funktionieren, als die Wahlbeteiligung jeweils recht hoch ist. In einem Lande wie der Schweiz hingegen, das dem Volke die partielle Möglichkeit einer solchen direkten

---

6 S. Lane Davis: Die politischen Kosten des neuen Realismus. In: Frank Grube, Gerhard Richter: Demokratietheorien, Hamburg 1975, S. 131.
7 T. B. Bottomore: Demokratie und die Pluralität der Eliten. In: Frank Grube ...: Demokratietheorien, a.a.O., S. 143.
8 Siehe dazu etwa C. B. Macpherson: Marktwirtschaftliche Begriffe in der politischen Theorie. In: Frank Grube ...: Demokratietheorien, a.a.O., S. 150 ff. Und: Iring Fetscher, a.a.O., S. 201 f.

Partizipation an der politischen Willensbildung bietet, ist die Stimm- und Wahlbeteiligung in den letzten Jahrzehnten so erschreckend gesunken, daß man geradezu von einer Partizipationskrise spricht. Wie läßt sich diese augenscheinlich widersprüchliche Entwicklung erklären?

Ich will wiederum mit einer Übertreibung antworten, um deutlich werden zu lassen, daß es sich dabei nach meiner Ansicht bloß um die zwei Seiten ein und desselben Problems handelt. Das Volk hat in unseren bürgerlich-demokratisch-kapitalistischen Industriegesellschaften das von unserem Wirtschaftssystem geforderte und geförderte Konsumverhalten so sehr zum Leitbild seines Tuns und Denkens verinnerlicht, daß es seine Konsumentenrolle auch auf dem Felde der Politik, und d. h. unserer marktwirtschaftlichen Demokratie, brav weiterspielt: alle vier Jahre gehen alle zum großen Einkauf in den politischen Supermarkt. Dabei kauft man sich diejenigen ein, denen man zutraut, die Regierungsgeschäfte so gut zu erledigen, daß man sich in den kommenden vier Jahren möglichst nicht mehr um Politik zu kümmern braucht. Der politische Akt der Wahl verwandelt sich so in die Manifestation eines entpolitisierten Verhaltens. Hier hat das Volk – mehr oder weniger dankbar – sich damit abgefunden, daß es über die Produktion der Ware Politik nicht mitbestimmen, sondern lediglich aus dem ihm vorgelegten, attraktiv verpackten Warenangebot das Ansprechendste auswählen kann.

In einer halbdirekten Demokratie wie der Schweiz hingegen ist der Wähler zur direkten Partizipation am demokratischen Entscheidungsprozeß aufgerufen. D. h. daß er hier unmittelbar mit der Frage konfrontiert wird, ob überhaupt, und wenn ja inwieweit seine Stimme auf dem Wege von der Urne über die Institutionen bis zur Praxis ihr Gewicht behält. Und obgleich es sicher mehrere und recht verschiedenartige Ursachen der sich in der miserablen Stimmbeteiligung manifestierenden Partizipationskrise in der Schweiz gibt, so ist – neben dem Konsumverhalten – wohl eine der wichtigsten, daß man den Glauben verloren hat, mit seiner Stimme wirklich mitentscheiden, das politische Geschehen effektiv beeinflussen zu können. Dieses Gefühl der Ohnmacht wirkt sich in der Schweiz auch auf die Wahl der Repräsentanten aus: wenn die bestehenden demokratischen Institutionen die Wirksamkeit einer direkten Partizipation des Volkes an der politischen Willensbildung nicht mehr garantieren, dann bieten sie offenbar auch keine Gewähr für eine entsprechende Wirksamkeit einer Partizipation der Repräsentanten.

In der Tat scheint sich alles gegen die Demokratie verschworen zu haben. Da sind die technologischen »Sachzwänge« – mit und ohne dahinter verborgenen Interessen –, da sind die zunehmend komplizierter werdenden und den Sachverstand von Spezialisten erfordernden Sachprobleme, da ist die zunehmende Komplexität unseres gesellschaftlichen, ja unseres Weltsystems, in dem alles mit allem verbunden ist, wobei das Ganze immer unüberschaubarer wird, da ist die Elephantiasis der bürokratischen Apparate aller Art, da sind die demokratisch unkontrollierten nationalen und multinationalen Wirtschaftsimperien, da ist die stille Macht der Banken und die noch stillere der großen Währungsspekulanten, und da ist nicht zuletzt die politische Apathie des auf Konsumverhalten dressierten privatisierten Wohlstandsbürgers. Die Liste ist längst nicht erschöpft, aber auch diese unvollständige Aufzählung dürfte genügen, um meine These zu stützen, daß der Kapitalismus im Verein mit einer weiter rasant zunehmenden Verwissenschaftlichung, Technisierung und Bürokratisierung unserer Gesellschaften über kurz oder lang der bereits schwer angeschlagenen bürgerlichen, politischen Demokratie den Gnadenstoß geben wird.

Meine Grundthese lautet deshalb: die Demokratie – und zwar in jeder denkbaren Form – ist verloren, wenn wir nicht eine gewaltige Anstrengung unternehmen, um sie zu retten. Und zu retten ist sie, wie ich glaube, nur durch eine kombinierte Aktion von entschlossener Redemokratisierung der bestehenden politischen Institutionen und schrittweiser aber trotzdem radikaler Demokratisierung der Gesellschaft, vorab der Wirtschaft. Da für mich Sozialismus identisch ist mit einer Ausdehnung des von den bürgerlichen Revolutionen an Freiheit Erreichten auf die gesamte Gesellschaft, so daß auch der Mensch am Arbeitsplatz aus einem Untertan zu einem mündigen und freien, sich selbst bestimmenden citoyen wird, könnte ich auch vereinfachend sagen: die Demokratie ist à la longue nur durch den Sozialismus zu retten.

Die meisten Institutionen des liberal-demokratischen Staates sind für einen Staat und eine Gesellschaft entworfen worden, die als Getrennte aufgefaßt worden sind. So dachte man etwa bei der Konzeption der Gewaltenteilung an die Gewalt des Königs, an die des Adels und an die des aufstrebenden Bürgertums, aber wie soll man mit einer so konzipierten Gewaltenteilung auch moderne Gewalten wie diejenigen von multinationalen Konzernen, Mammut-Verteidigungs-Ministerien, die große Industriezweige finanzieren oder staatlichen Gangsterorganisationen wie der CIA unter die Kontrolle eines parlamentarischen Regimes bringen? Ebensowenig hat man früher daran denken können, daß das Parlament sich eines Tages mit einer riesigen Regierungsbürokratie konfrontiert sehen werde, der gegenüber es sehr oft machtlos ist. Zu dieser zumindest partiellen Unfähigkeit unserer tradierten politischen Institutionen, ihren ursprünglichen liberal-demokratischen Auftrag weiterhin zu erfüllen, kommt aber noch eine entscheidende Besonderheit im Verhältnis von Staat und Wirtschaft hinzu: wohl muß der demokratische Staat als Repräsentant des citoyen in zunehmendem Maße in den Wirtschaftsprozeß intervenieren und so die Funktion einer Art Dienstleistungsbetrieb für die kapitalistische Wirtschaft übernehmen – vor allem, wenn sie in eine Krise geraten ist –, aber über die Gewinne, die die Wirtschaft dabei und zum Teil dank der staatlichen Dienstleistung erzielt, verfügt sie weiterhin nach dem privaten Ermessen der Produktionsmittel-Eigentümer und deren Beauftragten.

Hier entsteht für den demokratischen Staat ein schwerwiegendes Legitimationsproblem. Er muß sein Tun demokratisch legitimieren und verantworten können, aber in dem Augenblick, in dem er sich in den Dienst der privaten Wirtschaft stellt, verliert er gleichsam seine demokratische Unschuld und beginnt ein demokratisch illegitimes Verhältnis mit einer Organisation, die sich demokratischer Willensbildung und Kontrolle entzieht. Ich möchte deshalb eine weitere These aufstellen: wenn Staat und Gesellschaft und insbesondere Staat und Wirtschaft sich immer mehr ineinander verschränken, dann kann der Staat demokratisch nur bleiben in dem Ausmaß, in dem auch die Gesellschaft und insbesondere die Wirtschaft demokratisiert wird.

Ich glaube, wir sind heute an einem historischen Wendepunkt angelangt, an dem wir uns entscheiden müssen, ob wir überhaupt noch am Gedanken der Demokratie festhalten wollen.

Da Politik und Gesellschaft im allgemeinen und Politik und Wirtschaft im besonderen heute so sehr ineinander verschränkt sind, kann der Bürger den Glauben an die Wirksamkeit und den Sinn der *politischen* Demokratie erst zurückgewinnen, wenn er sich von der Existenz und Wirksamkeit einer *sozialen* und *wirtschaftlichen* Demokratie hat überzeugen können.

Aber es kommt noch etwas hinzu: es geht bei der Frage der Demokratie und Partizipation letztlich um Sinn- und Wertfragen. Wenn wir in der Würde, der Mündigkeit, der Freiheit, Gleichheit und Brüderlichkeit der Menschen Werte sehen, an denen wir unser Leben orientieren wollen, dann können und dürfen wir uns nicht damit abfinden, in Staat und Politik als der sogenannte, wenn auch erheblich lädierte Souverän *Herren*, in Arbeit und Wirtschaft aber weiterhin *Knechte* zu sein. Denn ein Knecht ist, wer an seinem Arbeitsplatz nicht gleichberechtigt mit den Besitzern der Produktionsmittel und deren Beauftragten über sein und des Unternehmens Schicksal mitentscheiden kann. Auf politischem Gebiete kann der mächtigste Mann der Welt, der Präsident der USA, vom Volk abgewählt werden. Aber ein Unternehmer, der 20 Arbeiter beschäftigt, kann von diesen nicht abgewählt werden. Warum eigentlich nicht? Solange nur Unternehmer Arbeiter und nicht auch Arbeiter Unternehmer entlassen können, so lange herrscht in unserer Wirtschaft noch der Geist jenes Absolutismus, der auf dem Gebiete von Staat und Politik schon vor bald 200 Jahren überwunden worden ist. Es geht hier um die Würde und Mündigkeit des Menschen, und zwar auch derjenigen Menschen, die zu den Besitzenden, Leitenden, Herrschenden gehören. Wer andere entmündigt, ist selbst unmündig. Wer die Menschenwürde anderer verletzt, verletzt damit auch seine eigene. Wer andere zu Knechten macht, verrät eine knechtische Gesinnung.

Allzu vieles scheint mir heute dafür zu sprchen, daß das, was die bürgerlichen Revolutionen an demokratisch-liberaler Utopie verwirklicht haben – und es war ein gewaltiger Sprung in Richtung auf Freiheit, Mündigkeit und Menschenwürde –, wieder vernichtet werden könnte, wenn wir der heutigen kapitalistisch-technokratisch-bürokratischen Entwicklung ihren Lauf lassen. Eine Rettung sehe ich nur, wenn wir wieder den Mut unserer Vorfahren zur Utopie aufbringen und das von ihnen begonnene Werk der Emanzipation des Menschen aus selbstverschuldeter Unmündigkeit fortsetzen, indem wir Schritt für Schritt, ebenso geduldig wie hartnäckig, auch den Menschen am Arbeitsplatz und überall in der Gesellschaft in einen citoyen verwandeln. Was auf lange Sicht gesehen übrigens auch die Lösung – und wie mir scheint die in unseren Gesellschaften einzig mögliche – des Antagonismus von Lohnarbeit und Kapital und damit der Frage des Sozialismus wäre.

Christian Graf von Krockow

Von deutscher Angst — Überlegungen zu einer Sozialgeschichte des Selbstbewußtseins

I.

Selbstbewußtsein gehört zum Menschen als Menschen. Es ist buchstäblich lebenswichtig. Ein Mensch, dessen Selbstbewußtsein man zerstört, begeht, sofern er sich nicht in den Wahn rettet, Selbstmord – oder Mord, wie es der ehrwürdig unheimliche Urmythos von der Aggression in der Geschichte von Kain und Abel aufzeigt. Tiere dagegen begehen weder Selbstmord noch Mord – sondern, juristisch gesprochen, allenfalls Totschlag –, weil ihnen das offene, prinzipiell immer labile und gefährdete Verhältnis zu sich, das den Menschen kennzeichnet, nicht verfügbar ist.

Selbstbewußtsein hat seine je individuelle Biographie. Es beginnt – oder wird bereits gestört – im Urvertrauen des Kleinkindes zu Menschen, die es lieben; es kann »lebenssatt« ausklingen, wie von Abraham und Isaak gesagt wird, oder in der Vereinsamung und Verzweiflung dessen verenden, den man abschob, weil er seine Leistungskraft verlor. In jedem Falle ist Selbstbewußtsein etwas, was Menschen einander durch Zuwendung ermöglichen oder durch Abwendung vernichten.

Selbstbewußtsein hat zugleich seine Sozialgeschichte; es ist gesellschaftlich bedingt. Dabei kann man zwei Grundformen einer Stabilisierung des Selbstbewußtseins unterscheiden. Die eine ist gekennzeichnet durch Hierarchie oder, wie Hegel es in einem tiefsinnigen Kapitel seiner »Phänomenologie des Geistes« ausdrückte, durch Herrschaft und Knechtschaft. Der Herr wird selbstbewußt durch die Macht über andere, die er als Verantwortung für sie interpretiert; noch der Neid, den er auf sich zieht, stärkt seinen Stolz. Der Knecht gewinnt Selbstbewußtsein teils aus der Identifikation mit dem Herrn, teils aus Verachtung derer, die

»anders« und noch unter ihm sind, teils aus der Jagd auf Sündenböcke, die man seiner insgeheim aufgestauten Aggressivität freigibt. Die zweite, alternative Grundform mag viele Namen tragen: Liebe, Freundschaft, Brüderlichkeit, Solidarität, Achtung, Bejahung des anderen auch und gerade in seinem Anderssein, welches das meine ergänzt und reicher macht; in jedem Falle ist Voraussetzung *das Prinzip Gleichheit*.

Es gibt selten reine Typen, fast immer Mischungsverhältnisse. Doch alle bisherigen Hochkulturen waren entscheidend geprägt und wurden institutionell befestigt durch Herrschaft und Hierarchie. Das gilt auch für das Abendland. Allerdings hat das Christentum Sprengsätze gelegt. Sie zündeten seit Beginn der Neuzeit, im Maße der Durchsetzung bürgerlicher Kultur und Gesellschaft als bestimmender Lebensform. Mauern prinzipieller Ungleichheit wurden niedergerissen, Fron, Leibeigenschaft, Sklaverei beseitigt, politische und rechtliche Privilegien überwunden. So wurde das Konkurrenz- und Leistungsprinzip und damit ungeahnte Energie, eine geschichtlich einzigartige Dynamik freigesetzt, der wir die Entwicklung der Industriegesellschaft verdanken.

Freilich entstand zugleich eine widersprüchliche Lage: Die bürgerliche Gesellschaft hat einerseits Gleichheit proklamiert und verwirklicht, doch andererseits in die Grenzen eines formalen Prinzips zurückgedämmt, weil sonst – angeblich – die Leistungsdynamik ersticken müßte. Darauf wird zurückzukommen sein. Die Gleichheit als Rechtsprinzip ist eine große Errungenschaft, die einzig um den Preis der Barbarei widerrufen werden könnte. Nur ist sie nicht alles; sie beseitigt nicht, sondern ermöglicht in neuer Form Hierarchie als ein Grundelement zur Stabilisierung des Selbstbewußtseins.

In den verschiedenen Nationen ist die Geschichte der bürgerlichen Gesellschaft unterschiedlich verlaufen. In den meisten Ländern des Westens erkämpft sie sich die Herrschaft. Dramatische Ereignisse, teils im Nachhinein mythologisiert, markieren diesen Kampf und Durchbruch: die »glorreiche« Revolution von 1688 und die großen Reformen des 19. Jahrhunderts in England, Bastillesturm und große Revolution in Frankreich, Tell- und Winkelried-Saga der Eidgenossen, Freiheitskampf gegen Habsburg-Spanien in den Niederlanden, Unabhängigkeitserklärung in den Vereinigten Staaten. Zugleich werden *Prinzipien* formuliert und durchgesetzt, die fortan den Nationen ein Richtmaß geben und ihr Selbstbewußtsein begründen, weil sie als Prinzipien einer befreiten, gerechten Gesellschaft erscheinen, die von der jeweiligen Nation zuerst erstritten und seither in dieser Welt gleichsam statthalterartig vertreten werden: Parlamentarische Repräsentation, Freiheit, Gleichheit,

Brüderlichkeit, Selbstverwaltung, Toleranz, Verfassung als Gewaltenteilung und -Kontrolle, Menschenrechte oder wie immer die Stichworte lauten und die Kombinationen aussehen mögen.

Die deutsche Geschichte ist anders verlaufen. Dem Bürgertum, im Dreißigjährigen Krieg ökonomisch langfristig ruiniert, blieben bis tief ins 19. Jahrhundert hinein selten andere Möglichkeiten, um zu Einfluß, Ansehen und Sekurität zu gelangen, als der mittels Bildungspatenten erworbene Eintritt in den Staatsdienst. Eine Bourgeoisie im eigentlichen, engeren Sinne entstand erst im 19. Jahrhundert: ohne Verwurzelung in Humanismus und Aufklärung, also traditionslos und unsicher. Die Revolution von 1848 scheiterte. Die nationale Einigung wurde durch die militärische Kraft des alten Obrigkeitsstaates vollzogen, der damit zu einem Zeitpunkt nachhaltige Wiederaufwertung erfuhr, als er eigentlich historisch überholt war.

Zugleich enstand die Arbeiterbewegung, bald die mächtigste und bestorganisierte der Welt. Sie trug nicht nur ökonomische Forderungen vor, sondern nahm die alten Ideale der bürgerlichen Fortschrittsbewegung beim Wort; sie forderte Gleichheit – und dies nicht mehr nur im formalen Sinne. Damit aber löste sie *Angst* aus – Angst in einem sehr tiefen, vorrationalen Sinne. Denn ein Bürgertum ohne eigenständiges, tragfähiges Selbstbewußtsein war unfähig, der Herausforderung der Arbeiterbewegung progressiv, auf dem Wege von Reformen, zu begegnen; es flüchtete zum starken Staat, in die – wie Thomas Mann es treffend benannte – »machtgeschützte Innerlichkeit«. Und nur zu leicht ließ sich das deutsche »Kartell der Angst« zu Panikreaktionen verführen, zu der nach innen wie nach außen gerichteten Aggressivität. Am Ende stand die *Konterrevolution der Ungleichheit,* die in die Katastrophe mündete.

Man hat manchmal gesagt, die Entwicklung der »späten« bürgerlichkapitalistischen Gesellschaft führe im Krisenfalle notwendig in die faschistische Diktatur. Aber diese Ableitung erweist sich als zu einfach und vordergründig; sie bleibt vieles schuldig. Die Weltwirtschaftskrise ab 1929 betraf ja nicht nur Deutschland, aber die Reaktionen sahen anderswo ganz anders aus. So wählten die Amerikaner zur gleichen Zeit Roosevelt und den New Deal, also den Versuch demokratischer Erneuerung, als man in Deutschland Hitler zur Macht verhalf und die Demokratie liquidierte. Nicht erst nachträglich ist deutlich, daß auch und gerade im Interesse einer Erhaltung bürgerlich-kapitalistischer Strukturen die amerikanische Alternative die weniger risikoreiche, im Grunde die einzig tragfähige war; nicht zufällig haben mindestens große Teile der alten deutschen Machteliten sich auf das Experiment mit dem Nationalsozialismus nur sehr zögernd eingelassen, im Wahn, es unter Kontrolle halten zu können – und erst *nachdem* der Nationalsozialismus eine Massenbewegung der eher wirtschaftsfremden Mittelschichten geworden war.

Dies alles läßt sich nur erklären im Rückgriff auf eine Sozialgeschichte des Selbstbewußtseins. Anders als in anderen westlichen Ländern hat es eben ein wirklich gefestigtes bürgerliches Selbstbewußtsein in Deuschland nicht gegeben, nicht einmal seine wirksame Abstützung auf der Basis formeller Gleichheit, sondern seine Anklammerung an Herrschaft und Hierarchie – und damit, wann immer Herrschaft und Hierarchie gefährdet erscheinen, Überflutungen durch die Angst, die zu Panikreaktionen verführt und in die Aggression mündet.

II.

Hat sich der Sachverhalt nach 1945 geändert? Es mag so scheinen; die zweite deutsche Republik erwies sich als robust und erfolgreich. Sogar die Zerstörung so vieler überkommener Strukturen erwies sich als Vorteil, weil sie einen Modernitätsvorsprung vor anderen Ländern begründete. Konrad Adenauer, der die Entwicklung der Bundesrepublik so tief beeinflußte, war, wie immer man zu seiner Politik im einzelnen stehen mag, jedenfalls dies: ein durch und durch selbstbewußter Bürger.

Dennoch bleiben Zweifel. Die Bundesrepublik wuchs empor unter den Vorzeichen des Kalten Krieges, also zum mindesten nicht frei von Angst und Aggressivität. Und nach einer Zwischenphase relativer Liberalität signalisieren Stichworte wie »Tendenzwende« oder »radikale Unterwanderung«, Wahlkampfparolen wie »Freiheit oder/statt Sozialismus« alt-neue Ängste. Vor allem stellt sich die Frage, ob womöglich, nach dem katastrophalen Scheitern der Konterrevolution der Ungleichheit, bloß eine Verlagerung der Statussymbole einer hierarchischen Stabilisierung des Selbstbewußtseins stattgefunden hat, fort von den diskreditierten machtpolitischen, hin zu denen des materiellen Wohlstands und Fortschritts: Konkurrenzkampf und Karriere, das Haus und das neue, stets größere Auto, die Ferienreise und so fort. Träfe dies zu, so wäre allerdings die Krise absehbar, die wiederum die Bewegung von der Angst über die Panik zur Aggression in Gang setzen müßte.

Die Krise wäre absehbar nicht nur, vielleicht nicht einmal in erster Linie wegen der Probleme, die heute als »Grenzen des Wachstums« kontrovers diskutiert werden. Vielmehr geht es darum, daß ausgerechnet der *Erfolg* des »Systems«, die Mehrung des Wohlstands, seine eigene, vertrackte Dialektik mit sich führt. Schumpeter hat einmal gesagt: »Königin Elisabeth (I.) besaß seidene Strümpfe. Die kapitalistische Leistung besteht nicht typischerweise darin, noch mehr Seidenstrümpfe für Königinnen zu erzeugen, sondern sie in den Bereich der Fabrikmädchen zu bringen als Entgelt für fortwährend abnehmende Arbeitsmühe.« Entsprechend banal ausgedrückt: Freizeit und Ferien, Wohnkomfort und soziale Sicherheit, Moden und, mit einigem Abstand, sogar Bildungschancen, rücken in die Reichweite der vielen und verlieren damit ihren elitären Monopolcharakter; Frauen emanzipieren sich von den Männern, Jugendliche von den Älteren. Dies alles bedeutet, daß die überkommenen Hierarchien zwar nicht zerstört, aber entleert werden. Sie sehen sich ihres Symbolwerts für die herrschaftliche Stabilisierung des Selbstbewußtseins beraubt.

Verschiedene Gruppen reagieren hierauf unterschiedlich. Konservative verfallen in Panik. Sie wähnen, wie schon Spengler, den Untergang des Abendlandes, das Ende einer »Spätkultur« nahe. Manche halten heimlich oder unheimlich nach Regimen Ausschau, die der »Zersetzung« wehren könnten – die törichten nach rechtsautoritären oder gar faschistischen, die klügsten nach kommunistischen.

Angehörige des Mittel-»Standes« sehen sich um die Früchte langer Entbehrungen und harter Arbeit geprellt. Die Statuszeichen des Aufstiegs erweisen sich als taub und untauglich, weil zu viele in ihren Besitz gelangten; die Kinder, die es einmal besser haben sollten, versagen Dankbarkeit und Respekt. Natürlich verstehen die meisten Menschen nicht, was ihnen geschieht und warum; sie fühlen nur ihr Betrogensein. So suchen sie nach dem Betrüger. Vorurteile lauern: Irgendwer, die Regierenden oder die Radikalen, Kommunisten oder »Kanaker« sind an allem schuld.

Junge Menschen zeigen ein breites Spektrum von Reaktionsweisen. Einige rebellieren in der vorbewußten Hoffnung, damit die verlorene Autorität wenigstens negativ auf den Plan zu rufen. Viele passen sich an, teils zynisch, teils weil ihnen verdüsterte Berufsaussichten noch einmal die Illusionen ihrer Väter zuspielen – »Nostalgie« ist nicht zufällig Mode. Andere »flippen aus«. Minderheiten suchen, unter vielen Irrungen, nach Wegen in eine Gesellschaft der Gleichen.

Was alle Gruppen trotz vordergründig oft gegensätzlicher Reaktionsweisen verbindet, ist ein Gefühl des Überdrusses, der Leere, ist der Zweifel: Die alten hierarchischen Ordnungen, die überkommenen Institutionen überzeugen nicht länger. Eben dies signalisiert die Krise des Selbstbewußtseins, dessen »vertikale« Stabilisierung immer weniger gelingt. In Nietzsches ahnungsvollen Worten: »Das Auseinanderfallen, also die Ungewißheit, ist dieser Zeit eigen: nichts steht auf festen Füßen und hartem Glauben an sich; man lebt für morgen, denn das Übermorgen ist zweifelhaft. Es ist alles glatt und gefährlich auf unserer Bahn, und dabei ist das Eis, das uns noch trägt, so dünn geworden: wir fühlen alle den warmen, unheimlichen Atem des Tauwindes – wo wir gehen, da wird bald niemand mehr gehen können!«

III.

Was soll man tun? Was kann und was wird geschehen? Auf diese Fragen sind viele Antworten möglich; nur weniges kann hier angedeutet werden.

Es liegt natürlich nahe, eine – wie Arnold Gehlen es nannte – »Stabilisierung nach rückwärts« zu versuchen. Die krasse, direkte Konterrevolution der Ungleichheit dürfte allerdings durch den Ausgang ihres deutschen Versuchs absehbar diskreditiert bleiben. Um so wahrscheinlicher ist die schleichende Beschneidung von Freiheiten durch autoritäre Überlagerung und – wie es neuerdings in Mode zu kommen scheint – eine Überlagerung von Grundrechten durch sogenannte »Grundwerte«, von denen man sich neue Befestigung angestammter Verhältnisse erhofft. Vor allem dürfte es darum gehen, die Stabilisierung nach rückwärts zu verhüllen, indem man sie gewissermaßen in die Flucht nach vorn wendet: in die Ideologie und Praxis des Erfolges durch Wachstum. Darauf sind die politischen, gesellschaftlichen und wirtschaftlichen Institutionen ohnehin angelegt, und dadurch erscheinen sie als legitimiert. Neue Bedürfnisse schaffen und dosiert befriedigen, um so das allgemeine Wettrennen in Gang zu halten im Blick auf neuartige Statussymbole, die als Siegprämien winken – das ist die Systemlogik der Konkurrenz auf dem Boden formeller Gleichheit.

Der Mißerfolg ist zweifach abzusehen. Einmal mag man zwar zeitweilig Zweifel übertäuben, aber auf die Dauer wird man sie nur noch stärken und die Grundlagenkrise verschärfen. Denn wie zu zeigen war, ist es eben der *Erfolg,* der sich selbst widerlegt; die Frage nach dem *Sinn* aller Anstrengungen wird immer lauter sich erheben und immer weniger sich beantworten lassen, weil die Statussymbole – anders als in einer statischen Gesellschaft des Mangels – für die Stabilisierung des Selbstbewußtseins immer weniger hergeben. Zum anderen dürfte dem Wachstum um jeden Preis in der Tat ein Ende mit Schrecken vorprogrammiert sein, weil Rohstoffschwund, Energieengpässe und ökologische Bedingungen Grenzen setzen, die nur mit katastrophalem Resultat überschritten werden können. Schon heute scheint es ja oft so, als würden als »Wachstum«, ohne Gedanken an den tödlichen Ausgang, krebsartige Wucherungen samt ihren Metastasen gefeiert.

Eine interessante Variante der Regression – interessant, weil sie dem ersten Anschein nach die Alternative zum gerade Skizzierten bildet – ist die Suche nach neuer Natürlichkeit: ein Bemühen, sich sozusagen in die Natur einzuschmiegen und biologischen Gesetzen jene Autorität zuzusprechen, die man in den sozialen Institutionen nicht länger findet. Konrad Lorenz ante portas. Doch abgesehen davon, daß eine Gemeinschaft der Hirten und Hüter heute allenfalls wenigen als ein Luxusprodukt in den Nischen der Industriegesellschaft erreichbar ist, läßt sich nur illusionär überspielen, daß menschliche Existenz *ihrer Natur nach künstlich*, das heißt nur im geschichtlichen und gesellschaftlichen Kontext zu führen und zu festigen ist. Dies gilt sogar schon – oder erst recht – für »primitive« Kulturen; »Natürlichkeit« stellt, seit dem 18. Jahrhundert, ein Kunstprodukt der modernen Entwicklung auf dem Wege zur Industriegesellschaft dar.

Es bleibt schließlich der Versuch, eine *Gesellschaft der Gleichen* zu verwirklichen. Daß dies nur langfristig möglich ist, in einem höchst schwierigen Umschichtungsprozeß, daß Patentrezepte nicht helfen und nichts taugen, versteht sich. Das Instrumentarium muß eine langfristig konzipierte Tarif-, Arbeitszeit- und Steuerpolitik ebenso umfassen, wie den stufenweisen Umbau der Institutionen im Sinne der Delegation von Verantwortung und der Demokratisierung von Entscheidungsbefugnissen. Die Hindernisse, die sich auftürmen, dürften nicht einmal so sehr technischer und materieller Art sein, als in unvordenklich befestigten Einstellungen begründet liegen: Die hierarchische Ausrichtung des Selbstbewußtseins ist immer noch ein wichtiger Faktor, sie hallt gewissermaßen dröhnend nach, und alles, was an sie rührt, weckt abgründige Angst.

Zwei Marginalien mögen dies anschaulich machen: Als die ÖTV den gleichen Festbetrag für alle forderte, statt der üblichen prozentualen Erhöhung, die den Abstand zwischen den Tarifgruppen ständig wachsen läßt, rief sie geradezu hysterische Gegenreaktionen hervor, so als handle es sich um einen Anschlag auf die freiheitlich demokratische Grundordnung. Dabei war die Forderung ausdrücklich als Ausnahme deklariert und noch keineswegs im Sinne einer langfristigen Egalisierungsstrategie konzipiert. Ein anderes Beispiel ist das Unvermögen, in Deutschland – inzwischen wohl als dem einzigen Land in der westlichen Welt – eine allgemeine Geschwindigkeitsbegrenzung auf Autobahnen durchzusetzen und damit auf diesem Felde dem Statuswettkampf ein Ende zu machen. »Was für eine Mentalität ist das«, fragt der Niederländer Sicco Mansholt, »daß eine solche Maßnahme in Deutschland nicht möglich ist? Das macht mir manchmal bange.« Gerade weil es sich um eine Marginalie handelt, tritt um so unverblümter und exemplarisch hervor, was deutsches Selbstbewußtsein und deutsche Angst ausmacht.

Drei Gesichtspunkte sollen wenigstens noch kurz erörtert werden. Erstens: Die Behauptung, materielle Gleichheit, die etwa den Facharbeiter nicht wesentlich anders stellt als den Ministerialrat, ersticke den Leistungswillen, trifft nicht zu. Jedenfalls trifft sie kein Naturgesetz, sondern nur spezifische geschichtlich-gesellschaftliche Bedingungen. Gerade die *große* Leistung war und bleibt stets »irrational« – wie schon Schumpeter am Beispiel des klassischen Unternehmers nachwies –; sie lebt von anderen Gratifikationen als denen des materiellen Zwangs. Sie vermag vor allem dann das Selbstbewußtsein zu stärken, wenn sie als objektiv »überflüssige« erbracht wird. Denn einzig dann ist sie ein Ausdruck der Freiheit. Ohnehin nimmt die Wirksamkeit des materiellen Zwanges ab; Versuche einer »Humanisierung der Arbeitswelt« – etwa der Ablösung von Fließbandarbeit durch die selbstverantwortliche Arbeit in Gruppen – zielen deshalb konsequent auf einen Umbau der Motivationsstruktur, der mit einer Verstärkung rein materieller Anreize immer weniger beizukommen ist.

Zweitens: Gleichheit ist nicht Gleichmacherei. Sie ist das Gegenteil der immer herrschaftlich-hierarchischen Gleichschaltung. Die Freiheit zum Anderssein, durch formelle Gleichheit formell garantiert – wie erwähnt eine der großen Errungenschaften der bürgerlichen Gesellschaft –, wird durch materielle Gleichheit allererst materiell fundiert, weil der Zwang zur ablenkenden Sündenbockjagd entfällt, welche bisher allemal »die anderen« in ihrer Andersartigkeit treffen mußte.

Drittens: Nur eine Gesellschaft der Gleichen kann *in Freiheit* mit der Herausforderung fertig werden, die das Stichwort »Grenzen des Wachstums« bezeichnet. Alle »Askese«-Forderungen bleiben in einer Gesellschaft der Ungleichen abscheuliche, im Ergebnis reaktionäre Salon-Philosophien. Zum einen zielen sie – gewollt oder ungewollt, gleichviel – auf Verknappungen, auf den verwalteten Mangel, der den alten, hierarchischen Statussymbolen wieder Macht verleiht. Zum anderen ein Beispiel: Wollte man etwa den Individualverkehr durch rabiate Steuererhöhungen drastisch beschränken, so käme das denen gerade recht, die diese Steuern entweder »absetzen« oder aus der Westentasche bezahlen können – sie hätten nun endlich wieder, auf gottlob geleerten Straßen, freie Fahrt. Daß also – unter den bisherigen Rahmenbedingungen – Arbeitnehmer und Gewerkschaften für »Askese«-Parolen taub bleiben und weiterhin ihren wachsenden Anteil am wachsenden Sozialprodukt fordern, ist so verständlich wie berechtigt. Nur wo die materiellen Bedürfnisse gleichmäßig befriedigt werden, so daß der demonstrative Konsum für die Stabilisierung des Selbstbewußtseins nichts mehr hergibt, verliert dieser seinen Fetischcharakter und kann daher ohne Schmerzen beschnitten werden.

Zusammengefaßt: Die Krise, mit der wir es zu tun haben und zunehmend zu tun bekommen werden, läßt sich nicht an den Symptomen kurieren, von denen heute so viel die Rede ist. Hintergründig handelt es sich um eine Strukturkrise des geschichtlich und gesellschaftlich bedingten Selbstbewußtseins. Seine auf Gleichheit gerichtete Strukturveränderung stellt eine langfristige, wahrhaft säkulare Herausforderung dar. Sie zu erkennen, zu formulieren und Schritt für Schritt zu lösen, ist die Aufgabe aller fortschrittlichen und freiheitlichen Kräfte, nicht zuletzt in Parteien und Gewerkschaften. Daß die Herausforderung bewältigt wird, daß das große Experiment mit Freiheit, Gleichheit und Brüderlichkeit nicht in der Katastrophe endet, ist freilich angesichts deutscher Ängste nicht mehr als eine Hoffnung.

Ossip K. Flechtheim

Marx, Engels und die Zukunft

Marx und Engels haben die Zukunft nicht nur erforschen, sie haben sie auch gründlich gestalten wollen. Nur wenige Denker haben dabei auf die Welt des 20. Jahrhunderts so viel Einfluß ausgeübt wie diese beiden bedeutenden Theoretiker und Praktiker des Sozialismus. Freilich hat sich die Zukunft in einigen entscheidenden Aspekten ganz anders gestaltet, als Marx und Engels es vorausgesehen hatten. Dabei hat ihr eigenster Einfluß einiges dazu beigesteuert, daß die Zukunft in einer Richtung verlaufen ist, die sie kaum für möglich gehalten hätten.

Bei der Behandlung unseres Themas wollen wir uns auf zwei eng miteinander verknüpfte Probleme beschränken – zum einen auf die wichtigsten Aussagen von Marx und Engels selber zur Zukunft, zum anderen aber auch auf die Frage nach der Zukunft von Kapitalismus und Sozialismus, wie sie sich etwa heute, ein Jahrhundert nach dem Tode von Karl Marx, stellt.

Als getreue Schüler Hegels haben Marx und Engels den Sozialismus mit quasi-naturgeschichtlicher Notwendigkeit kommen sehen. An dieser Aussage halten wir fest – die Versuche mancher kritischer Marxisten wie etwa die von Petrovic[1], Fleischer[2] und Apostol[3], das Gegenteil zu beweisen, haben uns nicht zu überzeugen vermocht. Zugegeben, es finden sich in dem riesigen Werk von Marx und Engels einige wenige Stellen, wo sie ihrem Zweifel über die Zukunft freien Lauf lassen – so etwa wenn

1 G. Petrovic: Marx in the Mid-Twentieth Century, New York 1967.
2 H. Fleischer: Marxismus und Geschichte, ed. Suhrkamp 323, Frankfurt 1969, insbes. S. 128 ff.
3 P. Apostol: Marxismus und die Struktur der Zukünfte: In: Analysen und Prognosen, Heft 23, 1972, S. 19 ff.

Marx in seiner Antwort auf Engels[4], der 1858 beklagt hatte, »daß das englische Proletariat faktisch mehr und mehr verbürgert«, darauf verweist, daß die sozialistische Revolution auf dem Kontinent imminent sei, um aber dann doch zu fragen: »Wird sie in diesem kleinen Winkel nicht notwendig gecrusht werden, da auf viel größerem Terrain das movement der bürgerlichen Gesellschaft noch ascendent ist?«[5] In einer höchst beachtlichen Rede im Jahre 1856 erwähnt Marx auch »Verfallsymptome, die die aus der letzten Zeit des Römischen Reiches berichteten Schrekken bei weitem in den Schatten stellen. In unseren Tagen scheint jedes Ding mit seinem Gegenteil schwanger zu gehen.«[6] Sicherlich hätten auch manche ihrer eigenen Prognosen der Weltpolitik und -wirtschaft Marx und Engels bedenklich stimmen sollen – etwa ihre Voraussagen über die Revolutionierung Indiens oder die Errichtung der Republik in China, die Verlagerung des ökonomisch-politischen Schwergewichts vom Atlantischen zum Pazifischen Ozean, die kommenden Weltkriege, aber auch das Anwachsen der Produktivkräfte, die »automatische Fabrik« mit der Möglichkeit der radikalen Verringerung der Arbeitszeit auf wenige Stunden während einer begrenzten Lebensperiode[7]. Marx und Engels haben aber nicht den geringsten Wert darauf gelegt, diese ihre Zweifel kundzutun. Es war auch wohl alles andere als ein Zufall, daß sich ihre skeptischen Gedankengänge fast nur in Gelegenheitsveröffentlichungen oder gar in unvollendeten »apokryphen« Schriften finden, die erst lange nach dem Tode der Meister aus dem Nachlaß veröffentlicht worden sind. Ob sie die Macht der self-fulfilling prophecy ahnten oder nicht – die von ihnen publizierten Thesen und Dogmen mußten bewirken, daß ihre Anhänger in dem Glauben an das unvermeidliche Kommen des Sozialismus und der klassenlosen Gesellschaft noch bestärkt wurden.

Das erkennt heute auch ganz klar der hervorragende kommunistische Theoretiker S. Stojanovic[8]. So konstatiert er bei Marx neben der »Utopie

4 Marx und Engels: Briefwechsel, 2. Bd., Berlin-Ost 1949, S. 421.
5 Ebenda, S. 424.
6 In: Marx und Engels: Ausgewählte Schriften, Bd. 1, Berlin-Ost 1951, S. 333.
7 Vgl. hierzu O. K. Flechtheim: Futurologie – Der Kampf um die Zukunft, 2. Aufl. Köln 1971, S. 56 f. Engels hat wiederholt den ersten Weltkrieg erstaunlich richtig prognostiziert. Sogar den zweiten Weltkrieg hat er einmal als »einen neuen Krieg zur Wiederherstellung seiner (d. h. Deutschlands) nationalen Lebensbedingungen« vorausgesehen. »Der Zar, Constans und Caprivi – oder ihre beliebigen Nachfolger – würden sich in die Arme sinken über der Leiche des deutschen Sozialismus« (hier zit. nach G. Mayer: Friedrich Engels, 2. Bd., Haag 1934, S. 511). Sonst hat Engels meines Wissens nur noch einmal den endgültigen Sieg des Sozialismus in einem Brief vom 25. 3. 1889 in Frage gestellt (in: Friedrich Engels, Paul et Laura Lafargue, Correspondence, Bd. 1, Paris 1956, S. 226).
8 Kritik und Zukunft des Sozialismus, 2. Aufl. München 1970, S. 30.

der vollkommenen und endgültigen Aufhebung der Entfremdung» »die unerbittlichen Gesetze der geschichtlichen Entwicklung«, welche die kommunistische Zukunft der Menschheit sichern. »Die übertriebene Neigung Marxens zum Determinismus« gibt er unumwunden zu. Er spricht von einem von Hegel beeinflußten Marx, »der vorübergehend in das Extrem des absoluten Determinismus verfällt«[9]. Stojanović[10] zufolge finden sich bei einem solchen Marx Motive und Orientierungen, »die sich bis auf den heutigen Tag durch die Geschichte des Marxismus ziehen«. Für Marx sei »der Sozialismus historische Unvermeidlichkeit« und die Menschen könnten »seinen Eintritt nur beschleunigen oder verlangsamen«. Im Gegensatz zu den meisten andern Marxisten scheut sich dieser jugoslawische Theoretiker nicht, die wichtigsten deterministischen Stellen aus dem »Kapital« wörtlich zu zitieren. Eine der typischsten Stellen dort lautet wie folgt: »Weniger als jeder andere kann mein Standpunkt, der die Entwicklung der ökonomischen Gesellschaftsformation als einen naturgeschichtlichen Prozeß auffaßt, den Einzelnen verantwortlich machen für Verhältnisse, deren Geschöpf er sozial bleibt, so sehr er sich auch subjektiv über sie erheben mag.« »Aber die kapitalistische Produktion erzeugt mit der Notwendigkeit eines Naturprozesses ihre eigene Negation.« Zustimmend zitiert Marx selber einen Rezensenten des »Kapitals«; dieser hatte erklärt: »Marx betrachtet die gesellschaftliche Bewegung als einen naturgeschichtlichen Prozeß, den Gesetze lenken, die nicht nur von dem Willen, dem Bewußtsein und der Absicht der Menschen unabhängig sind, sondern vielmehr umgekehrt deren Wollen, Bewußtsein und Absichten bestimmen...«[11]

Aber nicht nur im »Kapital«, lange Zeit vor und nach dessen Erscheinen haben Marx und Engels immer wieder den sicheren Sieg der proletarisch-sozialistischen Revolution proklamiert. Dafür hier nur zwei Belege. Bereits im Kommunistischen Manifest[12] heißt es von der Bourgeoisie: »Sie produziert vor allem ihre eigenen Totengräber. Ihr Untergang und der Sieg des Proletariats sind gleich unvermeidlich«. Und der alte Engels[13] spricht immer noch von der »geschichtlichen Notwendigkeit« ebenso wie vom »Sprung der Menschheit aus dem Reich der Notwendig-

9 Ebenda, S. 144.
10 Ebenda, S. 146 f.
11 Ebenda, S. 144 f. Stojanovic bezieht sich vor allem auf das bekannte Vorwort und das Nachwort von Marx zur 2. Aufl. des Kapital (siehe K. Marx: Das Kapital, 1. Bd., Berlin-Ost 1951, S. 8 und S. 16).
12 Hier zitiert nach Marx und Engels: Ausgewählte Schriften, Bd. 1, S. 35.
13 Die Entwicklung des Sozialismus von der Utopie zur Wissenschaft. In: Marx und Engels: Ausgewählte Schriften, Bd. 2, Berlin-Ost 1952, S. 140 ff.

keit in das Reich der Freiheit«. Ja, 1892 sieht derselbe Engels[14], der schon für die vierziger Jahre in Wuppertal den Sieg des Kommunismus vorhergesagt hatte, die Arbeiterbewegung wieder einmal »sogar innerhalb meßbarer Entfernung vom Triumph« stehen – dieses Mal in Deutschland. Deren Fortschritt »bewegt sich voran mit stets wachsender Geschwindigkeit«.

Wir haben die deterministisch-optimistische Zukunftskonzeption von Marx und Engels so sehr betont nicht aus Besserwisserei oder Beckmesserei. Historische Wahrheitsliebe erfordert es, die Dinge offen auszusprechen. Hinzu kommt, daß nach wie vor aus politischen Gründen allzu viele orthodoxen Marxisten, Leninisten oder Kommunisten der verschiedensten Schattierungen auch heute noch wo opportun den Beweis für den Sieg ihrer Sache unter Berufung auf Marx und Engels und deren Voraussagen erbringen wollen.

Aus der Sicht von 1977 glauben wir aber, daß es keinen Einbahnweg zum Sozialismus gibt. Ja, es mögen nicht nur sehr verschiedene Wege zum Sozialismus führen – manche Straßen können sich als Sackgassen für die Menschheit erweisen. So sehen wir in dem sogenannten sozialistischen Lager, das wir lieber mit Stojanović als eine etatistische Welt charakterisieren wollen, keine echt sozialistische Ordnung, die der kapitalistischen eindeutig überlegen wäre. Es gibt doch zu denken, daß dieses »östliche« System seit 1917 kaum einen Fußbreit an Boden gewonnen hat, außer als Folge militärischer Eroberung oder in einigen vorindustriellen Gebieten. Im Gegenteil, gerade die stärksten kommunistischen Parteien in Italien, Spanien oder Frankreich versuchen ein neues, demokratischeres Modell für ihre Länder zu entwickeln, das sich mehr und mehr von der Polizeistaatsordnung des Ostens abkehrt. Mag die zentralistische Staatsplanwirtschaft der privaten Konkurrenz- und Monopolwirtschaft gegenüber gewisse Vorteile haben – nirgendwo hat sie den Massen einen höheren Lebensstandard zu bieten vermocht als diese neo- oder sozialkapitalistische Wirtschaft von heute[15]. Auch sonstige vorgeschützte oder auch echte Errungenschaften wie etwa die Geborgenheit in einer dogmatisch-monolithischen Ideologie oder soziale Leistungen und Bildungsmöglichkeiten (die keineswegs bestritten sein sollen) mögen hier und da auf Studenten und Intellektuelle anziehend wirken; die große Masse der sogenannten Arbeitnehmer bei uns wird von ihnen

---

14 Einleitung zur englischen Ausgabe von: Die Entwicklung ... In: ebenda, S. 105.
15 Vgl. hierzu jetzt auch Theodor Prager: Konkurrenz und Konvergenz, Wien 1972, insbes. S. 92 ff. und S. 182 ff.

kaum mehr angesprochen als etwa die Selbständigen (von den sogenannten Arbeitgebern ganz zu schweigen). Die geringe Anziehungskraft dieses sogenannten Sozialismus gilt sogar auch – und das ist wahrlich erstaunlich – in erheblichem Maße für die Dritte Welt. Auch hier sind nicht zufällig China, Cuba und Vietnam Ausnahmen geblieben, die eher die Regel bestätigen. Man mag sich in der Dritten Welt noch so links, noch so sozialistisch gebärden – in Wahrheit geht es hier etwa beim afrikanischen oder arabischen Sozialismus immer im wesentlichen um eine doch recht eigenständige Ausprägung verschiedener Synthesen von Demokratie und Diktatur, Kollektivismus und Einparteienherrschaft. Fast überall werden letztlich Leninismus, Stalinismus oder auch Maoismus als fremdartig und fremdbestimmt mit Mißtrauen betrachtet und abgelehnt.

All das mag damit zusammenhängen, daß nicht nur für uns Sozialismus unabdingbar verbunden ist mit einem hohen Maß an Freiheit, Gleichheit und Brüderlichkeit, mit Selbstbestimmung der Produzenten, mit weltweiter Solidarität und Humanität. Ein »Sozialismus«, in dessen Namen Tausende gefoltert und Millionen gemordet wurden, hat den Anspruch auf diesen Titel verloren. Sozialismus ist wahrlich nicht einfach identisch mit irgendeiner Verstaatlichung oder Abschaffung des Privateigentums an Produktionsmitteln. Über diese hat sich bereits Engels[16] mit Recht lustig gemacht, als er ironisch von der Verstaatlichung des Tabaks oder gar der Bordelle sprach.

Die Vergesellschaftung der Produktionsmittel und die Abschaffung der Klassen, wie sie Marx und Engels im Auge hatten, ist keineswegs identisch mit der Umwandlung von Privateigentum in kollektives Sondereigentum für die eine oder andere sich absondernde Gruppe oder Elite, wobei es unerheblich ist, ob diese Gruppe eine Klasse im klassischen Sinne des Kapitalismus ist oder eine anders geartete soziale Formation. Wäre jede Aufhebung des Privateigentums bereits Sozialismus, so wären manche vorkapitalistischen Gesellschaften sozialistisch. Man denke nur an die Staatswirtschaft des alten Ägypten, insbesondere aber auch an das nicht vererbliche Kollektiveigentum der katholischen Kirche im feudalen Mittelalter.

Es kommt aber noch ein weiterer Einwand gegen jede Form von »Staatssozialismus« hinzu. Weder Marx noch Engels noch Rosa Luxemburg und Karl Liebknecht oder auch Trotzki haben je daran gedacht, der Sozialismus und Kommunismus könnten durch Übertragung der politischen und ökonomischen Herrschaft auf den einen oder andern der

16 Die Entwicklung ... In: Marx und Engels: Ausgewählte Schriften, Bd. 2, S. 136 f., Anm. 1.

vielen National- oder Nationalitätenstaaten, auf die eine oder andere Groß- oder Supermacht begründet werden. Ein auf Rußland oder China, Cuba oder Albanien beschränkter Sozialismus wäre ihnen als Hirngespinst erschienen. Interessanterweise setzt sogar noch die Verfassung der USSR von 1924 als selbstverständlich voraus, daß die Union Sozialistischer Sowjetrepubliken nur als ganz kurzfristiges Transitorium »zu einer sozialistischen Weltsowjetrepublik« fungieren wird und kann[17]. Ähnlich verlangt das Programm der Kommunistischen Internationale vom 1. 9. 1928 emphatisch den »Kampf für proletarische Weltdiktatur«.[18] Wie weit sich die »sozialistische Theorie« in den sogenannten sozialistischen Staaten heute von all dem entfernt hat, ergibt sich schon daraus, daß weder in Moskau noch in Peking irgendjemand die Erweiterung der betreffenden Weltmacht zu einer Welträterepublik ernsthaft ins Auge fassen kann (wie mir ein tschechischer Kommunist gestand, würde schon das Aufwerfen dieser Perspektive zu einer Reihe von Selbstmorden aus Verzweiflung in den Ostblockstaaten führen!). Noch weniger denken die Machteliten in den etatistischen Staaten daran, ihre Herrschaft abzubauen; der Staat soll sogar immer noch stärker werden. Aus all diesen Gründen ist in der Tat diese Art »Sozialismus« besser als Etatismus zu charakterisieren.

Unter Berufung auf Marx und Engels vergleicht man im kommunistischen Lager gern den Übergang vom Kapitalismus zum Sozialismus und Kommunismus mit dem vom Feudalismus zum Kapitalismus. Dieser Vergleich erscheint uns aber durchaus problematisch. Wahrscheinlich ist der Übergang vom agraren Feudalismus zum industriellen Kapitalismus ein einzigartiger historischer Vorgang gewesen, der sich in dieser Form kaum wiederholen dürfte. Wie Marx[19] immer wieder betont hat, beruhte der Übergang von der agrar-feudalen zur bürgerlich-kapitalistischen Gesellschaft letztlich auf einer entscheidenden Veränderung der Produktivkräfte, wie sie sich mit der industriellen Revolution vollzogen habe. Immer wieder hat Marx[20] postuliert, daß die Produktivkräfte in letzter Instanz die Produktionsverhältnisse entscheidend bestimmen, daß eine neue Produktionsweise mit ihrem »juristischen und politischen Überbau« sowie den jenen entsprechenden »bestimmten gesellschaftlichen Bewußt-

17 Deklaration über die Bildung der USSR; hier zitiert nach K. Farner und Th. Pinkus (Hg.): Der Weg des Sozialismus, rde 189/190, Reinbek 1964, S. 69.
18 Programm der Kommunistischen Internationale, 2. Aufl. Hamburg-Berlin 1929, S. 5.
19 So etwa in dem Brief an Annenkoff vom 18. 12. 1846, hier zitiert nach H. Duncker (Hg.): Marx/Engels: Über historischen Materialismus, Teil II, Berlin 1930, S. 20 f.
20 So etwa in dem berühmten Vorwort »Zur Kritik der politischen Ökonomie«, hier zitiert nach Marx und Engels: Ausgewählte Schriften, Bd. 1, S. 338.

seinsformen« einer »bestimmten Entwicklungsstufe ihrer materiellen Produktivkräfte entsprechen« muß. Bereits Marx, Lukács und Miles (in einer 1933 publizierten Schrift »Neu Beginnen«) hatten erkannt, daß die Bourgeoisie die politische Macht erst ergriffen hat, nachdem sie schon zur ökonomisch und kulturell tonangebenden Klasse geworden war. Das Proletariat – eine total unterdrückte macht- und besitzlose Klasse par excellence – soll aber gerade erst mittels der politischen Herrschaft seine ökonomische Macht und seine kulturelle Präponderanz begründen. Wie ist das aber zu verstehen, wenn die proletarisch-sozialistische Revolution, wie sie angeblich in einigen zurückgebliebenen Ländern erfolgt ist, nicht auf einer höheren Stufe der Produktivkräfte basiert oder diese alsbald selber produziert? In Wirklichkeit waren und sind gerade in diesen Ländern die Produktivkräfte hinter denen der hochkapitalistischen Länder zurückgeblieben. Der sogenannte sozialistische Aufbau entfaltet überhaupt erst dieselbe Art von Produktivkräften, die im Westen schon längst entfesselt worden sind, und zwar gerade von den Kapitalisten. Die sogenannte wissenschaftlich-technische Revolution unserer Tage vollzieht sich dementsprechend auch genau so in den »sozialistischen« wie in den kapitalistischen Gesellschaften.

Schließlich wird aber auch die Produktivkraft Arbeit hüben wie drüben ganz ähnlich, nämlich als Lohnarbeit, eingesetzt. Diese Produktivkraft Arbeit ist der zweite tragende Pfeiler des Marxschen Gedankengebäudes: Im Arbeiter sieht Marx ja die revolutionäre Potenz, aber auch den neuen Meschen, der schon im Prinzip seine Entfremdung überwunden hat. Wenn er ihm »eine weltgeschichtliche Rolle zuschreibt«, so geschieht dies keineswegs, weil »wir die Proletarier für Götter halten. Vielmehr umgekehrt. Weil die Abstraktion von aller Menschlichkeit, selbst von dem Schein der Menschlichkeit im ausgebildeten Proletariat praktisch vollendet ist, weil in den Lebensbedingungen des Proletariats alle Lebensbedingungen der heutigen Gesellschaft in ihrer unmenschlichsten Spitze zusammengefaßt sind, weil der Mensch in ihm sich selbst verloren, aber zugleich nicht nur das theoretische Bewußtsein dieses Verlustes gewonnen hat, sondern auch unmittelbar durch die nicht mehr abzuweisende, nicht mehr zu beschönigende, absolut gebieterische Not – den praktischen Ausdruck der Notwendigkeit – zur Empörung gegen diese Unmenschlichkeit gezwungen ist, darum kann und muß das Proletariat sich selbst befreien. Es kann sich aber nicht selbst befreien, ohne seine eigenen Lebensbedingungen aufzuheben. Es kann seine eigenen Lebensbedingungen nicht aufheben, ohne alle unmenschlichen Lebensbedingungen der heutigen Gesellschaft, die sich in seiner Situation zusammenfassen, aufzuheben. Es macht nicht vergebens die harte, aber stählende Schule der Arbeit durch. Es handelt sich nicht darum, was dieser oder jener Proletarier oder selbst das ganze Proletariat als Ziel sich einstweilen vorstellt, es handelt sich darum, was es ist und was es diesem Sein gemäß geschichtlich zu tun gezwungen sein wird. Sein Ziel und seine geschichtliche Aktion ist in seiner eigenen Lebenssituation, wie in der ganzen Organisation der heutigen bürgerlichen Gesellschaft sinnfällig, unwiderruflich vorgezeichnet.«[21] Später rief Marx[22] den Arbeitern zu: »Ihr habt 15, 20, 50 Jahre Bürgerkriege und Völkerkämpfe durchzumachen, nicht nur, um die Verhältnisse zu ändern, sondern um euch selbst zu ändern...« Nun, seit 1914 haben zwei Generationen blutigsten Kampfes den neuen »sozialistischen Menschen« nicht hervorzubringen vermocht, auch nicht in den sogenannten sozialistischen Ländern.

Bei dieser Sachlage wird man kaum an der Analogie von bürgerlicher und proletarischer Revolution, von Übergang zum Kapitalismus und Aufbau des Sozialismus festhalten können. Dagegen dürfte ein anderer Vergleich näherliegen, nämlich der mit der Emanzipation des Bauern. Im Verlauf der Jahrhunderte hat sich diese einst revolutionäre Klasse in den Kapitalismus integriert. Sie hat für sich so viele Vorteile erkämpft und erwirkt, daß sie konservativ geworden ist. Zudem hat aber auch ihre Zahl immer mehr abgenommen – auch hier liegt eine wichtige Parallele zum Industriearbeiter vor. Auch dieser hat sich in den hochindustrialisierten Ländern weitgehend in die bürgerliche Gesellschaft und in die neo-kapitalistische Wirtschaft integriert – insbesondere geht aber seine Zahl zugunsten der Angestellten und Beamten, der technischen Intelligenz und der im tertiären Sektor Arbeitenden immer mehr zurück[23].

Eine weitere Analogie hat Engels[24] selber einmal angedeutet. Er verwies darauf, es seien »nun fast aufs Jahr 1600 Jahre, da wirtschaftete im Römischen Reich ebenfalls eine gefährliche Umsturzpartei. Sie untergrub die Religion und alle Grundlagen des Staates; sie leugnete geradezu, daß

21 F. Engels und K. Marx: Die Heilige Familie, hier zitiert nach Duncker, a.a.O., Teil I, S. 45.
22 Enthüllungen über den Kommunisten-Prozeß zu Köln, hier zitiert nach F. Diederich (Hg.): Geschichtliche Tat – Blätter und Sätze aus den Schriften und Briefen von Karl Marx, Berlin 1918, S. 85.
23 In den USA stellten die Handarbeiter 1950 40% aller Arbeiternehmer, 1968 nur noch 36,3%. Für 1980 rechnet man mit nur noch 32,7% (D. Bell: Die nachindustrielle Gesellschaft, Frankfurt-New York 1975, S. 143). Für das Jahr 2000 hat ein Arbeitskreis der K.P.Ö. die Berufstätigen in der Industrie auf 25-30% geschätzt (Vgl. Flechtheim, a.a.O., S. 372 f.).
24 Einleitung zu Marx: Die Klassenkämpfe in Frankreich, hier zitiert nach Marx und Engels: Ausgewählte Schriften, Bd. 1, S. 121 f.

des Kaisers Wille das höchste Gesetz, sie war vaterlandslos, international, sie breitete sich aus über alle Reichslande von Gallien bis Asien und über die Reichsgrenzen hinaus ... Die große Christenverfolgung des Jahres 303 ... war so wirksam, daß 17 Jahre später die Armee überwiegend aus Christen bestand, und der nächstfolgende Selbstherrscher des gesamten Römerreiches, Konstantin, von den Pfaffen genannt der Große, das Christentum proklamierte als Staatsreligion«. So weit Engels. In der Tat, man kann aber diese Analogie weiterverfolgen bis zur Spaltung der Christenheit im 16. Jahrhundert. Im Verlauf der Reformation bildeten sich damals zwei Kirchen heraus, von denen keine die andere je ganz hat verdrängen können. Nach gut einem Jahrhundert blutigster Kämpfe begann vielmehr eine Epoche »friedlicher Koexistenz«, die bis auf den heutigen Tag andauert. Ja, die Parallele reicht noch weiter: Kann man unterstellen, daß in den ersten Jahren der Reformation die Protestanten als relativ progressiv-revolutionäre Kraft gegenüber dem Katholizismus auftraten, so verloren sie diese Eigenschaft schon bald. Mit der Etablierung protestantischer Landes- und Staatskirchen wurden auch sie konservativer. Auf der andern Seite verjüngte sich in der sogenannten Gegenreformation die katholische Kirche. Um 1648 herum bestand wohl kaum noch ein prinzipieller Unterschied zwischen den verschiedenen Konfessionen, die sich nun alle gleich oder ähnlich etabliert hatten. Mit dem Verschwinden der revolutionären Spannkraft hatte sich aber auch die Spaltung fixiert. Eine neue, vorwärtsdrängende Kraft betrat erst mit dem Humanismus oder der Aufklärung die weltgeschichtliche Bühne – erst diese eröffnete nun eine Art von neuem Dritten Weg jenseits von Katholizismus und Protestantismus.

Ähnlich stellen sich uns heute westlicher Kapitalismus und östlicher Etatismus als konservative und welthistorisch gesehen veraltende Strukturen dar. Keines dieser Systeme bietet in sich die wahre Antwort auf die großen Probleme von heute und morgen. Daraus dürfte nun zu folgern sein, daß dieser Zustand vielleicht noch einige Jahrzehnte, sicherlich aber nicht Jahrhunderte fortdauern mag. Wenn dem aber so ist, so wird es entscheidende Veränderungen in einer von zwei Richtungen geben – nach oben oder nach unten. Sind nun aber oben und unten, gut und schlecht nicht subjektive Kategorien? Ja, aber nur zum Teil. Gleich, wo die Masse der Menschen politisch, weltanschaulich oder geographisch steht, im Hinblick auf die Bewertung der hier anzudeutenden Alternativen besteht ein beachtliches Maß an Übereinstimmung in der Weltöffentlichkeit.

Versuchen wir nun zuerst, die Entwicklung nach oben ganz grob zu skizzieren. Da wäre als nächstes Stadium die Realisierung dessen denkbar, was der Franzose F. Bloch-Lainé[25] als demokratische Technokratie bezeichnet hat. Das wäre eine Fortführung bereits vorhandener technokratischer Trends und Tendenzen, aber unter gleichzeitiger Verstärkung und Weiterentwicklung demokratischer, liberaler und sozialistischer, universalistischer und humanistischer Elemente – also eine positive Konvergenz zwischen West und Ost. Die Welt bliebe voller Konflikte und Gegensätze; die Konflikte würden aber doch so abgebaut werden, daß die gewaltfreie Austragung immer mehr an die Stelle der gewaltsamen träte, die Gegensätze und Widersprüche zwischen den reichen und den armen Ländern abnähmen, die Bevölkerung sich in stärkerem Maße stabilisieren würde. Sollte das etwa um das Jahr 2000 herum gelungen sein, so könnte von da an die weitere Entwicklung in Richtung auf eine – schlagwortartig gesprochen – liberal-sozialistische Weltdemokratie verlaufen. Auch das wäre noch eine Gesellschaft mit sozialen, ökonomischen und politischen Gegensätzen, aber doch auch bereits auf einer zwar keineswegs üppigen, aber doch materiell gesicherten, relativ frugalen Basis. Wir hätten dann vielleicht nicht ganz so viele Kühlschränke wie heute und schon gar nicht Riesen-Mercedes und Hubschrauber oder gar Mondraketen für jedermann, aber der materielle Lebenstandard für alle wäre dem vergleichbar, was an materieller Sicherheit schon heute in entwickelten Ländern wie Dänemark oder Schweden zu finden ist. Das Schwergewicht läge auf der immateriellen Kultur[26]. Erst hiernach wäre in noch weiterer Ferne die Marxsche »klassenlose Gesellschaft« zu realisieren – wenn überhaupt, so natürlich nicht innerhalb eines Kontinents oder gar Landes, sondern nur im Weltmaß-

25 Vom Nutzen der Utopie für Reformer. In: F. E. Manuel (Hg.), Wunschtraum und Experiment, Freiburg 1970, S. 234 ff., insbes. S. 253.
26 Diese Perspektive stützt sich auf Überlegungen, die als eine Art Dritter Weg angesehen werden können. Dieser verliefe zwischen der negativen Prognose des Club of Rome und dem positiven Weltmodell der Fundación Bariloche in Buenos Aires vom Oktober 1974 (hierzu liegt vor: Herrera, Scolnik u. a.: Grenzen des Elends. Das Bariloche-Modell: So kann die Menschheit überleben, Frankfurt 1977; vgl. auch R. Rey: Der Mensch setzt die Grenzen. In: Frankfurter Rundschau vom 17. 1. 1977, S. 11). Ähnlich positiv ist die Studie von W. Leontief für die UN (vgl. Forum Vereinte Nationen, Jg. 2, Nr. 7, Oktober 1975, S. 3). Eine mittlere Entwicklungslinie deutet auch E. Eppler an, wenn er schreibt: »Dies bedeutet zwar nicht, daß wir demnächst vor der großen Weltkatastrophe stehen. Aber es bedeutet, daß es das Zeitalter der Fülle in den für uns überblickbaren Zeiträumen nicht geben wird. Die Zeit, in der jeder die eigene Villa mit beheiztem Schwimmbad hat, wird nicht kommen.« (Maßstäbe für eine humane Gesellschaft: Lebensstandard oder Lebensqualität?, Stuttgart 1974, S. 95; vgl. auch E. Eppler: Ende oder Wende, 3. Aufl., Stuttgart 1975, inbes. S. 63, 79, 81, 114 ff.)

stabe. Von hier aus eröffnet sich möglicherweise als grandioser letzter Ausblick der Weg zum »Übermenschen« im Sinne nicht so sehr von Nietzsche als etwa von Teilhard de Chardin. Dies wäre der Mensch, zu einem nicht nur »nachindustriellen«, sondern in einem ganz entscheidenden Maße auch immateriellen neuen Wesen geworden, der eine weitere Verlängerung der Lebensdauer oder auch den Abbau bestimmter sexueller oder anderer biologischer Grundbefindlichkeiten, wie sie bisher als selbstverständlich galten, erreichen könnte. Da hätten wir also wirklich so etwas wie eine biologische Mutation. Fassen wir jene Linie nach oben, die dem Dritten Weg folgen würde, noch einmal zusammen: sich demokratisierende Technokratie – liberalsozialistische Weltdemokratie – klassenlose Gesellschaft – Übermensch.

Nun dürfen wir aber eine andere Entwicklungslinie keinesfalls übersehen. Diese verliefe in entgegengesetzter Richtung. Deren nächste Etappe sei angedeutet mit dem Schlagwort: Neo-Cäsarismus. Dieser impliziert Verschärfung der Gegensätze und Diskrepanzen insbesondere zwischen Nord und Süd, Zunahme der Militarisierung und Gewaltsamkeit, wie wir sie schon heute in erschreckendem Ausmaß in den zivilisiertesten Ländern ausbrechen sehen, wenn plötzlich die modernsten Flugzeuge von Terroristen bedroht werden oder wenn die Polizei auf harmlose Autofahrer schießt. Das Wort »plötzlich« ist nicht ganz richtig, da solche Atavismen und Regressionen schon seit 1914 oder noch länger vorbereitet sind. Die Verschärfung des Nord-Süd-Konfliktes bei gleichzeitiger negativer Konvergenz von West und Ost unter der Herrschaft gerade auch der rückständigsten parteipolitischen, bürokratischen, militärischen und anderen Eliten gehört in dieses Bild einer sich militarisierenden plutokratisch-technokratischen Gesellschaft, die Rüstung und Raumfahrt für die wenigen forciert, den Massen aber bestenfalls panem et circenses bietet. Angedeutet finden wir eine solche Zukunft in den Genutopien eines Jack London, Huxley[27] oder Semjatin.

Eine zweite noch negativere Entwicklungsstufe wiese alle Merkmale eines Total-Totalitarismus auf, wie ihn Orwell in seiner gerade heute wieder so aktuellen Vision »1984« geschildert hat. Auch wenn man optimistisch ist und annimmt, die Welt werde im Jahre 1984 noch nicht

---

27 Von A. Huxley kennen wir alle seine berühmte Gegenutopie »Schöne Neue Welt« (1932); weniger bekannt ist, daß diese negative Utopie halbwegs in der Mitte liegt zwischen der total negativen Gegenutopie »Ape and Essence« (1948), die die Welt nach einem atomaren Weltkrieg schildert und seiner letzten überraschend humanistisch-demokratischen Utopie »Eiland« (deutsch 1973, vorher englisch 1962).

Orwells Vision entsprechen, so ist keineswegs auszuschließen, daß sie im Jahre 1994 und 2004 dort angelangt sein wird.

Ein anderes negatives Modell wäre das eines neuen Dark Age[28], eines »Finsteren Zeitalters«, mit dem völligen Zusammenbruch aller modernen Kultur und Zivilisation. Eine solche Regression zu einer dann wahrscheinlich Jahrhunderte währenden unterentwickelten Agrar-Gesellschaft könnte die Folge eines globalen totalen Krieges oder auch einer gravierenden Übervölkerung und Umweltzerstörung sein. Der Mensch mag es sogar mittels moderner Total-Kriege fertig bringen, den größten Teil seiner Rasse auszurotten, so daß nur noch eine kleine Minderheit auf einem unvorstellbar niedrigen Niveau überlebte. Alsdann könnte der Rückschlag nicht etwa »nur« 100 oder 200, sondern Tausende von Jahren währen. Wir hätten dann wirklich so etwas wie ein neues Steinzeitalter zu gewärtigen. Und schließlich bleibt als letzte Perspektive das Ende des Menschen, seine totale Vernichtung und Zerstörung als Ergebnis besonders verheerender Kriege, aber auch unter Umständen als Folge totaler Übervölkerung und Umweltzerstörung.

Manches spricht dafür, daß weder Neo-Cäsarismus noch Totalitarismus auf die Dauer die Welt werden stabilisieren können. Früher oder später dürfte es zu katastrophalen Auseinandersetzungen zwischen den Machtblöcken und -gruppen kommen – mit dem Ergebnis eines Rückfalls in ein neues Dunkles Zeitalter, wenn nicht gar des Unterganges der Menschheit. Mithin lassen sich die hier angedeuteten Alternativen letztlich sogar auf zwei Grundlinien zurückführen.

Im Gegensatz zu Marx und Engels antizipieren wir in der Tat neben einer positiven Variante verschiedene negative Möglichkeiten. Was die Wahrscheinlichkeit des positiven Verlaufs anlangt, so wird man sicherlich nicht allzu optimistisch sein können. Vielleicht hatte Leo Szilard[29] nicht so ganz unrecht, wenn er einmal erklärt hat: »Ich rechne mir zwar auf dem Papier 85 Prozent Wahrscheinlichkeit für den gewaltsamen Untergang aus. Aber ich lebe und kämpfe für die verbleibenden 15 Prozent!« Wir wissen nicht, wie der Humanist Walter Fabian die Chancen eines menschenwürdigen Lebens und Überlebens einschätzt – wir danken ihm dafür, daß er sich auch in dunklen Zeitläufen immer und überall für eine humane Zukunft eingesetzt hat.

28 Es dürfte kein Zufall sein, daß sich immer mehr Publikationen mit dem Anbruch eines neuen Dark Age beschäftigen – so etwa Roberto Vacca: The Coming Dark Age, New York 1973; und L. S. Stavrianos: The Promise of the Coming Dark Age, San Francisco 1976.
29 Hier zitiert nach Flechtheim: Futurologie, Fischer Taschenbuch Ausgabe, Frankfurt 1972, S. 9.

Heinz-Joachim Heydorn

Zur Frage des Zionismus

Dieser Beitrag ist 1972 als Einleitung zu dem Buch von Peretz Merchav »Die israelische Linke« geschrieben worden. Einige Ereignisse in Israel und im Nahen Osten seit 1972 würden Ergänzungen nötig machen. Andererseits bestätigen sie die Grundauffassung zum Problem des jüdischen Staates, die Heinz-Joachim Heydorn unbeirrbar vertreten hat. Ich glaube, daß es in seinem Sinne ist, diese Ausführungen über ein Thema, das ihm so sehr am Herzen lag, einer Festschrift zu Ehren seines Freundes Walter Fabian zuzugeben.

Im Februar 1977   *Irmgard Heydorn*

Die Frage nach der Berechtigung des Zionismus nimmt in der gegenwärtigen Auseinandersetzung der Linken keinen geringen Raum ein; durch die erkennbar werdenden Anzeichen einer arabischen Emanzipation ist sie zu einem Problem geworden, das ständig an Bedeutung gewinnt. Auch kann diese Auseinandersetzung bereits auf eine eigene aufschlußreiche Geschichte verweisen. Man wird von der Tatsache ausgehen müssen, daß die jüdische Besiedlung der Region, die den heutigen Staat Israel bildet, nicht ohne folgenreiche Konflikte mit der ansässigen Bevölkerung möglich war, deren Rechte damit geschmälert wurden und eine angemessene Wiederherstellung unter Abwägung der geschichtlichen Bedingung verlangen. Doch ist die eben nur *ein* Gesichtspunkt, der in die Fragestellung eingebracht werden muß. Die jüdischen Siedler, die in das Land kamen, zu dem die inneren Bindungen des Judentums über eine lange Geschichte nie abgerissen waren, suchten eine Zuflucht als Verfolgte, es blieb ihnen keine menschenwürdige Wahl. Von Kischinew bis Auschwitz bleibt die Rettungssuche nach einem Schiffbruch ganz überwiegend bestimmend bei der Motivauslösung. Eine abstrakte Theorie allein hätte es niemals vermocht, Massen in Bewegung zu setzen. Somit ist die Feststellung von entscheidender Bedeutung, daß es sich bei der Neubesiedlung der palästinensischen Region keineswegs um einen der vielen kolonialen Ansiedlungsversuche im Zeitalter der imperialistischen Expansion gehandelt hat; die Ankommenden waren vielmehr selber die Opfer dieses Zeitalters. Die wirkliche jüdische Geschichte muß in die Erörterung des Zionismusproblems daher ebenso einbezogen werden wie die Frage nach einer Anerkennung des arabisch-palästinensischen Anspruchs. Erst damit wird die notwendige Relation eingebracht. Angesichts eines zunehmenden Verlustes an Geschichtsbewußtsein muß auf historische Bedingungen verwiesen werden, weil ihre Kenntnis für ein gerechtes Handeln in der Gegenwart unerläßlich ist.

Die Theorie des Zionismus wäre somit keine Realität geworden, wenn es nicht zwingende historische Ursachen gegeben hätte. Sie wäre ein vornehmlich literarisches Produkt geblieben. Die jüdische Frage konnte jedoch nicht als Teil einer siegreichen Emanzipation der Menschheit gelöst werden, die Emanzipation fand ihr entsetzliches Dementi durch das faschistische Deutschland; wir sind heute alle gezwungen, in langen und widerspruchsvollen Prozessen zu denken. Die sozialistischen Bewegungen haben sich, bis hin zu den Tagen der Vernichtungslager, dem zionistischen Gedanken überwiegend verschlossen, die antizionistische Erbschaft wirkt auch heute im Sozialismus weiter. Oft waren es Juden selbst, die dem sozialistischen Antizionismus ihre Stimme liehen, weil sie den Zionismus als Negation ihrer eigenen revolutionären Hoffnung empfanden. Die Geschichte hat aber dem Zionismus auf eine furchtbare Weise recht gegeben, nicht seinen Gegnern. Das Wissen um eine jahrhundertelange Verfolgung hat sich als realer erwiesen als die Erwartung umstürzender revolutionärer Prozesse, mit denen auch das Problem des Antisemitismus seine Erledigung finden sollte. Die Prozesse blieben weithin aus; wo sie jedoch einsetzten, zeigte es sich sehr bald, daß ein einziger revolutionärer Akt die historische Dimension des Bewußtseins nicht grundlegend verändern kann, die Relikte der Geschichte in veränderter Form wieder auftauchen, daß sich das vergangene Bewußtsein neu produziert, wenn dies die Umstände anbieten. Auch die erfolgte sozialistische Revolution hat den Antisemitismus nicht automatisch zu Ende gebracht, wir wissen es heute; sowenig der einzelne Gegner des Zionismus Antisemit sein muß, so kann doch kein Zweifel bestehen, daß auch der sozialistische Antizionismus objektiv nicht mehr herauszulösen ist aus einem geschichtlichen Zusammenhang, in dem der Antisemitismus stets neue ideologische Formen gefunden hat. Die Befreiung der Menschheit, damit das Ende des Antisemitismus – zwei Gesichtspunkte, die einander unlösbar verbunden

sind –, wird in Wahrheit erst möglich, wenn langandauernde, neue glück-
bringende Erfahrungen einer an der Basis veränderten Gesellschaft das
menschliche Bewußtsein selber verändert und die in ihm wohnende Geschichte von Mord und Terror endgültig überwunden haben.

Der Weg, den die Menschheit zu sich selbst beschreiten soll, ist von der
großen Mehrheit der Sozialisten stets als ein Weg der Unterdrückten aller
Völker gesehen worden, die ein Bündnis miteinander eingehen. Die von
Ausbeutung befreite Welt ist eine Welt der befreiten Völker, die sich zur
Gemeinsamkeit finden. Hier wird nun aber erst das entscheidende Problem erkennbar. Die Rechtfertigung des Zionismus weist nicht allein auf
die gescheiterte Emanzipation; sie verweist auf das Recht des jüdischen
Volkes, ein eigenes Volk unter den Völkern zu sein. Die vorherrschende
sozialistische Theorie der Vergangenheit bestritt eben dieses Recht. In der
sozialistischen Welt war für den Juden kein Platz; er durfte sie mit
herautführen, sie selbst aber sollte den Juden abschaffen, ihn in die
Völker aufgehen lassen. Die Sozialisten, die für die Identitätsfindung des
Menschen eintraten, ließen keine jüdische Identität zu, keine jüdische Befreiung. Heute kämpfen wir, mit gutem Recht, für die Identität der
kleinsten Gruppe, weil wir wissen, daß die Aufhebung der menschlichen
Verkrüppelung auch an diese Identität gebunden ist, wir kämpfen für
das Recht der Friesen und Katalanen auf Selbstbestimmung, der Bretonen
und Basken, der Jude aber, der Ahasver unter den Völkern, soll sich
auslöschen. Sein Heimatverlust soll zum intellektuellen Hebel der Revolution werden, aber es wartet keine Heimat auf ihn. Eben dies war und
ist vielfach noch heute Inhalt des sozialistischen Bewußtseins, wenn er
auch selten genug in der letzten Konsequenz vergegenständlicht wird; es
kommt darauf an, diesen Widerspruch in seiner ganzen Unhaltbarkeit
herauszustellen. Es steht jedem einzelnen frei, über seine eigene Identität
zu verfügen, es steht niemandem frei, über die Identität eines ganzen
Volkes zu verfügen. Hier muß nun und für immer eine entscheidende
Korrektur erfolgen. Das jüdische Volk hat seine historische Lebens-
fähigkeit und seinen Willen, eine eigene Heimstätte zu errichten, unter
größeren Opfern bewiesen als irgendein anderes Volk, niemand darf es
in diesem Anspruch schmälern. Die Revolution, die das an Hoffnungen
reiche und durch unsägliche Bedrückung gezeichnete Jahrhundert zugunsten des Menschen überwältigen will, muß nicht nur den langen Weg
durch die Institutionen der Gesellschaft gehen, sie geht ihren Weg durch
die Völker, sie ist kein abstrakter Vorgang. Sie bedarf der Revolutionierung des jüdischen Volkes, wie sie der Revolutionierung aller Völker
bedarf; sie bedarf des jüdischen Volkes als Volk unter den Völkern.

Damit ist die Voraussetzung kurz umrissen. Der Anspruch des jüdischen Volkes auf eigenes Leben auf einem eigenen Boden muß für Sozialisten ganz unbestritten sein. Die Forderung nach Aufgabe der nationalen Souveränität darf an den jüdischen Staat nur so weit erhoben werden, wie wir bereit sind, unsere eigene Souveränität aufzugeben. Eine andere Frage ist es gewiß, wie weit alle Inhalte des Zionismus einer emanzipatorischen Auffassung gerecht werden. Sie werden es nicht, weil dies der Sache nach unmöglich ist. Der Zionismus ist eine Bewegung des jüdischen Volkes, eine nationale Emanzipationsbewegung, die die Klassenwidersprüche des jüdischen Volkes mit Notwendigkeit einschließen muß. Die innere Widersprüchlichkeit des Zionismus ist es vielmehr, die seinen realen Charakter als Sache des ganzen Volkes anzeigt.

Die Wurzeln des Zionismus liegen tief in der jüdischen Geschichte selbst, in dem stets unter Verfolgung wachgehaltenen Verlangen nach Heimkehr, mochten die religiösen Formeln auch schließlich weithin entleert und ritualisiert, in der Hoffnung auf Emanzipation unter den Rand des Bewußtseins gedrückt worden sein. Dennoch überlebten sie die gesamte Geschichte, ohne jemals endgültig verlorenzugehen. Sie wurden als weltlich politischer Inhalt reaktualisiert, als deutlich wurde, daß die bürgerliche Gesellschaft die von ihr selbst proklamierte Menschlichkeit schließlich widerrufen mußte, mehr noch, auch eine sozialistische Verfassung das jüdische Problem auf lange Zeit hinaus oder aber überhaupt nicht zu lösen vermochte. In dem Spannungsgefüge von Verfolgung und Identitätsverlust, von drohender physischer Vernichtung und Vernichtung durch Zwangsassimilation, einer sublimierten Form des Todes, ist der Zionismus entstanden. Während der anhebende Befreiungsprozeß der unterdrückten Völker, der Massen, die Opfer des Kolonialismus wurden, mit Notwendigkeit den Prozeß einer nationalen Emanzipation auf eigenem Boden einschloß, war das jüdische Volk zerstreut. Seine volle Emanzipation als Volk konnte somit nur in einem eigenen Land durchgeführt werden. Die bürgerliche Gesellschaft bot selbst zu den Zeiten ihrer reifsten Humanität eine volle Emanzipation nur unter der Bedingung der Assimilierung an, mit der sie die gleiche Emanzipation wieder aufhob, die sozialistische Gesellschaft führt die bürgerliche Emanzipation des Juden im besten Falle fort. Der Prozeß der Befreiung mußte somit für den Juden die Schaffung einer politischen Grundlage einschließen, die für andere Völker in der Sache vorausgesetzt werden konnte. Er mußte sich das Land selber suchen, in dem er sich befreien konnte. Es wird deutlich, daß der Zionismus, wenngleich auf eine vielfach kompliziertere Weise, nicht den großen Emanzipationsbewegungen unserer Zeit zuzurechnen ist, er leitet sie vielmehr entscheidend ein. Nicht ohne Verbindung zu der besten geistigen Tradition unseres eigenen Landes wird dieser Gedanke der jüdischen Befreiung als Teil der menschheitlichen von Moses Heß formuliert, noch mit den Bildern der Vergangenheit, aber mit künftigen Aufgaben. Hier, an seiner Wiege, verbindet der Zionismus die Prophetie des Anfangs mit der Menschheitszukunft, die sich eben erst abzeichnet, wird sein Beitrag zur sozialistischen Theorie ursprunghaft erkennbar. Wir kennen fast nur die bürgerliche Variante des Zionismus, Herzl, im besten Falle Max Nordau, den Versuch einer jüdischen Reproduktion der bürgerlichen Gesellschaft, aber die sozialistische Komponente der Bewegung wird stark und umfassend entwickelt. In Westeuropa fehlte das jüdische Proletariat, es sind die jüdischen Massen des Ostens, die den sozialistischen Zionismus prägen. Ihr Beitrag kann gar nicht hoch genug eingeschätzt werden, sie waren die Pioniere des neuen Landes. In Pinskers »Autoemanzipation« gewinnt der Gedanke der Selbstbefreiung bei den ostjüdischen Massen seine volle Artikulation, mit den Schriften Borochows wird ein in seiner Weise einmaliger, für die gesamte Bewußtwerdung der Unterdrückten überaus bedeutsamer und doch außerhalb der jüdischen Welt fast immer noch gänzlich unbekannter Beitrag zur marxistischen Theorie entwickelt. Dabei reflektiert der zu seiner Reife gelangende Zionismus Theorie und Praxis der jeweils umgebenden Länder; eine in die jüdische Problematik versetzte Geschichte der russischen, der amerikanischen, nicht zuletzt aber auch der deutschen und der österreichischen Arbeiterbewegung ist in ihm wiedererkennbar. Es ist ganz natürlich, daß nicht nur das Spektrum linker Theorien, vom sozialdemokratischen Revisionismus bis zur Verabsolutierung der Revolution, seinen Niederschlag findet, sondern gleichzeitig ein bürgerlicher Zionismus entsteht, dessen rechter faschistoider Flügel durch Wladimir Jabotinsky repräsentiert wird. Eben diese Tatsache zeigt den Charakter des Zionismus als einer jüdischen Volksbewegung an, die den gesamten Klassenwiderspruch des Volkes in sich aufnehmen muß. Auch die religiösgesetzestreuen Gruppen bringen den gesellschaftlichen Widerspruch über sich selbst zum Ausdruck. Ohne Zweifel stand auch der Zionismus in der Gefahr, das nationale Moment des modernen Emanzipationsprozesses zu verselbständigen und damit in jenen Chauvinismus zurückzufallen, der die Pest dieses Jahrhunderts ist, um so mehr, als sich ein kompensatorisches Bedürfnis auch hier, wie in allen Befreiungsbewegungen, einzunisten begann; doch zeigt zumindest seine frühe Geschichte, daß es stets wieder gelang, dieser Gefahr Herr zu werden. In seiner reifsten Form begründet der Zionismus vielmehr eine weitergeführte Theorie der Befreiung für alle unterdrückten Völker, deren Elemente von allgemeiner Bedeutung sind. Sie enthalten den Aspekt des vollkommen Neuanfangs ebenso wie den Aspekt eines revolutionären Konservatismus, mit dem das würdige Erbe der Vergangenheit nun erst zu seiner vollen Verwirklichung gebracht werden soll, einen utopischen Realismus schließlich, der im Aufbau einer neuen Realität bereits ihre Zukunft versichtbaren soll. Die Kibbuzim sind das kostbarste Ergebnis dieser realistischen Utopie, ein steter Hinweis im Wirklichen auf eine kommende Welt, die präsent bleiben muß, wenn sie erbaut werden soll, als Gedächtnis des Menschen an sich selber.

Peretz Merchavs Buch zeigt nun auf eine umfassende Weise, wie Israels Linke ein sozialistisches Gemeinwesen zu begründen sucht, in dem sich die Menschheitshoffnung wiederfindet; das Buch ist vorzüglich dokumentiert. Im eigenen Lande muß jeder Schritt durchgesetzt werden; es gibt Rückschläge, höchst reale, einander widersprechende Interessen werden erkennbar. Die nationale Wirklichkeit zeigt sich auf gleiche Weise an, wie sie seit jeher vertraut ist, viele Gegensätze werden erst nunmehr zum Bewußtsein gebracht. Es gibt jedoch zusätzliche Probleme, die den Rahmen unserer eigenen Erfahrung sprengen. Die Immigranten bringen einander oft ganz unverbundene Herkunftsbedingungen mit, die politische Lage des Landes ist durch einen zunehmenden äußeren Druck, durch die Gefahr einer wachsenden Isolierung gekennzeichnet; nur dieses Land hängt politisch und ökonomisch entscheidend von einer Diaspora ab, die es zu stützen bereit ist. Die einzelnen Gesichtspunkte sind dabei interdependent und wirken sich auf die Möglichkeit einer sozialistischen Entwicklung schwerwiegend aus. Anfangs treten sozialistische Kräfte beherrschend in den Mittelpunkt, fast alle wirtschaftlichen Unternehmungen erwachsen aus einer sozialistischen Zielrichtung. Erst langsam formieren sich stärkere Gegenkräfte, nicht ohne Erfolg, obgleich es ihnen auch bis heute nicht gelungen ist, die relativ linke Mehrheit des israelischen Parlaments aufzubrechen. Die Gegenkräfte resultieren nicht nur aus dem zurückgebliebenen Bewußtsein der orientalischen Einwanderermassen, vielmehr sind sie das Ergebnis der außenpolitischen Entwicklung des Staates, die unmittelbar auf die inneren Verhältnisse einwirkt. Die israelische Linke sieht sich, nach ersten großen Erfolgen, in einen wachsenden, schließlich fast unüberbrückbaren Gegensatz zu den sozialistischen Ländern gestellt, deren Politik auf die faktische Vernichtung oder doch Strangulierung Israels gerichtet ist. Es wird ihr damit immer schwerer, ihre eigene Position, vornehmlich der jüngeren Generation gegenüber, zu artikulieren; liquidatorische Tendenzen werden in ihren eigenen Reihen erkennbar, die die Sache des Zionismus aufgeben möchten. Vor allem aber wirkt die Entwicklung des jüdischen Problems in der Sowjetunion auf das Land zurück; die stärkste objektive Wirkung geht in der Konsequenz von der Tatsache aus, daß den russischen Juden die Auswanderung nach Israel versperrt ist. Damit wird vor allem der Zustrom jener Kräfte zum Versiegen gebracht, die den sozialistischen Aufbau des Landes entscheidend getragen haben. Die Behauptung im übrigen, daß eine Auswanderungsfreigabe zu einer zwangsläufigen Expansion des israelischen Staates führen müsse, ist schlichter Unfug, da die mögliche Bevölkerung eines Landes heute nicht mehr durch seinen Umfang, sondern durch seinen technologischen Reifegrad bestimmt ist; weite Gebiete sind zudem noch unbesiedelt. Die antizionistische, damit in der Konsequenz anti-israelische Politik der Ostblockstaaten einschließlich Chinas, die Entziehung des Selbstbestimmungsrechtes für die Reste des Ostjudentums, die der deutschen Vernichtung entrannen, muß sich auf die innenpolitische Situation der israelischen Linken bedrückend auswirken. Es kommt hinzu, daß die Kräfte, die sich unter dem Sammelbegriff einer »Neuen Linken« in Westeuropa und den Vereinigten Staaten formieren, trotz aller wichtigen Anstöße eben in diesem Punkte die antizionistische Tradition weithin fortsetzen.

Fehlt daher das ostjüdische Element für den weiteren Aufbau des Sozialismus in Israel, ohne das seine bisherige Geschichte undenkbar ist, so tritt an seine Stelle nunmehr ausschließlich eine amerikanisch-westeuropäische jüdische Bourgeoisie, die weniger durch die Stärke ihrer Immigration als durch die Macht ihres Kapitals und ihrer vorgegebenen politischen Interessen die weitere Entwicklung des Landes zu bestimmen sucht. Die proletarische Grundlage des westlichen Judentums ist fast abgestorben; der gesellschaftliche Aufstieg hat sich zumindest seit der Jahrhundertwende ununterbrochen vollzogen, ohne daß damit aber eine wirkliche Integration in die entscheidenden Umweltländer erreicht wäre. Kompensatorische Unterstützung Israels an Stelle der eigenen Einwanderung, ein schlechtes Gewissen, das durch den fortdauernden Antisemitismus der Umwelt verstärkt am Leben erhalten wird, und der gleichzeitige Versuch, mit den politökonomischen Interessen der Umweltländer nicht in Konflikt zu geraten, wirken sich aus. Da das Überleben Israels in nicht geringem Maße von der Unterstützung dieser westlichen jüdischen Diaspora abhängt, müssen sich ihre Interessen auch in der Entwicklung des Landes selber wachsend zur Geltung bringen, in seiner Politik und in seiner Eigentumsverfassung. Das Wachsen des kapitalistischen Sektors der israelischen Wirtschaft ist auf diese Entwicklung zurückzuführen, aber auch ein pragmatisch bestimmter Positivismus, der die kapitalistische Ideologie kennzeichnet und dessen Vordringen von einem stetigen Theorieverlust begleitet ist. Dennoch stellt sich heraus, daß das Interesse des westlichen Judentums an Israel nur sehr oberflächlich mit dem wahren Interesse des westlichen Kapitals übereinstimmt, das Israel wohl als politisches Hilfsinstrument gebraucht, es aber, angesichts mächtiger ökonomischer Interessen in den arabischen Territorien, auch stündlich wieder fallenlassen kann.

Die Illusionen des westlichen Judentums sind die Illusionen des deutschen vor 1933. Aber wie die Masse des israelischen Volkes sehr wohl begriffen hat, daß sie vom internationalen Sozialismus im Stich gelassen wird, so begreift sie zunehmend, daß Israel in Wahrheit überhaupt keine Bundesgenossen besitzt, und das Trauma der Vernichtung muß zurückkehren. Die für den ausländischen Beobachter oft schwer verständliche Unbeweglichkeit der israelischen Politik ist auch ein Ergebnis dieses Traumas; die Stimmen mehren sich, die das Volk aufrufen, nur auf sich selbst zu vertrauen, die ganze umgebende Welt als eine Welt eingeschworener Feinde zu betrachten, den jüdischen Weg um den Preis der Selbstzerstörung weiterzugehen. Der Nationalismus, der auf diese Weise entsteht, ist nicht nur ein Nachholbedürfnis zu spät gekommener Nationen, sondern in ihm wirkt eine ungeheure Verfolgungserfahrung nach, die sich mit Anzeichen von Todesnostalgie niederschlägt. Es ist diese Situation, in der sich der sozialistische Zionismus zu behaupten hat, und sie ist gewiß nicht einfach. Diese Situation ist es auch, innerhalb derer die Bedingungen für eine Lösung des palästinensischen Problems gesehen werden müssen.

Dieses Problem kann hier schließlich nur eben angerissen werden. Es ist Teil eines weltpolitischen Zusammenhanges, der Interessenkollision der Großmächte im Nahen Osten; es ist Teil eines innerarabischen Klassenkampfes, dessen Opfer die Palästinenser zumindest in gleicher Weise sind, wie sie Opfer der Besiedlung durch die jüdischen Flüchtlinge wurden. Die Paläsinenser stellen die entwickeltste arabische Gruppe dar, sie sind der Pfahl im Fleische einer zurückgebliebenen Welt. Sie haben unter großen Opfern bewiesen, daß sie Anspruch darauf haben, eine eigene Nation zu bilden, ihre wirkliche Ausrottung wird nicht von den Juden betrieben, sondern von den reaktionären arabischen Statthaltern wie dem erbärmlichen König Hussein selbst. Die arabische Politik wird nicht zuletzt deshalb gegen Israel gerichtet, um die eigenen inneren Widersprüche zu überspielen, deren gesellschaftlicher Charakter offenbar ist; es gibt Anzeichen, daß dies von den Palästinensern begriffen wird. Die arabische Emanzipation vollzieht sich zugleich mit den Merkmalen eines aggressiven Nationalismus, wie er die Emanzipation aller Nationen vornehmlich kennzeichnet, die aus einer mittelalterlich feudalistischen Verfassung in die Gegenwart überspringen müssen, ohne noch Zeit für ein Zwischenstadium zu haben, das die Härte dieses Geschichtsprozesses mildert. Damit wird Kommunikation erschwert; auch eine gemeinsame revolutionäre Grundlage kann nicht die gesamte Hintergrund-Geschichte aufheben, die unser Bewußtsein bestimmt. Es gibt den unausgesprochenen Versuch eines Zusammenspiels zwischen israelischen Politikern, auch solchen, die der Arbeiterbewegung entstammen, und feudalistisch-kapitalistischen Kräften in der arabischen Welt, dessen erfolgreiche Konsequenz zur praktischen Vernichtung der Palästinenser führen müßte. Eine solche Allianz stößt zunächst auf unüberwindliche Schwierigkeiten. Es ist kein Zweifel, in welcher Richtung sich eine Lösung des palästinensischen Problems anbahnen muß. Da die Möglichkeit eines binationalen Staates, wie er auch von der Mapam in einer früheren Zeitperiode gefordert wurde, heute nicht mehr gegeben ist, ohne daß unlösbare Konflikte entstehen, bleibt nur noch eine Politik, die das palästinensische Problem über die Errichtung eines eigenen, palästinensischen Staates zu lösen sucht. Die wirkliche Schwierigkeit besteht darin, daß ein solcher Staat, um selbstbewußter Kontrahent, schließlich vielleicht einmal Bundesgenosse Israels im System einer Konföderation sein zu können, das Gebiet östlich des Jordan mitumfassen müßte. Israel und Jordanien bilden eine gemeinsame historische Region, Jordanien ist weitaus überwiegend von Palästinensern besiedelt, der jordanische Staat besteht erst seit wenigen Jahrzehnten als spezifisch künstliche Gründung. Das Konzept setzt jedoch eine revolutionäre Überwältigung der gegenwärtigen jordanischen Gesellschaftsverfassung voraus, die nur von den Palästinensern selber zu leisten ist. Mit den technischen Mitteln unserer Zeit wären beide Staaten, wenn die Hilfe dafür geleistet würde, zu blühenden Regionen zu entwickeln. In einer Epoche des institutionalisierten Irrationalismus wagt man jedoch daran kaum zu denken.

Die Mapam hat in ihrer Geschichte einen mutigen und bedingungslosen Kampf für ein sozialistisches Israel geführt, sie hat dies in Übereinstimmung mit den besten sozialistischen Traditionen getan, nach denen sich der nationale Kampf als Teil eines internationalen versteht, den wir gemeinsam führen. Sie hat die Bewegung der jüdischen Emanzipation als Teil der Menschheitsemanzipation verstanden. Sie ist zu keiner Stunde vor chauvinistischen Kräften zurückgewichen, sie gibt dem arabischen Bürger des Landes auch in der eigenen Organisation uneingeschränkt gleiche Rechte, sie setzt sich unter den schwierigsten und für sie selber nachteiligsten Bedingungen für eine israelisch-arabische Verständigung ein, die niemandem seine Selbstachtung raubt. Sie steht dabei nicht allein, andere haben sich ihr in dieser Sache angeschlossen, wie auch der gerade bei uns bekannte, hervorragende Vertreter eines religiös-jüdischen Sozialismus, Ernst Simon. Die Gefahr liegt nahe, nach jahrhundertelanger Leidenserfahrung, nach dem erbärmlichsten Knechtsverhältnis, nun selber endlich Herr sein zu wollen, um das Erlittene an wen auch immer zurückzuzahlen. Hier wird die entgegengesetzte Konsequenz gezogen; die Bedingungen, die uns unser Menschentum vorenthalten, sollen aufgehoben werden. Es ist nur natürlich, daß die Mapam und die Menschen aus den verschiedensten Gruppen des israelischen Volkes, die ihr in dieser Sache zur Seite stehen, dabei nicht die elementaren Sicherheitsbedürfnisse, auf die doch ein jeder Anspruch hat, außer acht lassen können. Wer die Situation Israels richtig versteht, wird sich nicht irreführen lassen. Auf lange Sicht hin gesehen ist die Lage Israels überaus gefährdet. Die Zukunft der arabischen Völker ist, welche geschichtlichen Umwege sie auch noch zu gehen haben, unzweifelbar gesichert. Sie werden, auf dem Hintergrund eines ständigen, großen Bevölkerungswachstums, eines Tages ihre Rolle als gleichberechtigte und gleichausgestattete Nationen nach vollendetem Emanzipationsprozeß spielen. Niemand wird diesen Prozeß auf die Dauer aufhalten. Israel aber muß die Alternative seiner vollkommenen Vernichtung ins Auge fassen; für Israel gibt es keine zeitweiligen Niederlagen, sondern nur eine totale. Selbst das deutsche Volk ist, nach beispiellosen Verbrechen während des zweiten Weltkriegs, innerhalb kurzer Frist wieder in das Leben der Völker zurückgetreten, um einen wichtigen Platz einzunehmen. Wer die jüdische Geschichte kennt und die gegenwärtige Lage realistisch versteht, weiß, daß die Bedrohung des jüdischen Volkes ganz unbeendet ist. Hier wird nicht eine Regierung bedroht, eine Partei, eine noch so große Gruppe, hier wird die Existenz selber bedroht, die Existenz aller. Noch sind die Sowjetunion und die Vereinigten Staaten von Amerika, wenn auch aus unterschiedlichen Motiven, daran interessiert, den israelischen Staat am Leben zu erhalten; werden sie es morgen noch sein? Israel lebt in einer feindlichen Umwelt, aber nicht nur eben dies; der Jude lebt in einer feindlichen Umwelt. Ein unterschwelliger Antisemitismus setzt sich fort, die entsetzliche Erbschaft wird stetig weitergegeben, die kollektive Neurose, die in den technologisch entwickelten Gesellschaften anwächst, weist auf neue, irrationale Ausbrüche. Jüdische Existenz bleibt das größte Risiko; ihr bleiben wenig Alternativen. Dies alles will mitverstanden sein, auch wenn wir es nicht wahrhaben möchten; es ist dies keine Theorie, die das jüdische Volk mythisiert, sondern schlichte Empirie, blutige, unbeendete Geschichte.

»Ubi Lenin, ibi Jerusalem«, heißt es, mit großartiger Formulierung, in Blochs »Prinzip Hoffnung«. Wo Lenin ist, ist Jerusalem. Die abstrakte Theorie der Weltrevolution jedoch läßt keinen Platz für den Juden. Die Frauen und Männer der sozialistischen Haschomer Hazair, die im Warschauer Ghetto den Todeskampf kämpften, kämpften für ein wirkliches Jerusalem unter den Füßen. Für dieses wirkliche Jerusalem haben die vornehmsten Charaktere des jüdischen Volkes alles hinter sich gelassen, um Arbeiter und Bauern zu werden. Im Ursprung des Zionismus, an der Wiege der Prophetie, war stets beides: Israel als Erde, die der Mensch fruchtbar macht und die ihren Ort hat, und Israel als Menschheitsheimat, als Sinnbild einer kommenden Landschaft, in der alle beherbergt sind. Die universelle Bedeutung des jüdischen Problems ist damit schon angezeigt, der Kampf um das eigene Leben als Volk und der Kampf um das Menschenvolk. Peretz Merchavs Buch zeugt von dem eindrucksvollen Versuch, einer großen Hinterlassenschaft gerecht zu werden. Die Revolutionierung des jüdischen Volkes bleibt Teil der Menschheitsrevolution; der Auftrag wird nicht zurückgenommen, noch wird die wirkliche Zukunft des jüdischen Volkes für eine Schimäre preisgegeben, seine einzige, reale Hoffnung. Der sozialistische Zionismus aber, der heute mehr denn je eine tiefgreifende Erneuerung der zionistischen Bewegung zu besorgen hat, wird nur eine Aussicht haben, wenn er in dem Verbund aller derer handeln kann, die den Kampf für eine menschlichere Zukunft führen, und damit seine Isolierung durchbricht. Die Hilfe, die wir ihm leisten können, ist zugleich eine Hilfe bei der einzig möglichen Lösung der Probleme des Nahen Ostens, die auf dem Zusammenwirken aller gesellschaftsverändernden Kräfte der Region beruht. Der Beitrag des Judentums zu Theorie und Praxis der Vermenschlichung ist in seiner Bedeutung überhaupt nicht einzuschätzen, wir alle sind mit ihm groß geworden; es ist unsere Aufgabe, den Anspruch des jüdischen Volkes auf ein eigenes Leben als unwiderrufbaren Bestand dieser Vermenschlichung zu erkennen. Es ist die Aufgabe des jüdischen Volkes, seine menschheitliche Bestimmung fortzusetzen, und nicht seine eigene Geschichte, sich selber zu widerrufen.

3. Presse

Albrecht Betz

Der »Poet der neuesten Zeit« als Journalist

Über Heines publizistische Schriften

Aus dem Abstand von knapp hundertfünfzig Jahren – in denen der publizistische Markt die Autoren längst zu literarischen und journalistischen Spezialarbeitern machte – scheint es, als habe Heine die Vereinbarkeit von Unvereinbarem zum Extrem getrieben. Auf der einen Seite: die oft bis in subtilste Klangvaleurs »ausgehörte« musikalische Lyrik eines sensiblen Egozentrikers, der in der spätromantischen Tradition großgeworden ist; der bereits die eigene Weltschmerz-Attitüde ironisiert, der die Ausdrucksskala der lyrischen Charaktere erweitert, die Poesie um neue Empfindungen bereichert, ihr neue Sujets erschließt. Auf der anderen: Korrespondenzberichte, die dokumentarische Authentizität beanspruchen, politische Analysen in historischer Perspektive, durchdrungen vom gesellschaftlichen Sendungsbewußtsein ihres Verfassers. Mehr noch: beide Bereiche nehmen Elemente des jeweils anderen in sich auf und integrieren sie.

Das fruchtbare Problem in Heines politischer Prosa ist, wie die seismographische Empfindlichkeit des Dichters zusammengeht mit der kritischen Objektivität des Berichterstatters, der versucht, die eigene, in vielem noch verschleierte und widersprüchliche Übergangszeit auf ihre Entwicklungstendenzen hin transparent zu machen. Als sozial engagierte Publizistik ist sie für den Tag geschrieben; als künstlerische Texte erheben sie Anspruch auf Dauer.

Verfolgt man Heines Prosa auf ihre Anfänge zurück, fällt auf, daß sie – mit den »Briefen aus Berlin« und »Über Polen« (1822)[1] – ihren Ausgang von berichteter Wirklichkeit nimmt, und nicht erst über den Umweg von Novelle und Roman zu Formen findet, die sich unmittelbar mit der empirischen Wirklichkeit auseinandersetzen.

Hinzu tritt, daß Heines Sicht der zeitgenössischen Realität zu Beginn bestimmt ist vom eigenen Interesse an der Emanzipation einer auf Grund von Vorurteilen sozial und politisch benachteiligten Gruppe. Noch als Student muß er in Berlin erleben, daß Preußen die Juden wieder zu Bürgern zweiter Klasse degradiert. Das 1812 unter Hardenberg erlassene freiheitliche Judenedikt wird bereits zehn Jahre später modifiziert und den Juden aufs Neue der Weg zum öffentlichen Dienst versperrt: eine für den angehenden Juristen düstere Perspektive. In der polemischen Aggressivität seiner auf Wirkung und Veränderung hin drängenden Prosa schlägt sich dies nieder. Die Presse, äußerte er damals, ist »eine Waffe, und es gibt zwei Juden, welche deutschen Stil haben. Der eine bin ich, der andere Börne.«[2]

Entlarven und Demaskieren gehören für ihn von Beginn an als aufklärerische Destruktion zu den didaktischen Absichten seiner Prosa. Als Angehöriger einer noch unterdrückten, aber aufstrebenden Gruppe, sucht er in seinen Texten das – in Hegels Schule – neugewonnene Wissen operativ einzusetzen. Vor allem die progressiven Elemente aus dessen Rechts- und Geschichtsphilosophie, seiner Religionsphilosophie und Ästhetik wird er in seine Arbeiten aufnehmen.

Um die bürgerliche Emanzipation voranzutreiben, von der er sich die der Juden verspricht, bedarf es in Deutschland vorerst jenes Kampfes, den in Frankreich vor 1789 die Enzyklopädisten führten. Der Angriff gilt, wie Heine in den »Reisebildern« formuliert, dem verbündeten »Feudalismus und Klerikalismus«, samt der »Mißgeburt« der Staatsreligion. Seine Strategie zielt darauf, den Autoritätsanspruch von Religion und Klerus, als wichtigsten Stützen des »Despotismus«, zu unterminieren. »Durch Schwächerwerden im Glauben könnte Deutschland politisch erstarken.«[3] Folgerichtig entwickelt er verschiedene Verfahren sprachlicher Säkularisierung, unter anderen die satirische Verquickung von Bildern und Begriffen der kirchlichen Sprache mit solchen der ökonomischen. Freilich würde bloße Aufklärung zu kurz greifen und bestenfalls oppositionelle Thesen geistreich illustrieren.

---

1 In: Heinrich Heine: Sämtliche Werke, hrsg. v. E. Elster, Leipzig, Berlin, Wien 1887-1890, Bd. VII, S. 176 ff. und S. 188 ff.
2 Gespräche mit Heine. Gesammelt u. hrsg. v. H. H. Houben, Potsdam 1948, S. 44.
3 Heine, SW III, 418.

Zwar läßt sich Heine nicht ein auf suggestive Fiktion, mit der die spätromantischen Novellen- und Märchenautoren ihre Leser in Traumwirklichkeiten entrücken wollen. Aber er ist weit davon entfernt, Subjektivität, Erlebnisfähigkeit, Vorstellungskraft aus der Prosa zu verbannen, im Gegenteil: er sucht eine neue Synthese. Die »Reisebilder«, in die noch Elemente der Briefliteratur des 18. Jahrhunderts eingehen, sind ihr erstes Ergebnis. Die Neigung zu fragmentarisch knapper Darstellung, die Konzentration auf Einzelbilder und deren Verkettung, stehen dem nicht entgegen. Die Sicherheit und Präzision, mit der Metaphern, Rhythmen und »Klangfiguren« eingesetzt werden, rühren her aus der lyrischen Produktion.

Den zentralen Einschnitt in Biographie und Werk bilden die Pariser Julirevolution von 1830 und Heines Übersiedlung in die »Hauptstadt des 19. Jahrhunderts«, ein Jahr später. Er reflektiert diese Zäsur umfassend – auch, und nicht zuletzt, in Hinsicht auf die Ästhetik. Das wird in seiner Reaktion auf Hegels These vom »Ende der Kunst« deutlich. Heine relativiert sie. Er spricht vom »Ende der Kunstperiode«. Es ist für ihn mit Goethes Tod besiegelt[4].

Auch für Hegel geht es nicht um ein Verenden der Kunst, sondern um einen – allerdings entscheidenden – Verlust an Bedeutung und Stellenwert, an Gehalt und Notwendigkeit der Kunst in der modernen, bürgerlich-industriell geprägten Wirklichkeit. Deren Totalität lasse sich anschaulich nicht länger darstellen; sie sei nur noch vom Begriff, von der Wissenschaft zu fassen. Kunst vermöge nurmehr Teilwahrheiten, nicht mehr das Ganze des Geistes einer Epoche auszudrücken. Zwar emanzipiere sie sich in der Gegenwart von religiösen und feudalen Bindungen; aber dieser Befreiung sei die Gefahr der Auflösung und der Unverbindlichkeit einbeschrieben – gemessen am klassischen Ideal.

Heine sträubt sich gegen solche Reduzierung – als Künstler. Er läßt Hegels These nur partiell gelten: allein die »autonome« Kunst sei erledigt, eine, die allein sich selbst zum Zweck habe und der Konzeption des l'Art pour l'art verpflichtet sei. Stattdessen gelte es, die neue Kunst mit der Politik zu verbinden und eine neue »Technik« für sie zu entwickeln.

In der französischen Metropole spürt er weit deutlicher als zuvor im provinziell verspäteten Deutschland der 1820er Jahre die Unzulänglichkeit der überlieferten literarischen Mittel, des ästhetischen Diskurses, gegenüber der rapide sich verändernden Empire. Sie ist zunehmend be-

4 Vgl. A. Betz: Ästhetik und Politik – Heinrich Heines Prosa, München 1971, S. 12 ff.

stimmt durch industrielle Warenproduktion und gesellschaftliche Konflikte, die auf gänzlich veränderte Weise ausgetragen werden. Gegenüber solchen Erscheinungen sind künstlerische Darstellungsweisen, wie die Kunstperiode der Goethezeit sie entwickelte, um »organische« und geschlossene Werke zu erzielen, disfunktional geworden.

»Überhaupt scheint die Weltperiode vorbei zu sein, wo die Taten der Einzelnen hervorragen; die Völker, die Parteien, die Massen selber sind die Helden der neueren Zeit«, notiert Heine 1832 im letzten Bericht seiner »Französischen Zustände«[5]. Über die zweite, große Folge seiner politischen Berichte aus Paris, die er in der »Lutezia« zum Buch zusammenfügt, wird er seinem Verleger später schreiben, die Julimonarchie sei nicht die Epoche Louis-Philippes gewesen – »er ... ist bloß Staffage« – sondern »der Held meines Buches ... ist die soziale Bewegung«[6].

Die wichtigste Funktion der neuen *Schreibart* Heines wird sein, dieser Erkenntnis Verbreitung zu verschaffen: daß hinter jeder politischen die *»soziale Frage«* steht. Anders gesagt: es bedarf veränderter Ausdrucksmittel, um die neuen gesellschaftlichen Bedürfnisse wirksam artikulieren zu können.

Der Vorrang dieser Bedürfnisse, überhaupt des ökonomischen und sozialen Bereichs gegenüber der Auseinandersetzung über die politischen Institutionen, rückt in Frankreich ab 1830 vehement in den Mittelpunkt der Diskussion. Die fortschrittlichsten Pariser Intellektuellen stehen damals unter dem Einfluß des Saint-Simonismus – einer, notwendig noch utopischen, Vorform des wissenschaftlichen Sozialismus. Heine steht seinen Ideen sehr nahe.

Er übernimmt sehr bald die Rolle des Vermittlers zwischen beiden Ländern, versucht, den intellektuellen Austausch vorab über das Medium der Presse zu befördern. Die jungen deutschen Journalisten und Schriftsteller hält er für mögliche Multiplikatoren. An Heinrich Laube, damals Redakteur in Leipzig, schreibt er im Juli 1833:

»Bewahren Sie uns die wichtige Festung, die ›Elegante Welt‹, für die Folge. Dissimulieren Sie. Fürchten Sie nicht, verkannt zu werden ... Sie stehen höher als alle die Anderen, die nur das Äußerliche der Revolution, und nicht die tieferen Fragen derselben verstehen. Diese Fragen betreffen weder Formen noch Personen, weder die Einführung einer Republik noch die Beschränkung einer Monarchie, sondern sie betreffen

---

5 Heine, SW V, 520.
6 Heinrich Heine: Briefe, Erste Gesamtausgabe nach den Handschriften. Hrsg. v. F. Hirth, Mainz 1949/50, Bd. III, S. 410.

das materielle Wohlsein des Volkes. Die bisherige spiritualistische Religion war heilsam und notwendig, solange der größte Teil der Menschen im Elend lebten und sich mit der himmlischen Seligkeit vertrösten mußten. Seit aber, durch die Fortschritte der Industrie und Ökonomie, es möglich geworden die Menschen aus ihrem materiellen Elende herauszuziehen und auf Erden zu beseligen, seitdem – Sie verstehen mich. Und die Leute werden uns schon verstehen, wenn wir ihnen sagen, daß sie in der Folge alle Tage Rindfleisch statt Kartoffeln essen sollen und weniger arbeiten und mehr tanzen werden. – Verlassen Sie sich darauf, die Menschen sind keine Esel.«[7]

Das »Bewahren« und »Dissimulieren« bezieht sich auf die rigorose *Zensur*, die – seit den berüchtigten Bundestagsbeschlüssen von 1832, die dem Hambacher Fest auf dem Fuße folgten – erneut verschärft wird. Metternich widmet ihr als Dirigent der Restaurationspolitik besondere Aufmerksamkeit. »Die Pressefragen«, schreibt er seinem Freund Wittgenstein, »sind heute die allerwichtigsten. Im revolutionären Interesse haben die Revolutionäre einen sehr richtigen Takt. Es ist nicht umsonst, daß sie die Presse über alles stellen und behaupten, daß in ihr alles Heil liegt.«[8] (Seinen Sekretär Friedrich Gentz läßt er, ebenfalls 1832, bei Cotta intervenieren: um die Einstellung von Heines Pariser Berichten zu bewirken, die in Cottas angesehener Augsburger Allgemeinen Zeitung erscheinen.)

Die Lage Heines – dessen neues Image als politischer Publizist noch vom Ruhm des Dichters des »Buch der Lieder« überlagert wird – ist nicht weniger widersprüchlich, als die Zustände, über die er berichtet. Die politischen Bewegungen, die die Julirevolution auslöste, sind bereits zwei Jahre später in ganz Europa rückläufig. Auch in Frankreich hat sich die »Bürgermonarchie« rechts konsolidiert. Louis-Philippe, auf den Thron getragen von einer Revolution, die sich just an der unterdrückten Pressefreiheit entzündete, beginnt einen immer erbitterter werdenden Kampf gegen die aggressiven Pariser Zeitungen. Er führt einen Zweifrontenkrieg: gegen die Legitimisten, die für die Restauration der Bourbonen-Monarchie agieren, und gegen die republikanische Linke, die jene Massen zu mobilisieren sucht, die – obwohl Hauptakteure des Juli 1830 – leer ausgingen.

Heines Stellung ist darum besonders delikat, weil er Monarchisten wie

---

7 Briefe, Bd. II, S. 39 f.
8 Zit. n. Einheit und Freiheit, Die deutsche Geschichte von 1815-1849 in Dokumenten dargestellt. Hrsg. v. K. Obermann, Berlin 1950, S. 18.

Republikaner kritisiert, und dadurch bei den Pariser deutschen Emigranten in Verdacht gerät, es mit dem »juste milieu« Louis-Philippes zu halten. Dabei ist er gerade von ihm rasch desillusioniert. Seine Berichte sind voll des ätzenden Spotts über das neue System des »enrichissez-vous«. Es fehlt nicht an boshaften (und bitteren) Beobachtungen über jenen Wandel, der wesentlich darin besteht, daß die Macht von der traditionellen Aristokratie auf die neureiche aristocratie financière übergeht.

Während Heine die Royalisten – immer mit Durchblick auf den deutschen Feudaladel – als historisches Überbleibsel ridikülisiert, bezieht er zugleich Position gegen die französischen und deutschen Republikaner. Er sieht in ihnen unzeitgemäße Spätjakobiner – die kleinbürgerlich-demokratischen Epigonen der Robespierreschen Tugendrepublik. Das bringt ihn unvermeidlich in Konflikt mit dem bereits ein Jahr vor ihm nach Paris übersiedelten Börne und seinen Anhängern. Heine ist solidarisch mit ihnen im Kampf gegen den verspäteten deutschen Kleinstaatenfeudalismus. Zugleich distanziert er sich von ihren Vorstellungen, den französischen Republikanismus unvermittelt auf die deutschen Verhältnisse übertragen zu können.

Für die Metternichsche Zensur orientieren sich seine Berichte offenkundig zu weit links, den Republikanern dagegen erscheinen sie zu gemäßigt und zu wenig eindeutig. Hinzu tritt, daß Heine sich aus mehreren Gründen die »AZ« als Publikationsmöglichkeit offen halten will. Sie ist (bis in die 1840er Jahre) nicht nur das überregional einflußreichste deutschsprachige Blatt; Heine ist auch auf großzügige Honorierung angewiesen. Schließlich glaubt er es seinem Prestige als Schriftsteller schuldig zu sein, nicht in der Provinzpresse zu schreiben.

Aber schon das Arrangement mit Herausgeber und Redaktion – die ihn als »pikante Feder« hofieren, aber doch minder Politisches aus dieser Feder vorzögen – ist schwierig. Und zwar, wie Heine 1854 aus dem Rückblick notiert, »weil die Redaktion gezwungen ist, das Journal sowohl der tausendköpfigen Leserwelt als auch manchen ganz kopflosen Behörden gegenüber zu vertreten«, wobei oft genug »die gute Gesinnung und der noch bessere Stil des Verfassers sehr bedenklich in die Krümpe« gingen.

»Ein in jeder Hinsicht politischer Schriftsteller muß der Sache wegen, die er verficht, der rohen Notwendigkeit manche bitteren Zugeständnisse machen. Es gibt obskure Winkelblätter genug, worin wir unser ganzes Herz mit allen seinen Zornbränden ausschütten könnten – aber sie haben nur ein sehr dürftiges und einflußloses Publikum, und es wäre ebensogut, als wenn wir in der Bierstube oder im Kaffeehause vor den respektiven Stammgästen schwadronierten, gleich andern großen Patrioten. Wir handeln weit klüger, wenn wir unsre Glut mäßigen und mit nüchternen Worten, wo nicht gar unter einer Maske, in einer Zeitung uns aussprechen, die mit Recht eine Allgemeine Weltzeitung genannt wird und vielen hunderttausend Lesern in allen Landen belehrsam zu Händen kommt. Selbst in seiner treulosen Verstümmlung kann hier das Wort gedeihlich wirken; die notdürftigste Andeutung wird zuweilen zu ersprießlicher Saat in unbekanntem Boden.«[9]

Mit zunehmender Dauer seines Exils schätzt Heine auch die Möglichkeiten für einen plötzlichen Umschwung in Deutschland mit Skepsis ein. Die verstockte Autoritätsfrömmigkeit seiner Landsleute, die »noch an eine hohe Obrigkeit, an die Polizei, an Hofräte, an die heilige Dreifaltigkeit« glauben[10], die sich nicht auf 1789 berufen können in einem Land, dessen Splitterfeudalismus sich für die Entwicklung in Europa als retardierendes Moment geltend macht, all dies scheint ihm eher auf eine lang währende Übergangsperiode hinzudeuten.

Als Publikum für seine politischen Schriften dürfte er vorab das liberale Bürgertum im Auge haben, das in Deutschland noch in der Opposition steht. Es beansprucht, das nationale Gesamtinteresse zu vertreten und will eine kapitalistische Basis und einen bürgerlichen Staat schaffen. Die künftige Deformation dieser Entwicklung kann Heine im fortgeschrittenen Frankreich bereits beobachten und davor warnen; gleichwohl hält er den neuen Widerspruch zwischen »Besitzenden und Besitzlosen«, den zwischen Kapital und Arbeit, für vorerst kaum vermeidbar.

Während die deutschen Liberalen im Vormärz noch um Konstitution und Pressefreiheit kämpfen, die ihnen vom Adel vorenthalten werden, berichtet Heine bereits – seit 1841 – über die Vorboten des Kommunismus[11]. Während sich in Frankreich die wohlhabende Bourgeoisie durch Besitz und Bildung berufen glaubt, die Staatsgeschäfte zu lenken und zu vertreten, zugleich verhindern möchte, daß die arbeitenden Massen sich organisieren, damit sie nicht unabhängig politische Ziele verfolgen, erscheinen die innerdeutschen Interessenkonflikte kompliziert und unübersichtlich. Die mangelnde nationale Einheit und die verspätete Industrialisierung verzögern jene gesellschaftliche Frontenbildung, die auf materiellen Interessenkonflikten beruht.

9 Heine, SW VI, 189.
10 SW V, 517.
11 SW VI, 279.

Notwendig müssen diese Zustände auch den Erfahrungshorizont der in Deutschland lebenden Autoren beschränken. Die »Unbestimmtheit der ganzen Anschauungsweise«, so konstatiert 1847 der junge Engels, bietet »keine Gelegenheit, einzelne zu erzählende Fakta an allgemeine Verhältnisse anzuknüpfen und ihnen dadurch die frappante, bedeutende Seite abzugewinnen«. Und er resümiert: »Ehe nicht in Deutschland die gesellschaftlichen Gegensätze eine schärfere Form erhalten haben durch eine bestimmtere Sonderung der Klassen und momentane Eroberung der politischen Herrschaft durch die Bourgeoisie, ist für einen deutschen Poeten in Deutschland selbst wenig zu hoffen. Einerseits ist es ihm in der deutschen Gesellschaft unmöglich, revolutionär aufzutreten, weil die revolutionären Elemente selbst noch zu unentwickelt sind, andererseits wirkt die ihn von allen Seiten umgebende chronische Misere zu erschlaffend, als daß er sich darüber erheben, sich frei zu ihr verhalten und sie verspotten könnte, ohne selbst wieder in sie zurückzufallen.«[12]

Folgerichtig ist es das wichtigste Ziel der deutschen und österreichischen Zensur, zu verhindern, daß das noch diffuse Unbehagen des ökonomisch erstarkenden Bürgertums sich politisch artikuliere. Da die Zensur im Bewußtsein der Bürger kaum erst als Beschränkung gespürt wird, wohl aber im wirtschaftlichen Bereich der Zoll und Auflagen, müssen die Autoren – sofern sie jene über ihre politischen Interessen aufklären wollen, einen indirekten Weg versuchen: über die Vermittlung pragmatischer Kenntnisse und Unterhaltung. Darum lobt Heine in einer späten Bemerkung der »Lutezia« den Redakteur der AZ, Kolb, daß er »für die Verbreitung von gemeinnützlichem Wissen, dem besten Emanzipationsmittel, und überhaupt für das politische Heil seiner Mitbürger so viel getan, viel mehr als Tausende von bramarbasierenden Maulhelden«[13]. Dem Unterhaltungsbedürfnis kommt er seinerseits entgegen, indem er, stärker als in den »Französischen Zuständen«, Berichte aus der Pariser Hautevolée, der mondänen und halbmondänen Welt einfügt: für die Bürger der deutschen Kleinstaaten haben sie den Reiz des Exotischen.

In Deutschland kann eine politische Meinungspresse kaum erst in Ansätzen Fuß fassen. Dominierend bleibt publizistisch für lange Zeit jener Typus von Informationsblättern, der später als Generalanzeigerpresse firmiert und vorgibt, »objektiv« zu berichten und alle Interessen zu Wort kommen zu lassen.

---

12 MEW, Bd. IV, S. 217 u. 222.
13 Heine, SW VI, 189.

In Frankreich hat die weit fortgeschrittene Subsumtion geistiger Arbeit unter das Kapital längst auch die Publikationsmittel erfaßt. Für die politische Berichterstattung heißt das: Informationen und Zeitungen werden zur Ware, zu Spekulationsobjekten. Die raisonierende Presse ist zum Instrument rivalisierender Parteien geworden; für die Mehrzahl der Journalisten zeichnet sich die Alternative ab: publizistischer Lohnarbeiter oder Outsider.

Heines Stellung ist vergleichsweise privilegiert, obwohl er sich permanent über Geldmangel beklagt. Neben den Tantiemen aus seinen deutschen und französischen Buchveröffentlichungen und den Honoraren für literarische Nebenarbeiten bezieht er ein monatliches Fixum von seinem Bankier-Onkel in Hamburg sowie, als Emigrant, eine französische Staatspension (bis 1848). Offenbar braucht er einen bestimmten Standard, um produzieren zu können. Dem Sensualismus seiner Schreibart entspricht eine nicht-asketische Lebensführung.

Die Originalität dieser Schreibart, deren Beweglichkeit und Elastizität ihr die Frische und Anziehungskraft bis heute bewahrte, liegt in der kunstvollen Integration von sprachlichen Ebenen, die sich bis dahin gegenseitig ausschlossen. Dabei übernehmen die einzelnen Sprachschichten oft andere Leistungen, als ihnen früher oblagen; das unerwartete Zusammentreten ermöglicht es, neue Bereiche der Realität sichtbar zu machen. Diese analytische Schreibweise ist selektiv darauf aus, das Wichtige, Bedeutungsvolle und Verändernde aus einer Flut von Belanglosem herauszulösen und als symptomatisch für den Prozeß der Gegenwart bewußt zu machen.

Als Instrument zur Dechiffrierung der modernen bürgerlichen Gesellschaft, als Mittel, neue soziale Ideen zu lancieren, wurde Heines Sprache oft imitiert und selten erreicht. Denn seine Technik ist nicht einfach zu übernehmen: nur wenn die Komplexion des darzustellenden Inhalts dazu zwingt, kann sie sinnvoll benutzt werden; wo nicht, werden lediglich Belanglosigkeiten mit Stilkünsten aufgezäumt.

An den großen Berichten etwa der »Französischen Zustände« läßt sich ablesen, daß es nicht um die unbesorgte Reihung der Einzelereignisse geht, sondern jeder Artikel durchkomponiert und um ein Problem zentriert ist. Darin ist Heine trotz allem dem Geist der thematischen, Motive entwickelnden Arbeit der kritisierten »Kunstperiode« nahe. Auch das unterscheidet ihn von seinen Epigonen.

Die spirituelle Eleganz dieser Prosa erinnert musikalisch an die Technik des Scherzos: auch hier die prägnante Linienführung, Witz als schneller, konzentrierter Fluß der Gedanken mit überraschenden Abweichungen, das Ganze schlank instrumentiert, wo nicht solistisch angelegt auf virtuosen Vortrag.

Der »Poet der neuesten Zeit«[14], der als erster deutscher Dichter seine Subjektivität einer modernen Metropole aussetzte, beschrieb die Phänomene der Großstadt – in der alles im Geldstrom schwimmt und von ihm bewegt wird – gespannt zwischen zwei Extremen: der Verpflichtung durch die älteren Mittel, die klassische und romantische Tradition; und der Verlockung des noch nie Erprobten. Das verleiht Heines Berichten ihre erstaunliche Tiefenschärfe. Sie sind ein Konzentrat seiner Epoche.

14 Arnold Ruge prägte die Bezeichnung 1838 in einer Charakteristik Heines.

Dieter Kühn

Rudolf Rocker in London

Modell einer Solidarisierung

1.

Auf Gruppenfotos fällt Rudolf Rocker sofort auf. Beispielsweise sitzen auf Stühlen und auf dem Boden mehrere Herren in dunklen Anzügen, mit Westen, Krawatten, einer von ihnen mit Zigarre, einer mit einem steifen Hut in den Händen, und sie alle haben gepflegte Schnurrbärte. Hinter dem halben Dutzend Herren, die höhere Angestellte einer Bank sein könnten, stehen zwei Damen, in den Kostümen der Jahrhundertwende, mit breitrandigen Hüten; über einem dieser Hüte eine breite, weiße Feder, unter dem anderen Hut, leicht beschattet, ein schönes Frauengesicht, slawische Backenknochen, ein schmaler, großer Mund, dunkle Augen. Es handelt sich hier um Damen und Herren einer Londoner Anarchistengruppe. Unter ihnen, in der mittleren Reihe, etwas rechts: er, Rudolf Rocker. Bäuerlich schwere Figur; massiger, runder Kopf; der Schnauzbart die Mundwinkel überdeckend; Drahtbrille; auf dem dichten, welligen Haar keß eine flache Schirmkappe; die breiten Hände aufgelegt auf den Griff eines Spazierstocks, den er zwischen den Füßen aufgestützt hat. Dieser Mann fällt auf, sofort, der fällt fast heraus aus dem Rahmen freundlicher, mit der schönen Dame sogar händchenhaltender Herren, das ist ein offenbar sehr eigenwilliges Mannsbild, das sich seiner besonderen Rolle bewußt sein dürfte.

2

Über Solidarität und Solidarisierung wird viel geschrieben und gesprochen, Solidarität wird unablässig gefordert und verkündet: Solidarität mit Strafgefangenen, mit Arbeitern, mit einem so großen Bereich wie der Dritten Welt. Unterschriften, Spenden: darin erschöpft sich meist schon die Solidarisierung.

Was Solidarität sein kann, konkret, im Detail der täglichen Arbeit, jahrelang, das hat Rudolf Rocker Ende des vorigen Jahrhunderts in London gezeigt. Der folgende Bericht über seine Solidarisierung mit den ostjüdischen Textilarbeitern im Londoner East End stützt sich auf kürzere Arbeiten von Joseph Leftwich und William Fishman und vor allem auf Recherchen des Verfassers im Rocker-Archiv des Internationalen Instituts für Sozialgeschichte in Amsterdam. Dort hat der Verfasser in das umfangreiche Konvolut der bisher nur teilweise veröffentlichten Rocker-Memoiren Einsicht genommen, auch wurden kürzere autobiographische Arbeiten ausgewertet, die sich in der Manuskriptsammlung befinden – hier vor allem ist es ein Bericht, den Rocker für die Zeitschrift »Jewish Frontier« verfaßt hat.

3.

Rudolf Rocker wurde am 25. März 1873 in Mainz geboren. Sein Vater war Notenstecher, die Mutter stammte aus einer »alten Mainzer Familie«. Die Eltern starben früh, Rudolf kam in ein katholisches Waisenhaus. Nach Beendigung der Schulzeit ging er bei einem Buchbinder in die Lehre, wanderte als Buchbindergeselle durch verschiedene europäische Länder. Rocker schreibt darüber in seinem Zeitungsbericht: »Dabei habe ich überall mit der freiheitlichen Bewegung Fühlung genommen und mich aktiv in ihr beteiligt.«

Durch das bismarcksche Sozialistengesetz zur Emigration gezwungen, lebte Rocker von 1893 bis 1895 in Paris, »und hatte während dieser fruchtbaren Zeit Gelegenheit, mich mit den sozialen Bestrebungen der Gegenwart gründlich vertraut zu machen«.

Als Dreiundzwanzigjähriger kam er nach London. Im März 1896 wurde er um einen Artikel für die jiddische Zeitung »Arbeter-Fraint« gebeten – der erste Kontakt mit den Ostjuden im Londoner Ghetto. Rocker über die Situation dieser jüdischen Emigranten, die vor allem aus Rußland stammten: »Die jüdische Arbeiterbewegung in London hatte natürlich einen ganz anderen Charakter als in Paris, wo damals nur einige Gruppen jüdischer Sozialisten bestanden. Hier in London aber lebten viele Tausende jüdischer Arbeiter, die das Schicksal nach England verschlagen hatte, unter recht gedrückten wirtschaftlichen Verhältnissen, wie ich sie vorher nie kennengelernt hatte. Die große Mehrheit war in der Konfektionsschneiderei beschäftigt, doch gab es auch genug andere Berufe unter ihnen, wie Tischler, Schuhmacher, Bäcker, Zigarettenmacher, Hutmacher usw. London war zu jener Zeit eine Art clearing house für die jüdische Arbeiterschaft. Von Rußland, Galizien, Rumänien brachte die Einwanderung stets neue proletarische Elemente, während andere, nachdem sie einige Jahre in London gelebt hatten, nach den Vereinigten Staaten, Canada, Südafrika und Argentinien auswanderten, so daß sich der Kreis stets veränderte. Viele dieser Arbeiter empfingen in London ihre erste sozialistische Erziehung und trugen die neuen Ideen in andere Länder. Sie bezogen aus London den »Arbeiter-Freund« und die Broschüren, die sie in ihrem neuen Wirkungskreise benötigten, und blieben stets mit den Genossen in England in enger Verbindung. Als sich später die erste jüdische Arbeiterbewegung in Rußland entwickelte, gingen manche zurück in die alte Heimat und erhielten ihr Propagandamaterial insgeheim aus England.

Die große Mehrheit der jüdischen Sozialisten in England waren Anhänger der Lehren Kropotkins und des freiheitlichen Sozialismus. Ihr Organ, der »Arbeiter-Freund«, wurde zwar als unparteiische Zeitung gegründet, an der Sozialisten aller Richtungen mitarbeiteten, wurde aber später das Blatt der freiheitlichen Ideenrichtung und ist es stets geblieben.

»Es würde zu weit führen, hier in allen Einzelheiten zu erzählen, wieso ich die jüdische Sprache erlernte und die Redaktion des ›Arbeiter-Freund‹ übernommen habe, obwohl es an sich sehr interessant ist. Es war sozusagen reiner Zufall, der mir dieses neue Wirkungsfeld erschloß, und ich hatte damals sogar keine Ahnung, wie lange ich dieser Bewegung verbunden bleiben würde.«

Wenigstens kurz soll hier nun doch berichtet werden, wieso Rocker die jiddische Sprache erlernte und Redakteur des Arbeter-Fraint wurde. Der erste, zufällige Kontakt ergab sich, wie gesagt, weil die Zeitung um einen Artikel bat. Rocker schrieb ihn, er wurde ins Jiddische übersetzt und dann veröffentlicht. Es ergaben sich damit weitere Kontakte zur Gruppe Arbeter-Fraint, Rocker wurde zu Veranstaltungen eingeladen, er nahm gerne an: die ideologischen Auseinandersetzungen und Bruderkämpfe unter den deutschen Sozialisten in London hatten ihn frustriert, er sah im East End die Möglichkeit, politisch aktiv zu werden.

Bald schon mietete er sich im Wohngebiet der Ostjuden ein, bei einem Handwerker, in dessen Wohnung sich »Genossen des inneren Zirkels der jüdischen Bewegung« trafen. Hier lernte er Milly Witkop kennen, die zu den aktiven Mitgliedern der Gruppe Arbeter-Fraint gehörte: die damals achtzehnjährige Tochter eines emigrierten ukrainischen Schneiders war Arbeiterin in einem sogenannten sweating shop, in einem der »Schweiß-Läden«, der Ausbeutungsbetriebe der Textilindustrie im East End. Angesichts der unerträglichen sozialen Verhältnisse beschäftigte sie sich mit sozialen Fragen und schloß sich der anarchistischen Bewegung an. Milly Witkop wurde später Rockers (zweite) Frau. Ein längerer Aufenthalt Rockers in den Vereinigten Staaten unterbrach den direkten Kontakt mit der Gruppe Arbeter-Fraint. Nach seiner Rückkehr nahm er jedoch gleich wieder die Verbindung auf. Inzwischen hatte die Zeitung ihr Erscheinen einstellen müssen. Rudolf Rocker, so schlugen die Genossen vor, sollte sie neu herausbringen. Dazu war einige Überredung notwendig, denn Rocker beherrschte nicht die jiddische Sprache; die hebräischen Schriftzeichen erschienen ihm als Hieroglyphen. Aber man wollte dolmetschen und übersetzen, wollte ihm helfen, die ihm fremde Sprache zu lernen. Rocker übernahm denn auch tatsächlich die Schriftleitung des Arbeter-Fraint; die erste Ausgabe unter seiner Leitung erschien im Oktober 1898. Er bezeichnete den Arbeter-Fraint als Propagandablatt für den freiheitlichen Sozialismus.

Mit offenbar großer Intensität lernte er Jiddisch, den Gebrauch der hebräischen Schriftzeichen, fing an, in dieser Sprache zu schreiben, verfaßte eine Artikelserie, die er als ersten Versuch bezeichnete, »in dieser Sprache die Geschichtsauffassung des Marxismus kritisch zu beurteilen.«

Die Gewerkschaftsbewegung hatte es unter den Ostjuden Londons sehr schwer. Viele Emigranten wollten in London nur das Geld verdienen für die Überfahrt nach Nordamerika und waren nicht daran interessiert, sich in dieser kurzen Zeit Gewerkschaften anzuschließen. Hinzu kamen religiöse und nationalistische Probleme: beispielsweise lehnten Zionisten und Orthodoxe die Gewerkschaftsarbeit, überhaupt jede Berührung mit sozialistischen Bestrebungen ab, weil sie einen Verlust der religiösen Substanz befürchteten. Die Mehrzahl der jüdischen Arbeiter war konservativ, orthodox. Hier mußte also viel Basisarbeit geleistet werden, wie man heute sagen würde; Bildungs- und Emanzipationsarbeit. Eines der Mittel dazu war der Arbeter-Fraint. Man beschränkte sich nicht auf Analysen der sozialen Lage, der politischen Situation, man sah auch in der Literatur, in der Kunst überhaupt ein Mittel, Bewußtsein freizusetzen. Manche jüdischen Autoren veröffentlichten ihre ersten Gedichte und Kurztexte im Arbeter-Fraint – das wurde von Rocker sehr gefördert.

Als er später die Monatsschrift »Germinal« herausgab, legte er besonderen Wert auf die literarische Abteilung. Diese Monatsschrift sollte, laut Rocker, »vor allem dazu dienen, die Ideen zu vertiefen und die Leser mit allen freiheitlichen Bestrebungen der modernen Literatur und des zeitgenössischen Denkens bekannt zu machen.«

»Germinal« wurde im Untertitel bezeichnet als »Organ für anarchistische Weltanschauung«.

Rocker arbeitete auf verschiedenen Ebenen für die Emanzipation der ostjüdischen Arbeiter im East End: als Redakteur, als Artikelschreiber, als Lehrer, als Redner und als Organisator. Er wollte möglichst viele Anhänger für den freiheitlichen Sozialismus gewinnen, wollte zugleich die sozialen Verhältnisse im East End verbessern. Ideologische Reinheit, Reinerhaltung der Lehre interessierten ihn dabei offensichtlich gar nicht; was er betrieb, war eigentlich Reformismus, während viele Anarchisten nichts weniger als die Revolution wollten, die vollständige Zerstörung der kapitalistischen Gesellschafts- und Wirtschaftsform. Rocker war hier pragmatischer, er wollte, wie er schreibt, die Arbeiter »nicht mit dem Ideal der fernen Zukunft abspeisen, anstatt an die unmittelbaren Verbesserungen ihrer Lebenslage heranzutreten«. Und hier waren Verbesserungen lebensnotwendig. Die Armut im jüdischen Ghetto war vielfach unerträglich; Tausende, so berichtet Rocker in seiner Autobiographie, hatten noch nie in einem Bett geschlafen, man verkroch sich in Höhlen und Löchern. Er sah Tausende von Menschen, die derart von Hunger und Erschöpfung geschwächt waren, daß sie zu keiner Arbeit mehr fähig waren: in Lumpen, verdreckt und verlaust, suchten sie Eßreste im Müll, vor allem nach Marktschluß, bettelten und stahlen.

Wer Arbeit hatte, arbeitete unter äußerst harten Bedingungen. Der größte Teil der Emigranten war in der Textilindustrie beschäftigt. Die Unternehmer (vielfach selbst Emigranten) wohnten im West End, hier arbeiteten auch die reicheren und angesehenen Schneider. Von diesen Unternehmern wurden im East End Subunternehmer angestellt und bezahlt, die ihrerseits Arbeiter einstellten und bezahlten. Von diesen Vollarbeitern wurden wiederum Hilfsarbeiter angestellt und bezahlt: der Bügler hatte seine Hilfsbügler. So war ein »grausames Antreibungssystem« entstanden: die Subunternehmer wurden von den Unternehmern unter Ausbeutungsdruck gesetzt, die Vollarbeiter wurden von den Subunternehmern unter Ausbeutungsdruck gesetzt, die Hilfsarbeiter wurden von den Vollarbeitern unter Ausbeutungsdruck gesetzt: Subunternehmer und Vollarbeiter wurden so gering wie möglich bezahlt und zahlten den von ihnen Angestellten wiederum so wenig wie möglich. Da es genügend Emigranten gab, die unter allen Umständen zu arbeiten bereit waren, setzte sich dieses System ständig fort. Bei hohem Auftragsbestand wurde Tag und Nacht durchgearbeitet, bis zur völligen Erschöpfung, bis zum Zusammenbruch; bei schlechter Auftragslage wurde gehungert.

Rockers Ziel war es, gemeinsam mit seinen Freunden dieses besonders grausame Ausbeutungs- und Unterdrückungssystem zu beseitigen. Zunächst mußte dazu ein Gefühl, ein Bewußtsein von Solidarität unter den Arbeitern entwickelt werden, Aufklärung und Instruktion waren notwendig. Das freilich hielten neue Emigranten, vor allem aus Rußland, für zu umständlich und zu zeitraubend: ihnen erschien die soziale Bewegung im East End zu lahm und viel zu zahm, sie forderten die augenblickliche Zerstörung des Systems. Aber Rocker und seine Freunde sahen noch keine Grundlage für Massenaktionen; der freiheitliche Sozialismus sollte nicht durch eine Kadergruppe durchgesetzt werden, nicht mit Gewalt, er sollte sich durch die Mehrheit der Arbeiterschaft realisieren. Und diese Mehrheit galt es zu gewinnen, in geduldiger, jahrelanger Arbeit.

1912 kam es dann zur großen Befreiungsaktion gegen das Sweating System. Auslösend war ein Streik der vergleichsweise privilegierten jüdischen Schneider im East End. Von den Unternehmern wurde als selbstverständlich vorausgesetzt, daß die Textilarbeiter im East End sich diesem Streik nicht anschließen, sondern weiter produzieren würden. Aber Rocker und seine Freunde riefen sofort auf zu einem Sympathiestreik: diese Stunde durfte nicht verpaßt, diese Gelegenheit nicht versäumt werden; die anarchistische Föderation sprach sich einstimmig für Streik aus. Darauf fand in der Great Assembly Hall eine Massenversammlung von Textilarbeitern statt, einberufen vom Vereinigten Komitee der jüdischen Schneidergewerkschaften. Vor etwa 8000 Zuhörern sprach Rocker als Vertreter der Anarchisten-Föderation, ein mittlerweile bekannter, ja berühmter Redner, der auch in seiner zweiten, in der jiddischen Sprache rhetorische Verve entwickelte. Er weckte »tosenden Beifall« mit seiner Forderung nach einem Streik aller Textilarbeiter. Alle Versammlungsteilnehmer traten sofort in den Ausstand, ohne die (freilich nur noch formellen) Beschlüsse ihrer Organisationen abzuwarten; weitere 5000 Arbeiter schlossen sich in den nächsten Tagen an.

Dieser Streik sollte nicht nur ein Sympathiestreik bleiben – Rocker und seine Freunde sahen nun die Möglichkeit, auch die eigenen Forderungen gegenüber der Master Association durchzusetzen: festgelegte Arbeitszeiten, keine unbezahlten Überstunden mehr, Aufbesserung der

Löhne. Und: Auflösung der ganz kleinen Betriebe; in den übrigen sollten nur noch Gewerkschaftsmitglieder eingestellt werden. Natürlich
wurden diese Forderungen von den Unternehmern abgelehnt.

Rocker setzte sich in diesem Kampf rückhaltlos ein. Um sechs Uhr
morgens ging er in die Redaktion des Arbeter-Fraint, der nun als Kampfblatt täglich erschien; nach elf Uhr nahm er an Sitzungen der Streikkomitees teil, hielt dann Reden auf drei bis vier Streikversammlungen,
versuchte als Vorsitzender des Finanzkomitees Gelder zu beschaffen bei
Privatleuten und Organisationen, da es damals so etwas wie Streikkassen noch nicht gab – sie hätten bei den minimalen Einkünften der
Arbeiter auch kaum gebildet werden können. Erst nachts gegen zwei
kehrte Rocker in seine Wohnung zurück, drei bis vier Stunden Schlaf,
und wieder Redaktionsarbeit am »Arbeter-Fraint«.

Nach der sechsten Streikwoche fand eine Massenversammlung statt;
Rocker forderte die Arbeiter auf, weiter durchzuhalten; großer Beifall
und der einstimmige Beschluß, den Streik fortzuführen. Kurz darauf
gaben die Unternehmer nach: die Forderungen der jüdischen Textilarbeitergewerkschaften wurden akzeptiert.

Die jüdischen Arbeiter wußten, wem sie vor allem diesen Erfolg zu
verdanken hatten; Rocker berichtet: »Nach dem Streik wurde es mir
etwas unbequem, auf die Straße zu gehen, denn die Dankbarkeit dieser
jüdischen Arbeiter für meine bescheidene Mitwirkung in diesem Kampf
war wirklich grenzenlos.«

Fritz Hüser

Literatur- und Kulturzeitschriften der Arbeiterbewegung

Es gibt über die Geschichte der Arbeiterpresse mehrere Abhandlungen und eine zusammenfassende Bibliographie, nur fehlen über die einzelnen Organe eingehendere Untersuchungen und Monographien. Dabei gab es vor 1933 im alten Reichsgebiet allein von der sozialdemokratischen Presse in 197 Städten über 195 Zeitungen – einschließlich der Kopfblätter – von der »Freien Presse« in Aachen bis zum »Sächsischen Volksblatt« in Zwickau.

Die meisten Tageszeitungen der Arbeiterpresse hatten Feuilletons und Jugendbeilagen (Die arbeitende Jugend; Der junge Sozialist; Kinderland). Gelegentlich wurden literarische und sozialkritische Lyrik- und Prosatexte veröffentlicht und einige Zeitungen brachten auch Romane; aber es gab keine besonderen Beziehungen zwischen Arbeiterautoren und Redakteuren, wenn diese nicht selbst aus der werktätigen Schicht stammten. Buchkritik und Literaturkritik spielten eine Rolle am Rande. Soweit feststellbar hat nur die in Breslau erschienene »Volkswacht« eine regelmäßige Beilage veröffentlicht – unter dem Titel »Sozialistische Literaturrundschau«.

Im letzten Handbuch des (sozialdemokratischen) Vereins Arbeiterpresse, Berlin, 4. Folge 1927, werden für 1926 folgende Zeitschriften nachgewiesen:

Arbeiterbildung. Beilage zur Bücherwarte
Arbeiterjugend. Zeitschrift des Verbandes der sozialistischen Arbeiterjugend
Arbeiterwohlfahrt. Herausgegeben vom Hauptausschuß für Arbeiterwohlfahrt
Der Bücherkreis. Zeitschrift der Buchgemeinschaft Der Bücherkreis
Die Bücherwarte. Zeitschrift für sozialistische Buchkritik mit Beilage »Arbeiterbildung«

Der Führer. Monatsschrift für Führer und Helfer in der Arbeiterjugend-
bewegung
Frauenwelt. Halbmonatsschrift
Die Gesellschaft. Internationale Revue für Sozialismus und Politik
Die Gemeinde. Halbmonatsschrift
Die Genossin. Herausgegeben vom Parteivorstand
Jungsozialistische Blätter
Der Kinderfreund. Zeitschrift der Reichsarbeitsgemeinschaft der Kinderfreunde
Kulturwille. Organ für kulturelle Bestrebungen der Arbeiterschaft
Lachen links. Republikanisches Witzblatt
Sozialistische Erziehung. Beilage zum Mitteilungsblatt der SPD
Sozialistische Monatshefte
Urania. Monatshefte für Naturerkenntnis und Gesellschaftslehre

Die vorstehende Übersicht muß unvollständig sein, denn es gab zusätzlich Zeitschriften, die von sozialdemokratischen Einzelpersönlichkeiten
herausgegeben wurden. Es darf auch nicht übersehen werden, daß es
in der Arbeiterbewegung vor 1933 für fast alle Kulturgebiete Organisationen gab, die eigene Zeitschriften veröffentlichten und mit Idealismus
und unter großen finanziellen Opfern bis zum Verbot 1933 herausgaben,
z. B. »Arbeiterfunk«, »Arbeiterbühne«, »Die Volksbühne« und die Zeit
schriften der Naturfreunde und der Arbeitersportverbände.

Einige dieser Zeitschriften und ihrer Vorläufer werden nachfolgend
skizzenhaft dargestellt, wobei betont werden muß, daß hier, ebenso wie
bei den Tageszeitungen, wissenschaftliche Untersuchungen und Monographien der einzelnen Zeitschriften fehlen. Über den »Kulturwillen«
und über die Zeitschrift »In freien Stunden« und einige andere Organe
werden Arbeiten angefertigt, aber noch ist die bedeutende kulturelle
Publizistik der Arbeiterbewegung insgesamt und ihrer einzelnen Organisationen, Verbände und Vereine nur sehr sporadisch als Forschungs-
objekt entdeckt worden.

Das hängt natürlich auch mit der schwierigen Quellenlage zusammen.
Entweder wurden Zeitschriften und Zeitungen, Jahrbücher usw. ab März
1933 durch die nationalsozialistischen Gewaltherrscher verboten und be-
schlagnahmt oder die versteckten und sichergestellten Zeitschriften gingen
durch Kriegseinwirkung verloren. Daher sind in großen Archiven und
Bibliotheken nur ganz selten vollständige Jahrgänge der Zeitschriften
und Zeitungen aufzufinden. Für die Kultur- und Literaturzeitschriften
wie die vielfältigen Zeitschriften der proletarischen Jugendbewegung, die
vor allem nach 1918 entstanden, ist die Lage besonders prekär, weil sie
in den eigenen Reihen ein Dasein am Rande fristeten und jetzt erst langsam wiederentdeckt werden. Trotzdem war es in mühevoller Arbeit

möglich, Zeitungen und frühe seltene Zeitschriften aus den Anfängen der Arbeiterbewegung in Mikrofilmaufnahmen zu dokumentieren oder als Nachdruck (Reprint) herauszugeben. Das Interesse an diesen Zeitschriften wächst zusehends – und wer, wie der Verfasser, täglich die Suche junger Menschen nach den kulturellen Organen der Arbeiterbewegung beobachtet und erlebt, der muß es mehr als bedauern, daß bis heute die zuständigen Institutionen und wissenschaftlichen Einrichtungen noch keinen Weg gefunden haben, diese vergessenen und verschollenen geistigen und kulturellen Dokumente wieder sichtbar und greifbar zu machen.

Wenn durch die hier vorgelegte – unvollständige – Übersicht historisch und politisch verantwortungsbewußte Menschen angeregt werden, sich der Wiederentdeckung der kulturellen Arbeiterpresse und ihrer Würdigung zu widmen, dann wäre das – nicht zuletzt – eine besondere Freude und Genugtuung für Walter Fabian, der ein Leben lang mit leidenschaftlicher Anteilnahme die Presse der Arbeiterbewegung vor 1933, in der Emigration und nach 1945 verfolgte, an ihr mitarbeitete und sie förderte.

Die nachfolgende Zusammenstellung zeigt in bestürzender Deutlichkeit, welche Zeitschriften nach 1945 nicht mehr herausgegeben wurden. Sie läßt eine erschreckende Verarmung der allgemeinen und kulturellen Publizistik der Arbeiterbewegung erkennen!

Bereits 1873 wurde – auf dem Parteitag der »Eisenacher« – beschlossen, die

»Neue Welt«

herauszugeben. Sie erschien aber erst von 1876 an bis 1878 in Leipzig und ab 1882 im Dietz-Verlag in Stuttgart als selbständiges Organ. 1891 beschloß der Parteitag der SPD in Erfurt, die »Neue Welt« den Parteizeitungen als wöchentliche Beilage beizugeben, und zwar als ein Blatt für »Wissenschaft, Belehrung und Unterhaltung«.

Nach verschiedenen Redakteuren, darunter auch Wilhelm Liebknecht, übernahm der Lyriker und Arbeiterdichter Ludwig Lessen (Pseudonym für Louis Salomon, 1873-1943), von 1900-1919 dieses Blatt als verantwortlicher Redakteur. Es ist sein Verdienst, daß neben den üblichen Romanen Gedichte und Prosaarbeiten von Autoren aus dem Proletariat veröffentlicht wurden.

In längeren Aufsätzen befaßten sich verschiedene Autoren mit der sozialen Lyrik und der »Deutschen Arbeiterdichtung«. Vorgestellt und gewürdigt wurden u. a. Ferdinand Freiligrath und Heinrich Heine, ferner Robert Schweichel (1821-1907), Minna Kautsky (1837-1912), später dann Richard Dehmel (1863-1920) u. a.

In Zusammenwirken mit der »Neuen Welt« erschien ab 1885 der »Illustrierte Neue Welt-Kalender« (9. Jahrgang) – als Fortsetzung der vorhergehenden Kalender »Der arme Konrad« (1.-6. Jahrgang) und »Omnibus« (7. und 8. Jahrgang). In dieser damals populären Kalender-Form wurde versucht, den Arbeitern und ihren Familien guten Lesestoff – mit sozialkritischer Tendenz – zu bieten. Illustrationen im Stil der Zeit lockerten die Texte auf. Der »Neue Welt-Kalender« wurde bis 1932 weitergeführt, die Beilage aber nach dem Ersten Weltkrieg eingestellt. Nach dem Zweiten Weltkrieg wurde versucht, den »Neue Welt-Kalender« wieder herauszugeben, aber nur eine Ausgabe von 1949 ist nachweisbar.

Auf dem Gothaer Parteitag der SPD 1896 gab es eine kritische Auseinandersetzung mit der »Neuen Welt«. Es wurde u. a. gefordert, daß dort mehr Artikel volkstümlichen Inhalts und bessere Unterhaltungslektüre angeboten werde. Daher wurde als Romanzeitschrift mit Romanen und Erzählungen für das arbeitende Volk die Wochenzeitschrift *»In Freien Stunden«* gegründet. Von 1897-1903 war Th. Glocke verantwortlicher Redakteur, 1904–1919 redigierte der Schriftsteller E. Preczang die Zeitschrift, deren Aufgabe 1897 vom SPD-Parteivorstand wie folgt skizziert wurde:

»Die Illustrierte Romanbibliothek ist dazu bestimmt, einerseits dem in Partei- und Arbeiterkreisen vorhandenen Bedürfnis nach Unterhaltungsliteratur entgegenzukommen und andererseits durch Lieferung guter Romane der Verbreitung der sog. Schundliteratur in Arbeiterkreisen entgegenzuwirken.«

Im ersten Jahrgang 1897 wurden folgende Romane und Erzählungen veröffentlicht: »1793« von Viktor Hugo; »Aus dem Leben der Enterbten, Teil I, Florian Geyers Heldentod« von Robert Schweichel, mit ganzseitigen Illustrationen wie nach dem Stand der Technik von 1890 üblich, aber nach unserer heutigen Vorstellung oft die Grenzen des Kitsches streifend. Offensichtlich war für beide Zeitschriften »Die Gartenlaube« das Vorbild. Im 13. Jahrgang 1908/1909 der Zeitschrift »Freie Volksbühne« wird in einer Anzeige für die Zeitschrift »In Freien Stunden« geworben:

»IN FREIEN STUNDEN« ist der Titel einer Romanbibliothek, welche bezweckt, die Schundliteratur – wie schlechte Detektivgeschichten, Sensationsromane usw. zu verdrängen.
Viel Unheil wird durch solche Sudelschriften angerichtet, da sie an die niedrigsten menschlichen Instinkte appellieren. Leider lesen auch Arbeiter und Arbeiterinnen noch sehr häufig diesen Schund.

Unsere Romanbibliothek IN FREIEN STUNDEN hat den Kampf dagegen mit aller Energie aufgenommen, in der Ueberzeugung, dass ein durch schlechte Lektüre verdorbener Kopf für die grossen Ideen der Zeit verloren ist. Unsere Parteigenossen und Genossinnen können uns in diesem Kampfe unterstützen, indem sie IN FREIEN STUNDEN nicht nur selbst abonnieren, sondern in allen Bekanntenkreisen für diese agitieren. Jede Woche erscheint ein 24 Seiten starkes Heft zum Preise von 10 Pf., enthaltend gute Romane, Novellen und Humoresken. Unsere Zeitschrift liefert für die wenigen freien Stunden des Arbeiters und der Arbeiterin eine gute, volkstümliche Unterhaltungslektüre, stets nach dem Gesichtspunkt ausgewählt, dass sie den Leser auch fesselt.«

Im 16. Jahrgang der »Freien Volksbühne« 1911/12 wurde in einer weiteren Anzeige eine neue Gestaltung der Zeitschrift angekündigt, nachdem sich der Verlag mit einem Preisausschreiben an bedeutende Künstler gewandt hatte. In Nummer 1 des neuen Jahrgangs sollte sich die Zeitschrift im neuen Gewande präsentieren. Als Hauptroman wurde der »berühmte Roman Germinal« von Emile Zola angekündigt, mit Illustrationen von J. Damberger, München. Es wurde darauf hingewiesen, daß

»der übrige Inhalt ... wie immer vielseitig und interessant (ist). Es würde uns freuen, wenn die Parteigenossen unsere Bestrebungen nach immer besserer Ausgestaltung der Familien-Zeitschrift ›In Freien Stunden‹ anerkennen, indem sie dieselbe nicht nur selbst abonnieren, sondern in allen Bekanntenkreisen Propaganda dafür machen.«

Es war Ernst Preczang, der die Romanhefte auch um Gedichte und Aufsätze erweiterte. Er fügte Zitate und Rätsel ein, um die Zeitschrift vielseitig und interessant zu gestalten.

Trotz ihres Anspruchs, für die »großen Ideen der Zeit« zu kämpfen, war die dort gebotene Unterhaltungsliteratur den politischen Zeitverhältnissen seltsam fern. Als Beispiel mögen die Titel der Erzählungen und Romane dienen, die im Jahrgang 1918 erschienen: »Die Kerle von Flandern« von Hendrik Consience; das »Buch vom Jäger Mart – eine tiefempfundene Geschichte aus dem schönen Rittengebirge in Tirol«, verfaßt von dem Bozener Arzt Hans von Hoffensthal (1877-1914); »Das Mädchen vom Moorhof« von Selma Lagerlöf; »Geschichte eines merkwürdigen Zweikampfes« von Heinrich von Kleist; und »Liebe und Zahnweh« von M. G. Saphir. Hierzu bemerkte der Redakteur in einer Fußnote selbstkritisch:

»Saphir, ein ehemals sehr geschätzter und, als Herausgeber des ›Berliner Courier‹, sehr gefürchteter Humorist, lebte von 1795-1858. Er pflegte die flache Wortspielerei und er scheint nur in wenigen Stücken heute noch verdaulich.«

Es folgt von Nikolaus Gogol »Taras Bulba, der Kosakenhetman« und die Skizze »Der letzte Krieg« von Emile Zola.

In der Nr. 39, September 1918, wird das Ende dieser Zeitschrift schon sichtbar. In der Rubrik von Verlag und Redaktion »An unsere Leser« wird – wie in früheren Anzeigen in der Zeitschrift »Freie Volksbühne«– gebeten:

»im guten Sinne tätig zu sein und in Werkstätten und Familienkreisen für die immer weitere Verbreitung der ›Freien Stunden‹ zu wirken... Helft mit, daß aus der stürmisch-bewegten Zeit (1918!) klare Hirne gerettet werden, die mitschaffen können am Fortschritt der Menschheit und einer unblutigen aufwärtsstrebenden Volkskultur.«

Mit dem Jahrgang 1919 stellte die Zeitschrift ihr Erscheinen ein!

Fünf Jahre später erklärte der Schriftsteller Artur Wolff (geb. 1890), als er die Zeitschrift

»Proletarische Heimstunden«

begründete, daß er seine Zeitschrift nach dem Vorbild der Zeitschrift »In Freien Stunden«, nur in modernerer Form, gestalten wolle. Er dachte sie sich darüber hinaus als Forum für proletarische Literatur und Kunst. Artur Wolff gab deshalb auch jungen, unbekannten Autoren Raum zur Veröffentlichung ihrer Texte, so z. B. Erich Grisar, Kurt Kläber, Johannes Schönherr u. a. Eine Spezialität ist das frühe Sonderheft über Ernst Toller.

Auch diese Zeitschrift, eine Fundgrube für proletarische Literatur der Jahre 1923–1927, wechselte mehrfach ihren Namen. Zuerst hieß sie »Proletarische Heimstunden, Zeitschrift für proletarische Literatur, Kunst und Dichtung, Wissenschaft und Unterhaltung«, herausgegeben und geleitet von Artur Wolff. 1. Jahrgang 1923 – 2. Jahrgang 1924, Leipzig-Plagwitz: Verlag Die Wölfe. Sie wurde fortgeführt unter dem Titel: »Heimstunden, proletarische Tribüne für Kunst, Literatur und Dichtung«, 3. Jahrgang 1925, 4. Jahrgang 1926, zugleich Zeitschrift der von Artur Wolff gegründeten Leser-Gemeinschaft seiner Zeitschrift: »Proletarische Literaturgemeinschaft« und existierte als »Tribüne«, Monatsschrift für Literatur und Kunst, im 5. Jahrgang 1927 nur bis Nr. 5. Dann mußte sie ihr Erscheinen einstellen.

Die Kultur- und Bildungsarbeit der Gewerkschaften hat bis zum Jahre 1932 in Zeitschriften verhältnismäßig wenig Niederschlag gefunden – wenn man von der Zeitschrift *»Büchergilde Gutenberg«* absieht, die von 1925-1933 unter der Redaktion von Ernst Preczang und Erich Knauf erschien. Neben Berichten und Ankündigungen neuer Bücher brachte sie auch Erzählungen und andere Beiträge unbekannter Autoren. Die Zeitschrift wurde, wie die Büchergilde selbst, während der Nazizeit in Österreich und der Schweiz weitergeführt. Nach 1945 entstand die Buchgemeinschaft in der Bundesrepublik neu. Die Zeitschrift ist aber seitdem nur noch eine illustrierte Angebotszeitschrift, bedingt durch die Konkurrenz rein kommerzieller Buchgemeinschaften.

Wichtig ist auch eine ähnliche Einrichtung der Sozialdemokratie: *»Der Bücherkreis«*, der 1924 vom Reichsausschuß für sozialistische Bildungsarbeit gegründet wurde. Das erste Heft der von der Buchgemeinschaft herausgegebenen Zeitschrift erschien im Oktober 1924, das letzte vor dem Verbot 1933. Der Bücherkreis ist nach 1945 nicht wieder neu herausgebracht worden.

Die Gewerkschaften haben keine selbständige Kulturzeitschrift herausgegeben, aber dem

»Correspondenz-Blatt«,

der Zeitschrift der Generalkommission der Gewerkschaften Deutschlands, das ab 1891 erschien, wurde ab dem 19. Jahrgang 1909 eine *Literatur-Beilage* mit eigener Seitenzählung beigefügt. In der ersten Nummer vom 23 Januar 1909 wurde »Zur Einführung« erklärt:

»Die neue Einrichtung einer Literatur-Beilage, die wir heute unseren Lesern übergeben, ist ein Zeugnis der wachsenden Kräfte der Gewerkschaftsbewegung ... Mit den neuen Literatur-Beilagen beginnt eine besondere Bearbeitung des Literaturgebiets als ständige hervorragende Aufgabe der Gewerkschaftspresse ... Um die wachsende Literatur der Gewerkschaftspraxis nutzbar zu machen, dazu bedurfte es schon längst eines literarischen Wegweisers, der das Brauchbare vom Unbrauchbaren sondert und den Lesern mit Rat und Belehrung zur Seite steht. Die gesteigerte Gewerkschaftsentwicklung hat aber auch das Bildungsbedürfnis der Arbeiter gewaltig gesteigert. Neue Entwicklungsmöglichkeiten lösen neue geistige Kräfte aus. Ein Hunger nach guten Büchern, die den Arbeiter unmittelbar in den großen Strom des geistigen Lebens einführen, macht sich geltend ... Zeigt dies deutlich, wie unsere Bewegung inmitten des geistigen Schaffens und Lebens steht, so galt es zuzüglich für die ständige Pflege dieses so wichtigen Literaturgebietes *mehr Raum* zu schaffen, es zu einer *ständigen Aufgabe* unserer Bewegung zu erheben.«

Die Literatur-Beilage, welche monatlich im Umfang bis zu acht Seiten erschien,

»legt großen Wert auf regelmäßige *Führung durch die verschiedensten Spezialgebiete der Literatur,* bei der die Leser mit den wichtigsten und brauchbarsten Schriften der betreffenden Fächer vertraut gemacht werden.«

Sodann wurde auf das gewerkschaftliche Bibliothekswesen hingewiesen:

»Gerade unsere Gewerkschaftsbibliotheken sollen Spiegelbilder des geistigen Lebens und Wirkens der Arbeiterklasse sein.«

Verantwortlicher Redakteur für diese Literatur-Beilage war Paul Umbreit. Es ist anzunehmen, daß die vorstehend zitierten Auszüge aus der Einführung seiner Feder entstammen.

Namhafte Gewerkschaftsführer wie Carl Legien, Otto Hue, Ernst Mehlich, Johannes Sassenbach u. a. waren Mitarbeiter dieser Zeitschrift und nahmen in ausführlichen Rezensionen Stellung zur gewerkschaftlichen Literatur aber auch zu anderen Themen. Bis zum Beginn des Weltkrieges wurde diese Literaturbeilage regelmäßig veröffentlicht. Dann aber mußte sie »wegen der Notwendigkeit, finanzieller Einschränkung eingestellt werden«. Eine Hochflut literarischer Neuerscheinungen (nach dem 1. Weltkrieg) und das zusehends steigende Bedürfnis nach Auslese und Führung hat aber 1921 den Vorstand des Allgemeinen Deutschen Gewerkschaftsbundes bewogen, »die Literatur-Beilage wieder herauszugeben und zu einer *Bibliothek- und Literaturbeilage* zu erweitern« (Erklärung in Nr. 1 vom 23. April 1921).

In den neuen Folgen der Literatur-Beilage wurden zwar weiterhin Rezensionen über die verschiedensten Bücher und Schriften veröffentlicht, es gab aber mehr Sammelbesprechungen und insbesondere wurden mehr als bisher grundsätzliche und allgemeine Aufsätze über das Arbeiterbibliothekswesen, den Arbeiterleser usw. gebracht, die heute als wichtige Beiträge und Dokumente zu Fragen des Arbeiterbibliothekswesens anzusehen sind. Die Bibliothek- und Literatur-Beilage wurde bis zum 4. August 1923 fortgeführt und hat wahrscheinlich mit Nr. 7 ihr Erscheinen eingestellt. In dem Nachfolgeorgan des Correspondenzblattes »Deutsche Gewerkschaftszeitung« wurden Rezensionen usw. in den allgemeinen Text aufgenommen. Bemerkenswert ist hier der Zusammenhang mit der Zeitschrift für das Arbeiterbibliothekswesen, »Der Bibliothekar«, von Gustav Hennig herausgegeben, die 1921 ihr Erscheinen einstellen mußte.

Das anregende und vorbildliche Literaturorgan der Generalkommission der Gewerkschaften Deutschlands hat für die anderen Berufs-

Gewerkschaften kaum als Vorbild gedient. Lediglich der Deutsche Metallarbeiter-Verband gab ab Mai 1908 ein monatliches Bildungsorgan *»Der Zeitgeist«*
heraus. In einer Verlautbarung auf der Titelseite der ersten Nummer (Mai 1908) wurde die Herausgabe dieses Bildungsorganes wie folgt begründet:

> »Schon mehrfach traten auf Generalversammlungen des Deutschen Metall-
> arbeiter-Verbandes Wünsche auf Erweiterung des Bildungswesens zutage.
> Namentlich machte sich das Bedürfnis nach belehrenden Aufsätzen, die zu Vor-
> lesungen und Diskussionen in Mitgliederversammlungen, Vertrauensmänner-
> sitzungen und sonstigen Mitgliederzusammenkünften dienen sollten, geltend.
> Die so zutage getretenen Wünsche gingen zum Teil auf Erweiterung des
> Inhaltes der Metallarbeiter-Zeitung, zum Teil wollten sie die Schaffung eines
> besonderen Bildungsmittels, sei es als Lieferungswerk mit ungebundener Heft-
> folge, sei es als Monatsschrift... Ebenso ist es eine selbstverständliche Voraus-
> setzung, daß durch sorgfältige Auswahl des Stoffes nur Gutes geboten werden
> darf, nach dem Grundsatz, daß zur Weiterbildung der Arbeiter das Beste gerade
> gut genug ist...
> Leitet uns bei Herausgabe des ›Zeitgeist‹ vornehmlich der Gedanke, unsere
> nach weiterer Bildung strebenden Mitglieder anzuregen, so sind wir uns dessen
> völlig bewußt, daß uns das nur zum Teil gelingen kann... So bedürfen wir
> auch der Unterstützung unserer Leser und aller im Verband tätigen Kollegen.
> Sie sollen durch eifrige Lektüre und Weiterbenützung des Gelesenen für eine
> Vertiefung der Bildung der Mitglieder sorgen...«

Ist dieses Programm durchgehalten worden? Im 1. Jahrgang (1908) stehen Volkswirtschaft, Technik und die Naturwissenschaften im Vordergrund; es wurden aber auch Beiträge über Gewerkschaftsgeschichte, Arbeitgeberorganisationen usw. veröffentlicht. Schon in der ersten Nummer und in Nummer 3 finden wir einen Aufsatz über »Atome und Elektronen« (!), aber keinen Beitrag über Arbeiterbildungspolitik oder Kulturfragen.

Im 2. Jahrgang beschreibt dann Dr. Ludwig Frank »Das glänzende Elend der Bühnenkünstler«: »Die Schauspieler standen noch vor wenigen Monaten ungefähr dort, von wo die Arbeiter vor 40 Jahren ausgegangen sind«; und er ruft zum Schluß des Artikels aus: »Schillers Traum von der Bühne als moralische Anstalt kann erst in Erfüllung gehen, wenn die Bühnensklaverei abgelöst ist durch die Freiheit der Kunst und der Künstler.«

In sieben Fortsetzungen dieses Jahrganges gibt Adolf Thiele einen Überblick über »Erziehungsziele und Erziehungsmethoden in alter und neuer Zeit« und in Nr. 8/1909 fordert M. Haak (aufgrund seiner Erfahrungen in Dresden) »die Schaffung von örtlichen Jugendabteilungen im Verband« – ein bemerkenswerter Beitrag, wenn man bedenkt, daß es in den ersten Jahren des 20. Jahrhunderts führende Gewerkschaftsvertreter waren, die die Bildung eigener Organisationen für jugendliche Arbeiter ablehnten!

In Nr. 9/1909 stoßen wir dann auf einen größeren Aufsatz von Fritz Düvell über »Arbeiterdichtungen«. Er knüpft in diesem Beitrag an die von Karl Henckell im Jahre 1893 herausgegebene Anthologie »Buch der Freiheit« an, erwähnt Freiligrath, Heine und Herwegh, um dann in einer Empfehlung für Arbeiterbibliotheken die zeitgenössischen Autoren Franz Diederich, Otto Krille, Ludwig Lessen und Ernst Preczang zu nennen. Im 3. Jahrgang (1910) tritt der Dortmunder Redakteur und Politiker Ernst Mehlich für die Förderung von Arbeiterbibliotheken ein. Bemerkenswert auch – im 5. Jahrgang 1912 – der Aufsatz von Dr. Wilhelm Hausenstein »Das Volk in der Kunst«, mit 10 Abbildungen im Text und 4 Beilagen am Schluß des Heftes.

Bei der Durchsicht aller Jahrgänge muß anerkennend festgestellt werden, daß das in der ersten Nummer erklärte Programm der Vielfalt der Themen durchgehalten wird und so steht diese Zeitschrift als hervorragendes Beispiel gewerkschaftlicher Bildungsarbeit an der Spitze vergleichbarer Publikationen; obwohl es auch Beiträge gab wie z. B. die regelmäßigen Berichte eines Dr. Adolf Reitz über die Versammlung deutscher Naturforscher und Ärzte und die dort gehaltenen Vorträge. Man fragt sich, ob sie nicht vielleicht doch über die Köpfe der Fabrikarbeiter hinweggingen.

In der letzten Ausgabe der Zeitschrift, Nr. 12, Dezember 1914 (7. Jahrgang) – wird in einer Anrede »An unsere Leser« erklärt, daß die

»Erwartungen, die der Vorstand bei der erstmaligen Herausgabe glaubte aussprechen zu dürfen, sich leider nicht erfüllt haben ... Das ohnehin nicht sehr rege Interesse für den ›Zeitgeist‹ wurde durch die kriegerischen Ereignisse noch mehr beeinträchtigt ...«

Und dann folgt ein ebenso aufschlußreicher wie entscheidender Satz:

»Die Kultur- und Bildungsarbeit des Friedens tritt in Kriegszeiten vollkommen zurück. – Mit dem vorliegenden Heft schließt der VII. Jahrgang und damit der ›Zeitgeist‹ überhaupt ab, über den Jahresschluß 1914 hinaus wird er nicht mehr erscheinen.«

Und damit hatte ein hoffnungsvolles Beispiel gewerkschaftlicher Bildungspublizistik ein trauriges Ende gefunden. Wenn auch ab 1919 die Zeitschrift »Metallarbeiter-Jugend« literarische und kulturpolitische Ge-

danken und Ereignisse würdigt, ist sie doch kein Ersatz für das Bildungsorgan »Zeitgeist«. Einen ähnlichen Versuch, ein Bildungsorgan wie den
»Zeitgeist« zu gestalten und herauszugeben, hat es in der gesamten Gewerkschaftsbewegung nicht wieder gegeben.

Nach 1918, insbesondere ab 1919, wurde innerhalb der Sozialdemokratischen Partei und der Gewerkschaften der Begriff der Arbeiterbildung sehr hervorgehoben und die verschiedensten Wege, zu einer
echten Bildungsarbeit zu kommen, beschritten. Es gab zwei verschiedene
Zeitschriften, die auch programmatisch die Arbeiterbildung in ihrem
Titel führten. Da es bis zum heutigen Tage widersprechende Angaben
über diese Zeitschriften gibt, soll versucht werden, sie hier genauer
zu beschreiben. Im Juni 1920 erschien die Zeitschrift
»Arbeiter-Bildung«
mit folgendem Untertitel: »Monatsschrift für die Arbeiterbildungsaus-
schüsse und Bildungsorgan für die Jungsozialisten«. Redakteure waren
Karl Korn und Richard Weimann in Berlin.

Bevor diese Zeitschrift erschien, veröffentlichte Max Westphal in
Hamburg eine »Freie Monatsschrift für das geistige Leben der jungen
Arbeiter und Arbeiterinnen Deutschlands« unter dem Titel *»Aufwärts«*.
Die erste Nummer des ersten Jahrgangs erschien im Januar 1919. Sie bestand wahrscheinlich nur bis zur 6. Nummer, Juni 1919, jedenfalls konnten weitere Exemplare nicht festgestellt werden. In der Zeitschrift »Aufwärts« wurden Gedichte, kritische Aufsätze über die proletarische Jugendbewegung, Erzählungen usw. veröffentlicht, unter anderem Beiträge
über »Arbeiterschaft und Hochschulfrage«; »Sozialistische Volksgemeinschaft«; »Einigung mit der bürgerlichen Jugend« und eine Auseinandersetzung: »Wir Wandervögel und die proletarische Jugend«. In der Nummer 6, Juni 1919, fallen folgende Beiträge auf: »Kulturaufstieg oder
-untergang« und »Vom Kampf um proletarische Kultur«. Ein bescheи-
denes, aber interessantes Organ als Beispiel für den Kulturwillen der
arbeitenden Jugend nach dem ersten Weltkrieg.

Die Zeitschrift »Arbeiter-Bildung«, herausgegeben vom Reichsausschuß
für sozialistische Bildungsarbeit, erschien in 3 Jahrgängen, und zwar
1920, 1921 und 1922. Sie brachte Beiträge über »Weltanschauung und
Sozialismus«, »Sozialismus – Theorie und Praxis«, »Zur Geschichte der
Volkswirtschaft« und überwiegend Themen über Bildungsarbeit, Volksbildung und Volkshochschulen. Namhafte Persönlichkeiten waren Mitarbeiter, so Johannes Schult, Hedwig Wachenheim, Hugo Sinzheimer,
Heinrich Schulz und Franz Diederich. Bei den Aufsätzen über Bildungs-

arbeit wurden alle Bereiche der Bildungsbestrebungen und Bildungseinrichtungen berücksichtigt. Ein weiteres umfangreiches Gebiet war die
Festgestaltung. Entwürfe zu Festen, Feiern und Gedenktagen wurden
veröffentlicht. In der Rubrik »Die Tribüne der Jugend« kamen Probleme der Jungsozialisten und der Jugendinternationale zur Sprache.
(Diese erste Zeitschrift »Arbeiter-Bildung« ist sehr selten und, soweit
festzustellen, in keiner öffentlichen Bibliothek der Bundesrepublik vorhanden.)

Gustav Hennig begründete 1909 die Zeitschrift »Der Bibliothekar«,
von der noch zu reden sein wird. Ihre 1921 erfolgte Einstellung war
u. a. der Anlaß zur Gründung einer parteioffiziellen Zeitschrift für sozialistische Buchkritik »Die Bücherwarte«. Der erste Jahrgang erschien ab
Januar 1926. Die von der Redaktion veröffentlichte Einführung ist so
aufschlußreich, daß wir sie hier im Wortlaut wiederholen möchten:

»Belastet mit einer unendlichen Fülle praktischer Aufgaben, vorwärts getrieben durch die Not der Zeit, bahnt sich die moderne Arbeiterbewegung ihren Weg
durch die unzähligen Probleme, die die Krise des kapitalistischen Zeitalters vor
ihr aufgetürmt hat.
Es sind nicht nur wirtschaftliche und politische Nöte, die sie zu befriedigen hat.
Auch die geistige Not der Gegenwart erfordert ihre aktive Einmischung. In
doppelter Hinsicht: Die sozialistische Arbeiterbewegung muß nicht nur das
geistige Rüstzeug liefern, mit dessen Hilfe die bestehende Gesellschaftsordnung
von Grund aus umgestaltet werden kann; sie muß auch den geistigen und
seelischen Hunger befriedigen, der in den Massen des arbeitenden Volkes
schlummert.
Die geistige Befreiung der Arbeiterklasse war stets das Ziel aller in der sozialistischen Bewegung stehenden Elemente. Lassalle sah in dem Bündnis zwischen
Wissenschaft und Arbeiter die sicherste Garantie des sozialen Fortschritts. Marx
verkündete als eines der wichtigsten Ziele der jungen Arbeiterbewegung ›die
Selbstverständigung der Zeit über ihre Kämpfe und Ziele‹.
Heute gilt es nicht nur, sich diese ›Selbstverständigung‹ zu erarbeiten. Dar-
über hinaus ist es notwendig, in den zu selbständigem Denken erwachten
Massen den Drang nach geistiger Befreiung zu befriedigen, ihre Sehnsucht
nach höheren, besseren Daseinsformen in die Bahn bewußter sozialistischer
Kulturschöpfung zu lenken.
Es ist eine schlimme Verkennung des eigentlichen Charakters der sozialistischen
Arbeiterbewegung, wenn ihr lediglich die Verfolgung enger materieller Inter-
essen auf wirtschaftlichem und politischem Gebiete zugeschrieben wird. Diese
Bewegung betrachtet es vielmehr als ihre vornehmste Aufgabe, neben der
Schaffung der materiellen Grundlagen für den geistigen Aufstieg der Arbeiterklasse, diesen Aufstieg selbst mit allen Mitteln zu fördern. Zahlreiche Kräfte
sind unermüdlich am Werke, um in zäher Kleinarbeit jene neuen Menschen
zu erziehen, deren die Arbeiterklasse zu ihrer Befreiung bedarf.

Diesen Pionieren der proletarischen Kultur bei ihrer Arbeit zu helfen ist Ziel und Zweck unserer Zeitschrift. Möge sie unter ihnen zahlreiche Freunde und Mitarbeiter finden.«

Doch Ende 1928 erklärten die verantwortlichen Persönlichkeiten:

»Der allgemeine Wunsch nach Zusammenfassung der kulturellen Bestrebungen der Arbeiterschaft hat den Reichsausschuß für sozialistische Bildungsarbeit, Berlin, veranlaßt, eine Umgestaltung und Erweiterung seines bisher erschienenen Organs ,Die Bücherwarte' vorzunehmen.«

Ab Januar 1929 erschien die Zeitschrift »Die Bücherwarte« als Beilage der Zeitschrift *»Sozialistische Bildung«*. Als weitere Beilage wurde die »Sozialistische Erziehung« beigefügt, ebenfalls mit getrennter Jahrgangs- und Seitenzählung. Praktisch wurden mit einer Zeitschrift drei geliefert. Die »Sozialistische Erziehung« wurde als Organ der Reichsarbeitsgemeinschaft der Kinderfreunde und der Arbeitsgemeinschaft sozialdemokratischer Lehrer und Lehrerinnen geführt, verantwortlicher Redakteur war Dr. August Siemsen.
Durch diese Umgestaltung

»sollte die Möglichkeit erlangt werden, sämtliche Fragen der Kultur- und Bildungsarbeit und die vielgestaltigen Bestrebungen aller proletarischen Organisationen auf kulturellem Gebiet in einem zentralen Bildungsorgan zusammenzufassen. Während in der ›Sozialistischen Bildung‹ die wichtigsten theoretischen Fragen behandelt und Anregungen für die Praxis gegeben werden, bringt die ›Bücherwarte‹, die jetzt auch als Organ der ›Zentralstelle für das Arbeiterbüchereiwesen‹ erscheint, vorwiegend Besprechungen der bedeutsamsten Erscheinungen der schöngeistigen und wissenschaftlichen Literatur. Die ›Sozialistische Erziehung‹ ... erläutert fortlaufend die wichtigsten Fragen der Erziehung und der Schulen. So umschließt die Zeitschrift alle Gebiete sozialistischer Bildungsarbeit, sie ist in gleicher Weise unentbehrlich für die aktiven Mitarbeiter auf allen Gebieten proletarischer Kulturarbeit, wie für alle geistig regsamen und an ihrer Selbstbildung weiterarbeitenden Angehörigen des werktätigen Volkes.«

So heißt es in der Einführung der Redaktion der »Sozialistischen Bildung«. In dieser Form erschienen die drei Zeitschriften bis zum Verbot durch die Nationalsozialisten – bis Heft 3/1933. Den beiden ersten Heften des letzten Jahrgangs wurde eine weitere Beilage beigegeben unter dem Titel »Vortrags-Material«. Hier handelte es sich um eine Wiederholung der früheren Schriftenreihe, die Unterlagen für Vorträge und für die Gestaltung von Festen enthielt.
Die »Sozialistische Bildung« führte noch eine andere Zeitschrift weiter – oder schluckte sie: »Arbeiterbildung«. Der Titel, nach der 1922 ein-

gegangenen Zeitschrift benannt, wurde ab 1926 durch Heinrich Schulz neu belebt, der ihn für die von ihm herausgegebene Zeitschrift »Arbeiterbildung«
benutzte. In seinem Geleitwort »Zu neuen Ufern«, aus dem wir einige Abschnitte zitieren, bezeichnete er die Bestrebungen der neuen Zeitschrift wie folgt:

»Die Arbeiterbildung steht an der Schwelle eines neuen Abschnitts ihrer Entwicklung. Sie ist mündig geworden und schickt sich an, die damit verbundenen Rechte in Anspruch zu nehmen und sich zu den neuen erwachsenen Pflichten zu bekennen ...
Alle kulturellen Organisationen der Arbeiterbewegung müssen zusammenarbeiten ... Die sozialistische Kulturgemeinschaft, der sozialistische Kulturbund, das sozialistische Kulturkartell müssen erstehen, um gemeinsam als machtvolle achtungheischende Faktoren die Forderungen der sozialistischen Kultur durchzusetzen.
Neben die großen politischen und wirtschaftlichen Organisationen tritt als dritte Säule die *Organisation der sozialistischen Kultur;* sowohl äußerlich als Vereinigung aller Menschen, die bereits in Einzelverbänden kultureller Art – der Lehre, des Gesanges, der Körperpflege, der Bühnenkunst, der Jugendbewegung, der Erziehung und Wohlfahrt – vereinigt sind, als auch innerlich als die geläuterte und geschulte Stimme des sozialistischen Kulturgewissens.«

Die Vielfalt der Themen kann nur angedeutet werden. Es gab fast kein Gebiet des kulturellen Lebens, das nicht in theoretischen und praktischen Beiträgen erörtert wurde; auch Walter Fabian tritt in mehreren Ausgaben mit grundlegenden Aufsätzen auf. Wie schon oben angedeutet ging die »Arbeiterbildung« 1929 in der »Sozialistischen Bildung« auf.

Zwei Zeitschriften

Der Bibliothekar, Monatsschrift für Arbeiterbibliotheken (1909-1921) und *Kulturwille,* Monatsblätter für Kultur der Arbeiterschaft (1924-1932) müssen im Zusammenhang betrachtet werden, weil an ihren Anfängen ein Mann steht – *Gustav Hennig –,* geboren am 5. September 1868, gestorben am 23. Dezember 1948, der als Eisendreher und Maschinenbauer Mitbegründer des Instituts für Arbeiterbildung in Leipzig war und ab 1909 neben seiner Tätigkeit in einer Volksbuchhandlung die Zeitschrift für Arbeiterbibliothekare begründete.
Die Gründung des Arbeiterbildungsinstituts, 1907 in Leipzig, ist ein herausragendes Ereignis, das in besonderer Weise der schöpferischen Kulturarbeit der Arbeiterorganisationen diente. Gustav Hennig, bis 1919 als Sekretär und Leiter des Arbeiterbildungsinstituts tätig und von 1919-1924 Leiter einer Arbeitervolkshochschule, war zutiefst überzeugt

vom Bildungswert der Literatur und der Büchereien. Wie keine andere der damaligen Persönlichkeiten hat er sich für den Ausbau der Arbeiterbibliotheken eingesetzt und bis zuletzt unter persönlichen Opfern die Zeitschrift »Der Bibliothekar« getragen, der er ab 1918 den Untertitel »Ratgeber für Hausbüchereien« gab, um dadurch zu betonen, daß er auch den eigenen Bucherwerb und Buchbesitz der Arbeiter fördern wolle. Diese Zeitschrift, eine unentbehrliche Fundgrube für die literarisch-kulturelle Arbeit der Gewerkschaften und der ihnen nahestehenden politischen Organisationen, mußte im Dezember 1921 ihr Erscheinen einstellen. Die Abschiedsworte von Gustav Hennig waren – und sind – deprimierend:

»Der Bibliothekar und Ratgeber für Handbüchereien stellt mit dieser Nummer sein Erscheinen ein. Alle Versuche, zu einer Grundlage für die Weiterführung der Zeitschrift zu gelangen, sind gescheitert. Es hat sich keine Körperschaft gefunden, die die rettende Hand geboten hätte. Die neuesten ungeheuerlichen Preissteigerungen machen es mir unmöglich, diesen Außenposten der Volksbildung noch länger zu halten.

Vier Jahre lang habe ich aus eigenen Mitteln die nötigen Zuschüsse gedeckt und habe mich zuletzt für das vergangene Jahr in eine große Schuldenlast gestürzt. Wenn der Idealismus nicht geradezu zur Narrheit und zum Wahnsinn werden soll, muß ich die Fahne sinken lassen ... Mögen nach mir glücklichere Menschen kommen, die mehr Erfolg buchen können.

Gera-Tinz, 13. Dezember 1921.«

Welchen Ruf diese Zeitschrift genoß, geht aus einem Artikel in Nr. 11/12, 1926, der Zeitschrift »Der Arbeiterbibliothekar« hervor, in dem Herbert Frister, Gera-Tinz, einen Überblick über Arbeiterbildungszeitschriften gab. Er sagte, daß die seit 1926 erscheinende Zeitschrift »Die Bücherwarte« kein Ersatz für den 13 Jahre lang von Gustav Hennig herausgegebenen »Bibliothekar« darstellte, der *der* praktische Führer für die Arbeiterbüchereien gewesen sei.

Gustav Hennig war ein Mann, der nicht »die Fahne sinken ließ«. Er hat nach Wegen gesucht, doch noch etwas für die Arbeiterbibliotheken zu tun. So erschien z. B. 1925 eine kleine Zeitschrift »Der Arbeiterbibliothekar«, fünf Nummern bis Ende 1925 und 1926 12 weitere Ausgaben, allerdings ohne Impressum und weitere Angaben. War Hennig ihr Herausgeber? Es konnte nicht festgestellt werden, ob die Zeitschrift nach 1926 noch weiter erschien, wahrscheinlich ist auch sie mangels finanzieller Unterstützung eingegangen.

Gustav Hennig fand einen neuen Weg, um weiter beratend für die Arbeiterbüchereien tätig zu sein. Von April 1927 bis Dezember 1929 erschien die Beilage »Für unsere Büchereien« in den »Typographischen Mitteilungen«, herausgegeben vom »Bildungsverband der Deutschen

Buchdrucker«, die er in Vereinbarung mit der Redaktion und der Druckerei in Fahnenabzügen auf eigene Kosten den Arbeiterbüchereien zuleitete. Ende 1929 endete diese Beilage, wie er in Nummer 12 mitteilte. Infolgedessen konnten auch die Sonderabzüge nicht mehr geliefert werden. Hennig verwies die bisherigen Bezieher auf die Zeitschrift »Sozialistische Bildung« mit der Beilage »Die Bücherwarte«.

Als er am 1. Juni 1924 Leiter der Zentralstelle für Arbeiterbildung für Groß-Thüringen wurde, hatte ihn bereits Valtin Hartig (geb. am 4. 9. 1889 in Aschaffenburg) als leitender Sekretär des Arbeiterbildungsinstituts in Leipzig abgelöst. Hartig wurde Begründer und Redakteur der Zeitschrift

»Kulturwille«,

der wesentlichsten Zeitschrift für Kultur der Arbeiterschaft in der Weimarer Republik.

Valtin Hartig berichtete 1932 im »Kulturwille«, daß dieses Organ zuerst als ein Mitteilungsblatt von zwei Seiten geplant war, sich aber ziemlich bald zu einer Zeitschrift entwickelte, die über Leipzig hinaus – in einer Auflage von 5000 Exemplaren – im ganzen damaligen Reichsgebiet Verbreitung fand. Er erklärte:

»Kulturwille – ein Motto für die Enterbten und Entrechteten, die an die Kulturgüter herandrängen und hingeführt werden wollen ...«

Für Hartig bedeutete Arbeiterbildung sowohl Erziehung zum Kunstgenuß wie Betonung der kulturellen Sendung der Arbeiterbewegung. Die erste Nummer dieser Zeitschrift erschien am 1. Februar 1924 mit folgenden Untertiteln »Mitteilungsblatt des ABI/Organ für kulturelle Bestrebungen der Arbeiterschaft«. Einige Zitate aus dem Geleitwort der ersten Ausgabe:

»Die Arbeiterbewegung ist eine politische, eine wirtschaftliche und eine Kulturbewegung. Ihr dienen die Arbeiterbildungs-Organisationen, deren Aufgabe eine dreifache ist: Sie haben erstens den Arbeiter geistig zu stärken für seinen politischen und wirtschaftlichen Kampf, zweitens ihn teilnehmen zu lassen an wertvollen geistigen Gütern der seitherigen Kultur, und drittens bewußt mitzuhelfen an der Schaffung einer neuen Kultur aus dem Geist der klassenbewußten Arbeiterbewegung ...«

Weiter heißt es:

»Zum praktischen Arbeiterbildner befähigt zunächst und vor allem die pädagogische Begabung, nicht die Forschertätigkeit. Beides kann natürlich in einer Person vereint sein. Wir haben wohl Organe für sozialistische Forschung, aber keines für Arbeiterbildung, das regelmäßig erschiene. Der ›Kulturwille‹ soll diesem Übelstand abhelfen. Neben der Wissensübermittlung umfaßt Arbeiterbildung die ästhetische Schulung der Massen ... Als seine höchste Aufgabe betrachtet es der ›Kulturwille‹ durch seine praktischen Anregungen und theoretischen Diskussionen mit beizutragen zur Schaffung einer sich aus dem Geist der klassenbewußten Arbeiterschaft sich entwickelnden neuen Kultur, die keine andere sein kann als eine Kultur brüderlicher Gemeinschaft und wahrer Humanität.«

Jede Ausgabe dieser eindrucksvollen Dokumentation der Arbeiterkulturbewegung stand unter einem bestimmten Thema, das von engagierten Sachkennern von den verschiedensten Seiten beleuchtet wurde. Einer der maßgeblichen Mitarbeiter war Walter Fabian.

Neben Aufsätzen zu allen Problemen der Arbeiterbildung und Arbeiterkultur stehen Berichte aus dem Kulturleben der Arbeiterbewegung und literarische Texte sowie zeitgenössische Lyrik, außerdem jeweils zum Thema gehörende Illustrationen. Ferner wurde eine besondere Beilage »Arbeiterschulung« eingeführt, in der Berichte über alle Bildungsstrebungen veröffentlicht wurden.

Leider ist die Zeitschrift weder nachgedruckt worden noch wurde sie nach kulturellen, geschichtlichen oder zeitungswissenschaftlichen Gesichtspunkten analysiert und behandelt. Sie ist auch in keiner westdeutschen Bibliothek vollständig vorhanden.

Lediglich Germanisten in England haben die Zeitschrift beachtet. Wahrscheinlich wird demnächst eine entsprechende Arbeit, die nur in englischer Sprache vorliegt, erscheinen.

Im folgenden veröffentlichen wir eine Übersicht über die Themenhefte der Zeitschrift »*Kulturwille*«, Blätter für Kultur der Arbeiterschaft (Leipzig), von ihrem 1. Jahrgang 1924 bis zum 10. Jahrgang 1933, Heft 3.

1. Jahrgang 1924
  1. Proletarische Kunst / Proletarischer Roman
  2. Arbeiterschaft und Theater
  3. Erziehung – Kinderfreundebewegung
  4. Bildende Kunst / Kunst und Proletariat
  5. Volkskunst
  6. Arbeiterkulturwoche in Leipzig, Arbeiterpresse in Leipzig
  7. Arbeiterkultur. Das sozialistische Zeitungs- und Zeitschriftenwesen (Ernst Niekisch)
  8. Arbeiterschaft und Friedensbewegung (Walter Fabian)
  9. Arbeiterschaft und Musik
  10. Modernes Bauen

11./12. Das Buch / Pädagogische Bücher (Walter Fabian); Buch und Arbeiter (Erich Thier)

2. Jahrgang 1925
  1. Mutterschaft und soziale Solidarität
  2. Arbeiter und Buch
  3. Arbeiterschaft und Erziehung
  4. Jugendbewegung
  5. Maifeier
  6. Arbeiter und Gesang
  7. Wanderschaft
  8. Die Arbeit in der bildenden Kunst
  9. Die dreifache Aufgabe der Arbeiterbildung
  10. Musikpflege als Aufgabe
  11. Kino und Kultur
  12. Schöne Literatur als Zeitspiegel

3. Jahrgang 1926
  1. Die Frau / Frauenbewegung
  2. Den Jungen / Jungsozialistische Bewegung (Franz Lepinski)
  3. Jugendweihe
  4. Wohnen und Bauen
  5. Arbeiterbewegung und Körperkultur
  6. Musik, Kultur und Arbeiterschaft
  7. Wandern, Reisen, Schauen
  8. Gesellschaftskritik durch Witz und Satire
  9. Mensch und Maschine
  10./11. Großmacht Presse
  12. Deutsche Arbeiterdichtung der Gegenwart

4. Jahrgang 1927
  1. Justiz
  2. Rundfunk und Arbeiterschaft
  3. Hunger und Liebe
  4. Beethoven
  5. Kulturreaktion
  6. Utopia / Zukunftsland
  7. Ausstellungen
  8. Reisen
  9. Statistik und Klassenkampf

10. Lebensgestaltung
11. Erziehungsfragen / Der Friedensgedanke in der Erziehungsarbeit der proletarischen Jugend (Walter Fabian)
12. Verlage

5. Jahrgang 1928
1. Körperkultur
2. Schöpferische Kritik
3. Kirche und Klasse
4. Maxim Gorki
5. Propaganda der Masse / Proletarische Auftragskunst (Walter Fabian)
6. Presse
7. Zeitlose Welt
8. Internationale
9. Gewerkschaften
10. Proletarische Festgestaltung
11. Revolution / 9. November (Walter Fabian)
12. Bücher / Von Krieg und Frieden, eine Bücherschau (Walter Fabian)

6. Jahrgang 1929
1. Rosa Luxemburg / Karl Liebknecht
2. Yankeeland
3. Das Revolutionslied
4. Demokratie und Parlamentarismus
5. 40 Jahre Maifeier
6. Reisen
7./8. Krieg dem Kriege / Kriegsdienstverweigerung (Walter Fabian)
9. Fest der Arbeit
10. Wohnen und Bauen
11. Proletarische Dichter
12. Bücher

7. Jahrgang 1930
1./2. Von der Ehe zur neuen Liebe
3. Vor 10 Jahren
4. Bunte Reihe
5. Faschismus
6. Reisen
7./8. Film und Funk
9./10. Junge Arbeiter / Kulturfragen der jungen Arbeiter

Mit dem März-Heft 1933 mußte die Zeitschrift – durch Verbot – ihr Erscheinen einstellen.

Anne-Marie Fabian

Eine engagierte Zeitschrift — Die Gewerkschaftlichen Monatshefte von 1958 bis 1970

»Die Gewerkschaftlichen Monatshefte sollen ein Diskussionsorgan sein, in dem Gewerkschafter und Vertreter der Wissenschaft, Vertreter unseres Sozialpartners wie des öffentlichen Lebens Gelegenheit haben, in eingehender Diskussion zur Lösung der Wirtschafts- und Sozialprobleme beizutragen.« Diese Worte Hans Böcklers, des ersten Vorsitzenden des DGB, in der ersten Nummer der GM 1950, sind in *einem* Wort richtungweisend: Diskussionsorgan. Das bedeutet, daß sie nicht dazu dienen sollen, Bulletin des DGB zu sein oder nur über das Gewerkschaftsgeschehen zu berichten, sondern daß das gesellschaftliche und politische Geschehen, sofern es die Gewerkschaftsbewegung betrifft, in den Grenzen, die einer Monatszeitschrift gezogen sind, seinen Niederschlag finden sollte. Das kann vorausschauend oder nachbereitend sein; dabei kann man Ereignisse, die in aller Munde sind, anders als die öffentliche Meinung gewichten, weniger spektakuläre herausstellen oder darauf hinweisen, daß unter bestimmten Aspekten sich die Dinge anders entwickeln werden, als der Allgemeinheit einzureden versucht wird. Kurzum: man kann konformistisch oder kritisch kommentieren.

Wichtig sind die Akzente, die gesetzt werden; denn eine solche Zeitschrift ist nicht die Zeitschrift ihres Redakteurs und so hat sie Fabian, der sie während dreizehn Jahren redigiert hat, auch nicht verstanden. Dann wäre es eine andere Zeitschrift geworden. Aber er hat den vorwärtsdrängenden Kräften innerhalb der Gewerkschaften und in der sie umgebenden geistigen Landschaft Vortritt gewährt vor den beharrenden, die westdeutsche Restauration nicht störenden. Um ein Wort von Ossip K. Flechtheim, einem ständigen Mitarbeiter der GM unter Fabian, zu benutzen: er hat versucht, den futurologischen Trend in der Arbeiterbewegung zu fördern.

In diesem Rahmen sollte die Zeitschrift zur Meinungsbildung innerhalb der Gewerkschaften beitragen, andererseits aber auch den interessierten Gewerkschaften Informationen und Analysen aus den wesentlichen Gebieten der Weltpolitik, der Wirtschaftspolitik, der Entwicklungspolitik und der Entwicklungsländer sowie der Kulturpolitik an die Hand geben. Da Fabian sie als eine Visitenkarte des DGB verstand, um Außenstehenden zu zeigen, womit man sich im DGB befaßte, bezog er bewußt Studenten und Intellektuelle als Leser der GM mit ein. Als er die Redaktion der GM übernahm, gab es keine Zeitschrift in der Bundesrepublik, die sich auf diese Zielgruppen konzentrierte und dennoch von allgemeinem Interesse war. Seine langjährige Praxis als Redakteur von Parteizeitungen (Chemnitzer Volksstimme, Sozialistische Arbeiterzeitung u. a.), seine Tätigkeit als Erwachsenenbildner und Referent nach dem Ersten Weltkrieg, später in der Emigration in der Schweiz in den dortigen Gewerkschaften und der Sozialdemokratischen Partei – und nach dem Zweiten Weltkrieg auch in den Gewerkschaften der Bundesrepublik – haben ihm diese Aufgabe nicht nur erleichtert, sondern sie ergab sich ganz selbstverständlich aus seinem politischen und geistigen Habitus. Die überwältigenden Reaktionen zu seinem Ausscheiden 1970 gerade dieser Gruppen lassen vermuten, daß er ihre Anliegen verstanden und die richtige Form der Ansprache gefunden hatte. Das soll nicht heißen, daß die Form der Gewerkschaftlichen Monatshefte, so wie Fabian sie entwickelt hat, die einzig mögliche sei. Die Zeitschrift war – und ist – vorher und nachher, obwohl anders konzipiert, doch erfolgreich.

Die GM waren für Fabian kein Neuland. Er hat von Ende 1954 an den »Zeitschriftenspiegel« zusammengestellt. Die Konzeption für diese Rubrik enthält im kleinen seine Konzeption für die GM. Als Kenner der in- und ausländischen Presse war er nicht der Meinung, daß die deutsche Presse die Arbeitnehmer, die Gewerkschafter, die Funktionäre und die Studenten und Intellektuellen ausreichend informierte. Die Presse hat nicht – wie Fernsehen und Rundfunk – die Verpflichtung, unparteiisch zu sein und sie kann deshalb als Anwalt bestimmter Gruppen oder Klassen fungieren. Diese bedeutende Rolle der Presse – so bedeutend wie die der Information – ist ein wichtiger Bestandteil unserer Demokratie. In der kapitalistischen Wirtschaftsordnung mit steigender Konzentration im Pressewesen kommen die Interessen bestimmter Gruppen nur dann zu Worte, wenn sie marktmäßig zu Buche schlagen oder die politischen Interessen der Zeitungsmacher berühren. Wenn es sich um

Mehrheiten wie die Arbeitnehmer handelt, werden die Zeitungsmacher, die in der Bundesrepublik – wie anderswo auch – überwiegend konservativ eingestellt sind, deren Interessen in ihrem Sinne zu manipulieren versuchen. Unsere Presse informiert daher unvollständig und wirft sich oft zum Anwalt von Gruppen und Personen auf, die nicht das Lebensinteresse der arbeitenden Menschen im Auge haben. Im »Zeitschriftenspiegel« versuchte Fabian Korrekturen an diesem linksblinden Bild. Er zitierte zu bestimmten außenpolitischen Problemen und Ereignissen gern ausländische, zumeist schweizer und österreichische Publikationsorgane, um den deutschen Leser zu einem Blick über den Zaun zu ermutigen und ihn anzuregen, in diese Zeitschrift etc. selbst hineinzusehen.

Erfahrungsgemäß sind wichtige Detailinformationen ohne Sensationscharakter nicht oder nur sehr verkürzt in der Tagespresse zu finden, wohl aber in Zeitschriften und Blättern von Gruppen oder Vereinigungen, deren Ziele mit diesem Geschehen verbunden sind und die es darum verfolgen und darüber berichten. Hier mögen Nachrichten und Berichte veröffentlicht werden, die für Gewerkschafter und ihnen Nahestehende wichtig sind, an die sie aber nicht herankommen, weil sie sie nicht kennen. Daraus hat Fabian häufig zitiert, um zu einer differenzierteren Beurteilung des politischen Geschehens beizutragen.

Mit vielen Redakteuren und Herausgebern solcher Zeitschriften war Fabian durch seine Tätigkeit vor 1933 verbunden und die Emigration hatte manche andere Verbindung geschaffen und vertieft. So hat er, als er Chefredakteur der GM wurde, auf einen großen Bekanntenkreis als künftige Mitarbeiter zurückgreifen können. Sie brachten alle langjährige Erfahrungen im Kampf um die schreibende Verwirklichung der Demokratie mit und Fabian veranlaßte sie, ihre Kenntnisse und Erfahrungen der Gewerkschaftsbewegung nutzbar zu machen. Wenn er ein neues Heft durchblätterte, fand er, daß er seine Aufgabe gut gelöst hatte, wenn ein oder zwei Beiträge darin erschienen waren, die ohne ihn nicht darin gestanden hätten.

Jeder der dreizehn Jahrgänge weist mehr als hundert Mitarbeiter auf. Zum engeren Mitarbeiterkreis gehörten für Frankreich Gustave Stern, seit vielen Jahren in Frankreich lebend, z. Zt. von Fabians Redaktion der GM Korrespondent für die Zürcher Tageszeitung Volksrecht, Mitarbeiter für deutsche Gewerkschaftszeitungen und -zeitschriften; für Großbritannien Dr. J. W. Brügel, in London lebend. Er war Sekretär des einzigen deutschen Ministers in der tschechoslowakischen Regierung und Vorsitzenden der deutschen Sozialdemokratie in der ČSR bis 1938, Dr. Ludwig Czech, gewesen. Sein Buch über »Deutsche und Tschechen« hat eine Lücke in der Geschichtsschreibung für die Zeit von 1918 bis 1938 geschlossen. Neben den englischen Verhältnissen beobachtete er auch die deutschen Vertriebenenverbände, speziell die sudetendeutsche Landsmannschaft. Für die Internationalen Organisationen mit Sitz Genf berichtete Pierre Simonitsch, der dort bis heute die »Frankfurter Rundschau« vertritt. Aus den Vereinigten Staaten schrieb Günther Eckstein, in Deutschland geboren, in New York lebend, freier Mitarbeiter amerikanischer und deutscher Zeitungen und Zeitschriften. Die Entwicklung in Spanien verfolgte von der Bundesrepublik aus Peter Blachstein, MdB, ehemaliger Spanienkämpfer. Aus Schweden schrieb Walter Pöppel, deutscher Emigrant nach 1933, der bei Stockholm lebt, usw.

Sehr bemüht war Fabian um junge Mitarbeiter, die noch nicht oder kaum publiziert hatten. Sein sicheres Qualitätsgefühl hat ihn selten getäuscht, wenn er jemanden ermutigte, in den GM zu schreiben. Die meisten der damals jungen Journalisten und Journalistinnen, die in den GM veröffentlicht haben, sind heute wohl bekannt. Er legte auch Wert darauf, daß junge Gewerkschaftsredakteure in den GM schrieben, damit sie nicht nur für die Organe arbeiteten, bei denen sie angestellt waren, sondern ihre Erfahrungen und Kenntnisse auch frei erproben konnten.

Fabian wünschte, in diesem Sprachrohr auf Entwicklungen aufmerksam zu machen, die in der öffentlichen Meinung nicht genügend beachtet wurden. Abrüstung, Neonazismus, die Notwendigkeit der Ostpolitik – die ja erst mit der Großen Koalition 1966 in Angriff genommen wurde –, die internationale Verständigung der arbeitenden Menschen und ihrer Organisationen, das Verpassen einer Neuordnung des westdeutschen Staates und statt dessen die Restauration der Kräfte, die bereits die erste deutsche Republik zerstört hatten, die Mitbestimmung am Arbeitsplatz und überbetrieblich, die kulturelle Aufgabe der Arbeiterbewegung, Zweifel am Nutzen der kleineuropäischen Lösung – außer für die Unternehmer – alles Themen, die in den GM kontinuierlich behandelt wurden. Er hat für diese Themen Mitarbeiter aller politischen Anschauungen gehabt. Entscheidend war, daß sie ihre Meinung verständlich und unorthodox vorbrachten. Aus dem Erscheinen von Artikeln dieses Inhalts an diesem Ort sollte hervorgehen, daß die Ziele und Forderungen der Gewerkschaftsbewegung für das Wohl *aller* Menschen aufgestellt wurden, daß sie also nicht in einem, wenn auch großen Ghetto lebten, wohin sie die Arbeitgeberseite gern abdrängen wollte (und will).

Der Liberale Richard F. Behrendt, einer der Begründer der Soziologie der Entwicklungsländer, Professor in Bern und an der Freien Universität Berlin, schrieb in den GM seit 1958 über »Das Ringen um eine weltweite Ordnung«, über »Die Sackgasse der kleineuropäischen Integration (1959), über »Die Gefährdung der gesellschaftlichen Voraussetzungen der Demokratie« (1960), über »Regionale Integration oder erdweite Universalisierung« (1963) und über »Minderheitenprobleme der jungen Nationen« (1969). Unter Fabian schrieb auch Oswald von Nell-Breuning wieder, der seinerzeit durch eine Kontroverse verärgert worden war. Der katholische Theologe, Jesuit, betrachtete »die wirtschaftspolitischen Grundsätze des DGB in der Perspektive der katholischen Soziallehre« (1966) und beobachtete »Entwicklungstendenzen der Industriearbeit im Blickfeld der Sozialethik« (1967).

Im Septemberheft 1966 erschien ein Artikel »Ursachen, Merkmale und Perspektiven des neuen Modells der Leitung der sozialistischen Wirtschaft« von Fritz Behrens, der zu dieser Zeit Leiter der Abteilung Wirtschaft des Instituts für Wirtschaftswissenschaft an der Deutschen Akademie der Wissenschaften zu Berlin (DDR) war. Der Aufsatz war ein Vortrag vor der Akademie, nur in den Sitzungsberichten erschienen. Behrens gestattete seine Veröffentlichung in den GM. Im Vorspruch der Redaktion hieß es dazu: »Wir machen unseren Lesern diesen Text zugänglich, um ein Beispiel für eine Diskussion zu geben, die (im Gefolge ähnlicher Auseinandersetzungen in der Sowjet-Union und in den meisten anderen Ostblock-Staaten) nun auch in der DDR über die Grundlagen, Ziele und praktischen Aufgaben der Wirtschaftspolitik begonnen hat. Wir sollten jedoch wissen, daß es auch in der DDR Wissenschaftler gibt, mit denen zu diskutieren lohnt und die zu diskutieren bereit sind; Prof. Behrens, den man gelegentlich den ›Liebermann der DDR‹ nennt, bewies diese Bereitschaft bei Vorträgen, die er in den letzten Jahren mehrfach an Universitäten der Bundesrepublik hielt – und auch dadurch, daß er uns die Wiedergabe seines drüben gehaltenen Vortrages gestattete.«

Fabian hielt an der Übung fest, sich die wichtigen Referate des »Europäischen Gesprächs« zur Veröffentlichung zu sichern. Um das Zustandekommen dieser jährlichen Diskussionsveranstaltung, auf der Themen von Bedeutung für die Gewerkschaftsbewegung – national und international – kontrovers behandelt wurden, hatte sich Walter Dirks, Mitgründer der »Frankfurter Hefte« und Leiter der Hauptabteilung Kultur beim Westdeutschen Rundfunk, verdient gemacht. Über das »Europäische Gespräch« wurde Dirks Mitarbeiter der GM und Fabian legte Wert darauf, daß er es unter seiner Leitung blieb. Besonders liebte er den Vortrag, den Dirks zur 80-Jahr-Feier der IG Druck und Papier, die ja Fabians Gewerkschaft ist und deren Deutscher Journalisten-Union er sechs Jahre präsidierte, am 30. April 1961 gehalten hat. Der Vortrag wurde in den

GM veröffentlicht. Dirks hatte die gängigen Meinungen über die Gewerkschaften – auch in ihren eigenen Reihen – einer Prüfung unterzogen, einer Prüfung am »Prinzip Solidarität«: »Sie (die Gewerkschaftsbewegung, d. Verf.) ist der Ort, in welchem der liberalen Gesellschaft und ihrem Grundprinzip der Konkurrenz zum ersten Mal im großen Stil ein anderes Grundprinzip entgegengesetzt worden ist: das Grundprinzip der Solidarität.«

Diese drei Strömungen, für die ich hier stellvertretend die Namen Behrendt, Dirks und Behrens genannt habe, – für die liberale, christliche und sozialistische – war Fabian, der linke Sozialist, bemüht, in den GM zu Wort kommen zu lassen. Mit Behrendt, der wie er Emigrant gewesen war und sich in Nord-, Mittel- und Südamerika als Universitätsprofessor und als Berater von Regierungen und internationalen Organisationen das Wissen über die Probleme der Dritten Welt erworben hatte, verband ihn eine fruchtbare Freundschaft und ihrer beider liberale Grundhaltung führte sie bei den verschiedensten Anlässen zusammen. Fritz Behrens, vor 1933 wie Fabian Mitglied der SAP, war nach 1945 in der DDR geblieben, hatte erst in Leipzig gelehrt, war dann Direktor des Zentralamts für Statistik der DDR geworden. Er hatte sich durch die Freizügigkeit, mit der er seine sozialistischen Ansichten auf Tagungen und Vortragsveranstaltungen in der BRD vortrug, mißliebig gemacht. Den letzten Anstoß zu seiner Kaltstellung bildete die Veröffentlichung eines Vortrages in den GM, den er bei dem Colloquium »Kritik der politischen Ökonomie heute – Hundert Jahre Kapital« am 16. 9. 1967 in Frankfurt am Main gehalten hatte. Behrens hatte diese Veröffentlichung ausdrücklich genehmigt. Sein Artikel stand zwischen zwei anderen – dem von Arnold Künzli über »50 Jahre Sowjetunion« und dem von Richard Schmid über »Rosa Luxemburg«, zweier Autoren, deren Sozialismus-Verständnis in der DDR nicht gefragt ist.

Der zuerst genannte Beitrag von Fritz Behrens war nicht der einzige, der am Ende des Kalten Krieges auf den schon sichtbaren Entspannungstendenzen fußte und versuchte, Diskussion zwischen den zerstrittenen deutschen Staaten zu inaugurieren. Helmut Lindemann hatte bereits 1964 ein »Plädoyer für eine neue Politik« gehalten, nicht sein erstes; denn dieser engagierte Journalist, Mitbegründer der Evangelischen Akademie Christophorus-Stift, hatte *seit 1960* in den GM dafür plädiert. »Der Vorschlag,« schrieb er, »die DDR mindestens faktisch anzuerkennen, wird selbst heute noch bei vielen Bundesbürgern Entrüstung auslösen. Entrüstung ist jedoch kein Ersatz für Politik... Die Welt will in Mitteleuropa nicht die Wiedervereinigung Deutschlands, sondern sie will hier

Entspannung. Die Welt will das umso mehr, als sich der Schwerpunkt der internationalen Auseinandersetzungen ... immer stärker nach Ostasien und Afrika, vielleicht auch nach Lateinamerika verlagern wird. In dieser Situation soll Europa jedenfalls aufhören, Krisenherd zu sein.«

Als so wahr sich diese Worte herausstellten, es war ein freier Journalist, der sie in einem Organ des Deutschen Gewerkschaftsbundes äußerte und letzterer wurde mit diesen Ansichten identifiziert. Fabian war von Anfang an der Ansicht gewesen, daß die Konstruktion: Herausgeber DGB-Bundesvorstand unzweckmäßig sei. Aus Anlaß dieses Artikels – und dem eines Schweizer Journalisten über »Auschwitz und Nagold« – erschien seitdem nurmehr ein Bundesvorstandsmitglied, Ludwig Rosenberg, als Herausgeber, was eine gewisse Erleichterung der Arbeit der Redaktion mit sich brachte.

In der Rubrik »Deutsche Innenpolitik« hatte Dr. Hans Henrich, Leitartikler und politischer Ressortleiter der »Frankfurter Rundschau« und Kommentator beim Hessischen Rundfunk, seit 1959 die Grundtendenzen und wichtigsten Fakten der Innen- und Außenpolitik der Bundesrepublik chronikartig festgehalten und analysiert. Im gleichen Heft 3/64, in dem Lindemanns Philippika stand, berichtete er über die Außenpolitik Gerhard Schröders, die »zwar von den Freien Demokraten und in vieler Hinsicht auch von den Sozialdemokraten gebilligt (würde), dafür aber von immer weniger Abgeordneten der CDU/CSU«. Aus dieser Richtung waren denn auch Unmutsäußerungen über Lindemanns Ausführungen laut geworden, doch auch zu den Ausführungen eines Schweizer Journalisten zu »Auschwitz und Nagold«, in denen es hieß: »Ich bin der Meinung, daß diese beiden Strafprozesse nicht nur zur gleichen Zeit stattgefunden haben, was kaum beabsichtigt gewesen sein mochte, sondern strukturell durchaus *Gemeinsamkeiten* aufweisen... Dieser ›kleine Gefreite Raub‹, der in einem demokratischen Rechtsstaat keinen Anstoß daran genommen hat, seine Rekruten wider alles militärische Reglement zu schinden, wäre zweifellos im Rahmen der SS-Hierarchie mit demselben idiotischen und sadistischen Eifer ebenso schnell dazu bereit gewesen, wehrlose Menschen zu Tode zu prügeln. Im einen wie im anderen Fall hätte es die Tradition des uniformierten Verbandes von ihm gefordert, und hätte keine Maßstäbe gekannt, um kriminellen Forderungen Widerstand entgegenzusetzen. Um diese Maßstäbe geht es in den Prozessen von Frankfurt und von Calw ... jene Maßstäbe, die allein die Zivilisation wider die Barbarei zu bewahren vermögen, nämlich eben zivile und zivilistische Maßstäbe.«

Noch einige andere Autoren – so Artur Saternus, erster Chefredakteur der »Welt der Arbeit« über »Die Oder-Neiße-Linie in der deutschen Außenpolitik« – hatten sich in diesem Heft zu drängenden Problemen der Außen- und Innenpolitik der Bundesrepublik geäußert. »Daß sie, unabhängig voneinander, von den gleichen Besorgnissen erfüllt sind, ist gewiß kein Zufall«, steht in den »Mitteilungen der Redaktion«. »Und es hat auch seinen besonderen Sinn, daß zwei von ihnen – Dr. Manfred Kuhn (Zürich) und Dr. Arnold Künzli (Basel) – Schweizer sind, und ein dritter, Dr. J. W. Brügel, seit Jahrzehnten in London lebt: denn deutsches Tun und Unterlassen wird mit derselben Besorgnis auch außerhalb der deutschen Grenzen beobachtet; die Folgen deutscher Politik könnten ja allzu leicht ein weiteres Mal zum Schicksal Europas und der Welt werden. Dem Aufsatz ›Auschwitz und Nagold‹ geben neue Meldungen zusätzliche Bedeutung. Es wird immer deutlicher, daß Mißstände wie in Nagold auch andernorts bestehen oder bestanden – und Verteidigungsminister von Hassel hat (bedauerlicherweise) verlauten lassen, er wolle (sobald es opportun erscheint) eine besondere Wehrgerichtsbarkeit schaffen, also künftige ›Nagold‹-Prozesse den zivilen Richtern entziehen. Man beachte, was Dr. jur. Manfred Kuhn gerade zu dieser Frage schreibt!«

Fabian war der Meinung, daß die politischen Strömungen, die in einer Zeit der Veränderungen sichtbar wurden, auch von den Gewerkschaften benannt werden mußten, ja, sie sollten das sogar als erste tun – im Interesse ihrer Mitglieder – und dadurch den politischen Parteien den Rücken stärken, wenn sie sich von Interessentengruppen, wie z. B. den Vertriebenenverbänden, unzulässig bedrängt fühlten. In diesem Heft wurden gleich mehrere Tabus deutscher Politik mit Namen genannt. Als er das Heft in der Hand hielt, sagte Fabian: »Meine Arbeit lohnt sich doch!«

Stets war er auf der Suche nach neuen und originellen Beiträgen. Er verfolgte aufmerksam die Rundfunkprogramme und wo ein Autor etwas für die GM Interessantes gesagt hatte, versuchte er, sich das Manuskript zum Abdruck zu sichern. Einen Beitrag von vielen möchte ich als Beispiel erwähnen: »Wortkampf der Wähler« von Jürgen Dahl, der am 23. November 1965, vier Tage nach der Bundestagswahl unter dem Titel »Wenn man's so hörte, mocht' es leidlich scheinen«, im Westdeutschen Rundfunk gesendet wurde. »Diese ungemein anregende Betrachtung sollte nicht mit dieser einmaligen Sendung in Vergessenheit geraten«, stand in der Vorbemerkung der Redaktion. Auch heute hat der Beitrag nichts von seiner Aktualität verloren und wird sie – leider – nicht verlieren, wie jede kommende Wahl beweisen wird.

Der Text stand an der Spitze des Heftes, eine Übung, die Fabian für literarische, bildungs- und kulturpolitische Beiträge einführte. Seine hohe Meinung von der kulturellen Mission der Arbeiterbewegung fand ihren Niederschlag in den GM in der Ausdehnung des Bildungs- und Kulturteils. Auch die Ausdehnung des Informations- und Rezensionsteils geschah zugunsten von Kultur- und Bildungsfragen, um anzuregen, die kulturelle Verarmung, die während der Nazizeit ihren Anfang genommen hatte, als Verlust zu empfinden und ihre Überwindung als eine Aufgabe der Gewerkschaftsbewegung zu betrachten. Kultur und Bildung wollte er jedoch nicht nur im engen Sinn der »schönen Künste« verstanden wissen; sondern so, wie Max Horkheimer es in einer Rede zur 40-Jahr-Feier der Akademie der Arbeit, Frankfurt am Main, im Dezember 1961 formulierte: »Zur Bildung, die Gewerkschaften zu vermitteln haben, gehört, mit dem unbeirrbaren Willen, das sozial Verkehrte zu erkennen und zu ändern, mit der Kraft zur theoretischen und praktischen Kritik, zugleich die Vertrautheit, Identifikation, Verschmelzung mit der Demokratie der Menschenrechte, mit den liberalen Institutionen, wie sie nach jahrhundertlangen inneren Kämpfen errungen worden sind. Wenn das Neue verwirklicht wird, ohne die entscheidenden Resultate der geschichtlichen Entwicklung darin aufzunehmen, bedeutet es einen Rückfall.« (Der Vorabdruck der Rede wurde den GM als Sonderdruck beigefügt.)

Horkheimer wies noch auf einen anderen Aspekt des Bildungsauftrags der Gewerkschaften hin. Über die Friedensliebe der Arbeiterklasse sprechend, deutete er auf die Haltung ihrer Führer beim Ausbruch des Ersten Weltkrieges hin, der nach ihrer aller Äußerungen nicht hätte ausbrechen dürfen. Er zitierte den Führer der französischen Sozialisten, Jean Jaurès, der es noch Ende Juli 1914 auf einer Sitzung des Internationalen Bureaus für unmöglich hielt, daß »die Dinge sich nicht einrichten« und Horkheimer meinte zu dieser Äußerung des kurz darauf ermordeten Politikers mit bitterer Ironie: »Wie seine Genossen hat er die langen Jahre vor dem Ersten Weltkrieg die Nerven behalten, sonst hätten er und andere ihrem Bekenntnis zum Frieden vielleicht ein wirksameres organisatorisches, theoretisches und pädagogisches Instrumentarium geschaffen.«

Das war – und ist – eines der Hauptanliegen Fabians während seines ganzen Lebens: die Organisierung des Friedens. Im Durchschnitt gelten zwanzig Beiträge eines Jahrgangs der GM zwischen 1958 und 1970 den Themen Abrüstung, Entspannung, Friedenssicherung. Er stellte mit Nachdruck die Aufgabe der Gewerkschaften und ihrer Bildungs- und Schulungseinrichtungen heraus, die Arbeitnehmer mit der Überzeugung zu durchdringen, daß der Frieden nicht vom Himmel fällt, sondern organisiert werden muß. Eine Voraussetzung für die Weckung dieses Bewußtseins ist der Abbau von Legenden oder Lügen, die es verdecken oder manipulieren. Zu diesem Thema hat er sogar einmal seinen Grundsatz durchbrochen, nicht selbst seine Meinung zu bestimmten Themen als Artikel in den GM zu formulieren. Zum fünfzigjährigen Jubiläum des Kriegsausbruchs von 1914 – im Augustheft 1964 – veröffentlichte er einen Beitrag von sich »So brach der Krieg aus«, zu dem der Historiker Imanuel Geiss einen Vorspruch schrieb: »Das 50jährige ›Jubiläum‹ des Kriegsausbruchs von 1914 gibt Anlaß, sich einer so gut wie verschollenen Schrift zu erinnern; denn die knappe Analyse, die Walter Fabian vor nunmehr fast 40 Jahren im zentralen Kapitel seines Buches ›Die Kriegsschuldfrage‹ veröffentlichte, entpuppt sich als eine der besten deutschen Darstellungen zu diesem Thema überhaupt. Der nachgeborene Historiker kann rückblickend nur bewundern, wie sich der Autor – mitten in der hysterischen Atmosphäre der völkisch-deutschnationalen Agitation gegen die sog. ›Kriegsschuldlüge‹ – mit sicherem Instinkt für die historische Wahrheit einen kühlen Kopf bewahrte, und das alles noch ohne Kenntnis der späteren russischen, französischen und britischen Aktenveröffentlichungen ... auf frappierende Weise demonstriert Walter Fabian, daß man auch als Deutscher bereits 1925 die historische Wahrheit hätte erkennen können, ohne sich dem kriegsfördernden, angeblich vaterländischen Ressentiment gegen die ›Kriegsschuldlüge‹ hingeben zu müssen.«

Mit der gleichen Nüchternheit und Überzeugung veröffentlichte er in den 13 Jahrgängen unter seiner Leitung Artikel und Berichte zu den Problemen der deutschen Politik, die, ähnlich wie die »Kriegsschuldlüge« in der Weimarer Republik, heute den Weg für Entspannung und Abrüstung verstellen.

Auch dem Abbau von Vorurteilen und Tabus hat Fabian als Erwachsenenbildner und Journalist in den hier geschilderten 13 Jahren zu dienen versucht, in denen er die Gewerkschaftlichen Monatshefte redigierte.

Leonhard Mahlein

Auf dem Weg zur Mediengewerkschaft

Fast acht Jahre ist es her, seit die Idee von der Mediengewerkschaft in der bundesdeutschen Öffentlichkeit diskutiert wird. Und nicht von ungefähr kam der Anstoß dazu aus einer Bevölkerungs- bzw. Personengruppe, die bis dahin wenig mit dem Gewerkschaftsgedanken im Sinne hatte. Es waren die individualistischen Einzelgänger unserer Gesellschaft, die Schriftsteller, die die Idee der IG Kultur bzw. der Mediengewerkschaft bereits auf ihrem ersten Kongreß artikulierten. Sie zündeten damit ein Feuer, das schnell auf andere »Unterprivilegierte« in der bundesdeutschen Wohlstandsgesellschaft übersprang: die Bildenden Künstler, die Grafikdesigner, kurz alle, denen die auf Profiterzielung ausgerichtete kapitalistische Massengesellschaft zunehmend die materielle Basis für die notwendige individualistische Arbeit zu entziehen drohte. Ihnen wurde bewußt, daß ihre Ideologie des Individualismus ihnen verschleierte, was die Arbeiter bereits hundert Jahre zuvor erkannt hatten: ihre Abhängigkeit von den Verwertungsgesetzen des Kapitalismus, die den rigoros in die Verelendung führen, der sich diesen Gesetzen nicht bedingungslos anpaßt oder versucht, in Gemeinsamkeit mit anderen Abhängigen sie zu durchbrechen. Aus dieser Einsicht heraus formulierten bereits frühzeitig führende Vertreter der »Gruppe der Einzelgänger« den Gedanken, daß nicht die bloße Organisierung von Einzelinteressen dauerhaft individuelle Freiheit sichern kann, sondern daß allein die geschlossene Solidarisierung aller abhängig Beschäftigten die Durchbrechung kapitalistischer Verwertungsformen möglich macht.

Für die organisierte Arbeitnehmerschaft und ihre Gewerkschaften war diese Einsicht nicht neu. Ihre Kraft und ihre Erfolge basieren darauf. Sie waren deshalb auch aufgeschlossen für diese Ideen, wobei insbesondere

174

die IG Druck und Papier und die Rundfunk-, Film- und Fernseh-Union (RFFU) in der Gewerkschaft Kunst am meisten Verständnis zeigten. Denn beide Gewerkschaften hatten seit Jahren das in kontinuierlicher Kleinarbeit praktiziert, was nun ein öffentlichkeitswirksames Etikett erhalten hatte: Die gemeinsame Interessenvertretung von körperlich und geistig Schaffenden in einer Industriegewerkschaft. Seit nunmehr 25 Jahren vertreten beide Gewerkschaften im DGB eine ständig steigende Zahl von Journalisten gemeinsam mit den übrigen Arbeitnehmern in der Druckindustrie und den Rundfunkanstalten. Gerade die steigende Mitgliederzahl unter den Journalisten zeigt, daß ihre Arbeit für diesen Bereich der Individualisten auch materielle Erfolge erzielt hat.

So gesehen, hätte es eigentlich wohl nur einiger organisatorischer Schritte bedurft, um das zu vollziehen, was die Schriftsteller in die Diskussion geworfen hatten, zumal gerade die zunehmende Konzentration im gesamten Verlagswesen, die Übermacht der Massenmedien als Auftraggeber und die Absichten verschiedener Konzerne, sich nicht nur im Verlagswesen, sondern z. B. auch im Kassettenfernsehen oder im privaten Rundfunk zu betätigen, auch den schon bestehenden »Mediengewerkschaften« IG Druck und Papier und Gewerkschaft Kunst die Notwendigkeit der Solidarität aller in diesen Bereichen Tätigen in einer wirkungsvollen Organisation mit allem Nachdruck vor Augen führte. Wenn die Gewerkschaften im DGB dennoch die Idee der Mediengewerkschaft nicht mit einem organisatorischen Kraftakt in Angriff nahmen, sondern sich auf den mühsameren Weg der kleinen Schritte verständigten, so lag und liegt das in erster Linie nicht an den innergewerkschaftlichen Kompetenzschwierigkeiten – die hier gar nicht heruntergespielt werden sollen –, sondern in erster Linie an der Erkenntnis, daß der organisatorische Zusammenschluß allein eine Mediengewerkschaft als kraftvolle Organisation nicht schaffen kann.

Um all die Hoffnungen erfüllen zu können, die in eine solche Mediengewerkschaft gesetzt werden, um all die anstehenden Probleme lösen zu können, bedarf es der Erfüllung dieser Organisation mit dem gewerkschaftlichen Lebenshauch, der Solidarität. Und gerade darüber, was Solidarität für eine wirkungsvolle Gewerkschaftsarbeit bedeutet, herrschten und herrschen bei vielen, die von der Mediengewerkschaft träumen, krasse Miß- bzw. Fehlverständnisse.

Viele verstehen unter Solidarität so eine Art Rückversicherung, die eigenes mutiges Eintreten für eine Sache überflüssig macht, da andere die Kastanien aus dem Feuer holen werden. Das sind entweder die von der Gewerkschaft oder die Kollegen aus der Technik.

Wer sich allein eine solche Solidarität erhofft, ist auf dem Holzweg. Denn gewerkschaftliche Solidarität hat eine andere Wurzel und auch eine andere Bedeutung. Gewerkschaftliche Solidarität setzt die genaue Information der übrigen Mitglieder über die eigenen Probleme und Ziele voraus, sowie das eigene Engagement bei der Durchsetzung der Forderungen und Vorstellungen. Nur wer selbst bereit ist, für seine Vorstellungen aktiv einzutreten, kann auf die solidarische Unterstützung der Gesamtheit rechnen und auf sie bauen. Daß hierbei besondere Schwierigkeiten einzelner von der Gesamtorganisation durchaus gewürdigt werden, hat nicht zuletzt die erfolgreiche Aktion »Federblitz« in Nordrhein-Westfalen gezeigt, die z. B. der Deutschen Journalisten-Union (dju) die Tariffähigkeit gebracht hat. Nur, und auch das möchte ich hier mit aller Deutlichkeit sagen, wer sich die solidarische Unterstützung aller Kollegen einer Einheitsgewerkschaft erhofft, der muß auch einverstanden sein, daß diese Kollegen darüber mitreden und mitentscheiden können, wofür bzw. wogegen gemeinsame Solidarität eingesetzt werden soll.

In einer Einheitsgewerkschaft ist kein Platz für autonom arbeitende Einzelgruppen und Verbände. Hier zählt und bestimmt der demokratische Meinungsbildungsprozeß aller.

Will eine Mediengewerkschaft also all die in sie gesetzten Erwartungen erfüllen, so setzt das auch und gerade voraus, daß unter ihren Mitgliedern dieses Verständnis von Solidarität anerkannt wird. Erste Aufgabe einer Mediengewerkschaft wird es deshalb also sein, die zum Teil noch unterschiedlich motivierten Gruppen und Verbände zu einem solidarischen Ganzen, zu einer echten Gewerkschaft zu machen. Erst wenn dies gelungen ist, wird eine solche Mediengewerkschaft in der Lage sein, langfristig Erfolge zu erkämpfen.

Diese Vorbemerkung war notwendig, weil bei verschiedenen Personen und Organisationen Parolen kursieren, man müsse nur durch geschicktes Taktieren und Paktieren möglichst viele Vorstandsposten in einer Mediengewerkschaft erobern, dann würden sich die eigenen Vorstellungen mit Hilfe der Gewerkschaft durchsetzen lassen. Solche Argumente sind dumm und verraten eine erschreckende Unkenntnis gewerkschaftlicher Entscheidungsprozesse. Ich will hier die Möglichkeiten, die ein Vorstand hat, nicht herunterspielen. Aber sie enden dort, wo die Mitgliedschaft diesen Entscheidungen nicht oder noch nicht folgen kann. Um ein konkretes Beispiel zu nennen: Solange selbst die Mehrzahl der Journalisten die Bedrohung der Gedankenfreiheit noch nicht als so stark ansieht, als daß sie bereit wären, dafür das wirkungsvollste gewerkschaftliche Kampfmittel, den Streik, anzuwenden, wäre es für eine Gewerkschaft gefährlich, zu solchen Maßnahmen aufzurufen. Ein veranwortungsvoller Vorstand muß deshalb alle Möglichkeiten auszuschöpfen versuchen, die unterhalb dieser Grenze liegen, auch wenn er damit vielleicht nur in kleinen Schritten weiterkommt. Das mag manchen als zaudernd erscheinen.

Aber das Risiko, durch Maßnahmen, die bei den Mitgliedern noch nicht die volle Unterstützung finden, eine Diskrepanz zwischen der Meinung des Vorstandes und der seiner Mitglieder entstehen zu lassen, die für die Öffentlichkeit den Schluß zuließe, die Mitglieder dächten anders als ihre Vorstände, würde für eine Gewerkschaftsbewegung einen nicht vertretbaren Rückschlag bedeuten.

Aufgrund dieser Tatsachen ergeben sich die Notwendigkeiten und Möglichkeiten, die eine Mediengewerkschaft hat. Innerorganisatorisch bedeutet das für eine Mediengewerkschaft, aus der bestehenden Organisation und den neu hinzugekommenen Mitgliedern eine geschlossene Gewerkschaft zu machen. Die gewerkschaftliche Bildungsarbeit erscheint mir dabei als besonders vordringlich. In der Aktivität nach außen kann das dann aber nur heißen, das Schwergewicht auf die Bereiche zu legen, in denen und für die die Bereitschaft der Mitglieder, auch durch einen Streik dafür einzutreten, am stärksten vorhanden ist. Und das ist zur Zeit die Verbesserung der sozialen Situation, das heißt finanzielle Absicherung und Mitbestimmung am Arbeitsplatz. In diesen Bereichen hat die Gewerkschaft, hier besonders die IG Druck und Papier, die größten Erfolge erzielen können, weil die Mitgliedschaft diese Notwendigkeiten voll erkannt hat und unterstützt.

Im Medienbereich hat das immerhin bewirkt, daß z. B. allein für die Journalisten bei Tageszeitungen, seit der Beteiligung der IG Druck und Papier an den Tarifverhandlungen, die größten Fortschritte erzielt worden sind. Die entscheidenden Verbesserungen im Bereich der Gehälter, in den Manteltarifen, bei der Altersversorgung usw. wurden erst seit 1966, seitdem die dju in der IG Druck und Papier als Tarifpartner mit am Verhandlungstisch sitzt, erzielt. Obgleich gegenwärtig nur geringe Chancen bestehen, für diese Bereiche die stärksten Kampfmittel voll einzusetzen, hat allein das Mitwirken einer Gewerkschaft, die alle Beschäftigten in Zeitungsbetrieben umfaßt, einen Durchbruch gebracht, der 17 Jahre lang vorher nicht annähernd erreicht wurde.

Diese Erfolge werden sich auch in den Bereichen erzielen lassen, deren Arbeitnehmer künftig zu uns stoßen werden. Die Erfolge werden desto größer werden, je mehr das Bewußtsein der Mitglieder für diese Probleme gestärkt, je mehr echte innergewerkschaftliche Solidarität nicht nur in Worten, sondern auch in der tagtäglichen Arbeit praktiziert werden kann.

Zur aktiven sozialpolitischen Arbeit einer Mediengewerkschaft gehört ihr Engagement im Bereich der Kommunikationspolitik. Diese Reihenfolge stellt eine gewisse Wertigkeit im Wirksamwerden einer Mediengewerkschaft dar, wenn man von ihr Erfolge erwarten will. Denn Veränderungen und Verbesserungen in diesen Bereichen, die dringend notwendig sind, lassen sich nur erreichen, wenn sie mit der entsprechenden Macht vertreten und dann auch durchgesetzt werden können. Aufgrund des besseren Informationsstandes der Mitglieder und der stärkeren Bewußtseinslage für soziale Probleme lassen sich in diesen Bereichen die Machtfragen eher und stärker stellen als im Bereich der Kommunikationspolitik. Das kann bei der jetzigen Situation freilich nicht bedeuten, daß die Probleme von einer Mediengewerkschaft auf die lange Bank geschoben werden können. Es bedeutet nur, daß das Vorgehen in dieser Frage zunächst weniger Aktivitäten nach außen als vielmehr die Information der Mitglieder und die Koordinierung der Zielvorstellung voraussetzt, damit dann wirkungsvolle Veränderungen erreicht werden können. Die Aufgabe einer Mediengewerkschaft liegt also darin, zunächst das zur Lösung der Frage nötige Problembewußtsein zu schaffen und gleichzeitig gemeinsame praktikable Zielvorstellungen zu entwickeln. Zielvorstellungen, die nicht nur die Lösungsmöglichkeiten betreffen, sondern auch das gewerkschaftliche Vorgehen realistisch aufzuzeigen und zu entwickeln vermögen.

Weil gerade die IG Druck und Papier aufgrund ihrer über hundertjährigen Erfahrung die Notwendigkeit der Bewußtseinsbildung jedes einzelnen Mitgliedes als unabdingbare Voraussetzung für ein kraftvolles und solidarisches gewerkschaftliches Handeln erkannt hat, konnte und durfte sie sich nicht zu organisatorischen Kraftakten hinreißen lassen, die vielleicht kurzfristig optische Wirkung gezeigt hätten, aber die gewachsene solidarische Kraft längerfristig entscheidend geschwächt hätten.

Aus diesem Grund wurde nach der Integration der Journalisten der dju zunächst die Integration der Schriftsteller betrieben. Zwar hätte auch dies mit einem Federstrich geschehen können, sozusagen durch die bloße Umschreibung der Mitgliedsbücher. Doch hätte dies nicht dazu geführt, daß sich jedes Mitglied des Verbandes Deutscher Schriftsteller (VS) seinen Entschluß, der Gewerkschaft beizutreten, mit allen Konsequenzen überlegt hätte. Zum anderen wäre es möglich gewesen, daß eventuell gewachsene Strukturen innerhalb der IG Druck und Papier selbst wieder in Frage gestellt worden wären. Solches konnte und durfte nicht riskiert werden, wenn man langfristige gewerkschaftliche Erfolge erzielen wollte. Daß dieser Weg sowohl für die Schriftsteller, wie auch für die IG Druck und Papier richtig war, zeigen die Tatsachen, daß nahezu alle früheren VS-Mitglieder dem Gewerkschaftsgedanken bewußt gefolgt sind und die Integration auf allen Ebenen der Gewerkschaft trotz verschiedentlich noch bestehender Schwierigkeiten bereits soweit gediehen ist, daß kurzfristig aufgetretene Spannungen diese Solidaritätsgemeinschaft nicht mehr auseinanderbringen konnten. Daß für die Schriftsteller mit Hilfe der Gewerkschaft bereits erste materielle und soziale Erfolge errungen werden konnten, beweist zudem, daß die IG Druck und Papier auch hier ihre Aufgabe der Interessenvertretung der abhängig Beschäftigten erfüllt.

Das Beispiel des VS zeigt aber auch, daß die Diskussion über eine Mediengewerkschaft innerhalb der Verbände und Organisationen im außergewerkschaftlichen Bereich erst zu Ende geführt werden muß, bevor organisatorische Entscheidungen einen Sinn erhalten. Dies gilt vor allem und gerade für den Deutschen Journalisten Verband (DJV). Die dort geführte Diskussion um eine Mediengewerkschaft ist in organisatorischen Fragen steckengeblieben. Sie wurde nicht auf die Grundsatzfrage gewerkschaftlicher Organisierung hin geführt, denn sonst hätten die Mitglieder dieser Standesorganisation, hätten vor allem die Vorstandsgremien und Delegierten während des Arbeitskampfes im April/Mai 1976 in der Druckindustrie anders reagieren müssen. Ihr Verhalten auf dem letzten DJV-Verbandstag (1976 in Stuttgart) hat gezeigt, daß sie vom Wesen und Geist einer Gewerkschaft, von ihren Möglichkeiten und Aufgaben noch wenig begriffen haben. Solange das nicht geschehen ist, ist eine konkrete Einbeziehung des DJV in organisatorische Vorstufen einer Mediengewerkschaft bzw. einer Mediengewerkschaft im DGB sinnlos.

Das heißt allerdings nicht, daß sich der DJV oder andere noch außerhalb des DGB stehende Gruppen voll den organisatorischen Formen der IG Druck und Papier oder einer anderen DGB-Gewerkschaft unterwerfen müßten. Wir wissen selbst zu genau, daß eine Mediengewerkschaft die derzeit noch bestehenden Einzelgewerkschaften des Medienbereichs sowohl in ihrer Form als auch in ihrer Struktur ändern wird. Solche Änderungen können aber nicht soweit gehen, daß gewerkschaftliche Prinzipien aufgegeben werden, denn damit würden die Gewerkschaften sich selbst aufgegeben – zum Schaden der Menschen, die sie zu vertreten haben.

Einen wesentlichen Schritt, neue Strukturen auf dem Weg zu einer

Mediengewerkschaft zu finden, stellt die zwischen der Gewerkschaft Kunst und der IG Druck und Papier gegründete Arbeitsgemeinschaft Publizistik dar, zu der inzwischen auch die Gewerkschaft Handel, Banken und Versicherungen (HBV) und die Deutsche Postgewerkschaft (DPG) gestoßen sind. In dieser Arbeitsgemeinschaft wird in der konkreten Arbeit an Einzelproblemen der Kern und das organisatorische Gerüst der einheitlichen Mediengewerkschaft entwickelt. Die Gewerkschaften verfolgen dabei das Ziel, durch gemeinsame Arbeit an gemeinsam interessierenden Problemen die inhaltliche Voraussetzung für eine Organisation zu schaffen, deren Strukturen sich auch in der praktischen Arbeit ergeben werden, das Ziel einer Mediengesellschaft dabei ständig vor Augen. Und wenn die Mittel und Möglichkeiten dieser Arbeitsgemeinschaft weiterhin zielstrebig und beharlich genutzt werden, wird das Ziel der einheitlichen Mediengewerkschaft schneller verwirklicht sein, als manche erwarten, die lauthals danach rufen. Die Arbeitsgemeinschaft hat sich entsprechend den Prinzipien gewerkschaftlicher Arbeit vorgenommen, die Probleme anzupacken, die konkret zum jeweiligen Zeitpunkt gemeinsam gelöst werden können. Neben einem zunächst in einem Gremium des DGB gestoppten gemeinsamen Medienpapier war das die inzwischen von allen Gewerkschaften übernommene und in der Öffentlichkeit stark beachtete Stellungnahme zum Kabelfernsehen.

In der Kleinarbeit für die Kollegen wurde durchaus schon mehr geleistet: angefangen von gemeinsam angestrebten und verfolgten tariflichen Regelungen für freie Mitarbeiter bis zur gegenseitigen rechtlichen Vertretung von Journalisten und Schriftstellern. Was im Sinne der notwendigen gewerkschaftlichen Integration allerdings nun vorrangig geleistet werden muß, ist die Verwurzelung der AG Publizistik bei den Mitgliedern der sie zur Zeit tragenden Gewerkschaften und ihr beharrliches Weiterarbeiten an all den anstehenden kleinen und großen Problemen durch die Einrichtung von Fachausschüssen und Kommissionen. Das setzt bei allen, die hier mitarbeiten, große Geduld und vor allem Beharrungsvermögen voraus.

Dieter Lattmann, der frühere Vorsitzende des VS, schrieb in seinem Buch »Einigkeit der Einzelgänger«, in dem die Ergebnisse des Schriftstellerkongresses zusammengefaßt worden sind:

»Die Gewerkschaft Kultur (sprich Einheitsgewerkschaft Medien) – eine Organisation von potentiell einigen hunderttausend Mitgliedern – läßt sich nur durch die ausschließliche Arbeitskraft sehr beharrlicher Verfechter verwirklichen. Diejenigen, die das Modell am streitbarsten formulieren, sind nach aller Erfahrung selten bereit, auch die Ausdauer aufzubringen und die Kleinarbeit zu leisten, die einzig aus Theorien Tatsachen machen. Soforterfolge gibt es nur im Denken, allenfalls verbal. Dies festzustellen, heißt nicht verkennen, was weitergedachte Konzeptionen für die Sache leisten, selbst wenn sie in mancher Ohren utopisch klingen. Um weiterzukommen, bedarf es des Zusammengehens vieler Energien und Überzeugungen: der Solidarität.«

Die Idee der Mediengewerkschaft ist innerhalb des DGB in das Stadium der Verwirklichung getreten. Es liegt jetzt an uns allen, die wir die Mediengewerkschaft für notwendig erachten, die erforderliche Kleinarbeit für den organisatorischen Aufbau weiter voranzutreiben. Wir müssen die Mitglieder unserer Organisationen zielstrebig informieren, um so die Entscheidungsprozesse vorzubereiten, die in Aktionen münden können. Nicht großartige Resolutionen bringen uns jetzt weiter voran, sondern beharrliche Arbeit in den Gewerkschaften und am Arbeitsplatz. Arbeit, die es mit der gewerkschaftlichen Organisation und deren Spielregeln ernst meint.

4. Erinnerungen

Peter Blachstein

Begegnungen durch fünfzig Jahre

Wir lernten uns 1928 in Dresden kennen. Es war jene kurze glückliche Periode der Weimarer Politik, voll Hoffnungen, die nur zu bald in Elend und Marschtritt versanken. Ich war Mitglied der Sozialistischen Arbeiterjugend und traf Dich dort, als unermüdlichen Referenten, der sich bemühte, der Arbeiterjugend verständlich zu machen, wo ihr Platz in der Republik von Weimar war, und wie sie sich und diesen ersten deutschen demokratischen Staat würde behaupten können. Unüberhörbar war Deine Herkunft aus der pazifistischen Bewegung. Das war nicht nur aus Deiner Doktorarbeit zu ersehen, sondern aus der stetigen Warnung vor den militaristischen Kräften, ihrem Einfluß auf Staat und Wirtschaft, auf Erziehung und Politik. Viele wollten die Warnungen nicht hören, glaubten die Weimarer Republik mit dem sozialdemokratischen Preußen seien gesichert. Mich zog gerade Deine Warnung vor neuem Militarismus und Chauvinismus an. Gewiß spielte die Einführung in den Marxismus eine große Rolle, aber der Kampf gegen den Krieg schien mir jede Mühe wert. Nur durch die Erhaltung von Frieden und Freiheit, so lehrtest Du uns, gäbe es neue Wege zu mehr Gleichheit und Gerechtigkeit.

Die damalige Arbeiterjugend bestand fast ausschließlich aus jungen Arbeitern, wenig Angestellte und fast keine Studenten oder andere Intellektuelle. Es ist eigentlich ein Phänomen, wie selbstverständlich junge Bürger solidarisch aufgenommen wurden und wie dankbar Akademiker als Lehrer akzeptiert wurden. Du wurdest bewundert, und die Verehrung wuchs, je mehr Schikanen sich die Partei gegen den unbequemen Kritiker einfallen ließ. Bedauernd kritisch wurde vermerkt, daß Du nicht jugendbewegt warst, nicht zur Klampfe zum Singen von Arbeiterliedern zu bewegen. Aber wesentlich war diese Kritik nicht.

Schon 1930/31 kamen mit Arbeitslosigkeit und militanter Formierung der Rechten wichtigere Probleme auf. Die alte sozialdemokratische Partei hatte ihren großen Wahlsieg 1928 mit der Parole »Kinderspeisung statt Panzerkreuzer A« gewonnen und nach der Übernahme der Reichsregierung den Panzerkreuzer weitergebaut. Gegenüber dem wirtschaftlichen Niedergang und dem sozialen Elend war die Reichsregierung ziemlich hilflos. Die innerparteilichen Gegensätze spitzten sich zu, und man schreckte vor Schreib- und Redeverboten gegen Dich nicht zurück. Noch einmal auf dem Parteitag 1931 wurden die Gegensätze hart ausgetragen. Die Spaltung der Partei erfolgte aber erst ein paar Wochen später. Du hast Dich in Wort und Schrift beteiligt. Aber es erwies sich, daß die Linke zu schwach war, das Unheil aufzuhalten. In Dresden bildeten 80 % der ehemaligen Arbeiterjugend den Sozialistischen Jugendverband, aber der neuen Sozialistischen Arbeiterpartei schlossen sich nur wenige SPD-Mitglieder an. Eine Ausnahme bildete Breslau, wo unter der Führung von Ernst Eckstein die SPD fast geschlossen zur SAP übertrat. Die einzige Tageszeitung der SAP erschien darum in Breslau, und Du wurdest ihr erster Chefredakteur. Wir waren unseren Weg gegangen, mit wenig Hoffnung, die sterile Politik von SPD oder KPD ändern zu können. Vielleicht hatte doch mancher noch Hoffnung. Aber nur ein Wunder konnte noch helfen bei über sechs Millionen Arbeitslosen und der Selbstaufgabe der Demokraten. Die Republik verfiel der Agonie bis zum ruhmlosen Ende.

Du kamst in den letzten Monaten vor Hitler häufig am Wochenende nach Dresden. SA und SS trugen den Bürgerkrieg durch Städte und Dörfer. In Breslau herrschte Heines mit brutaler Gewalt. Ich fürchtete damals bei jedem Abschied, daß es der letzte sein könnte.

Die kleinen Parteien und sozialistischen Gruppen haben in jener kritischen Zeit enorm viel geleistet und tapfer versucht, vor sich selbst und vor einer Welt, die sie viele Jahre bewundert hatten, aufzuholen, was die großen Parteien widerstandslos aufgegeben hatten. Du wurdest »Reichsleiter« einer illegalen revolutionären, sozialistischen Partei in Berlin. Zwei Jahre hast Du diese aufreibende, Menschen opfernde Tätigkeit erfüllt oder besser, wenn man an die große Zahl der Verhaftungen, der Folter und der Verfolgungen jeglicher Art denkt, erlitten.

Ich habe Dich Ende 1934 als Reichsleiter in Berlin besucht. Wir trafen uns in einem Gartenrestaurant in Neubabelsberg. Du warst Schiedsrichter in einem Streit, den ich mit meinen Dresdner Genossen hatte. Im Mai 1933 war ich verhaftet worden und über Gefängnis und KZ im August 1934, anläßlich Hindenburgs Tod, amnestiert worden. Die Illegalen in

Dresden nahmen mich herzlich auf, und nach ein paar Wochen meinten sie, nun sei die Zeit für mich gekommen, wieder politisch zu arbeiten. Dazu war ich bereit, aber nicht in Dresden, wo ich zu bekannt war, um nicht ein Sicherheitsrisiko für die illegale Partei zu werden. Dieser Streit beleuchtet die Naivität der Illegalen gegenüber einem fast perfekten Gestapo-Apparat. Wir einigten uns in Dresden, daß Du eine verbindliche Entscheidung treffen solltest. Es war ein wunderschöner Herbstnachmittag, und Du teiltest meine Meinung, nicht in Dresden erneut illegal zu arbeiten. Auf mein Angebot, irgendwo im Reich tätig zu sein, winktest Du sehr entschieden ab. Es fehle im Kampf mit den Nazis nicht an Menschen, die sich zu opfern bereit wären, sondern an vielen anderen Dingen. Da ich Berufsverbot hatte, sollte ich ins Ausland gehen, wenn sich keine andere Arbeitsmöglichkeit fände. Die Dresdner hielten sich an unsere Abmachung und waren hilfsbereit bis zum Leichtsinn. Viele mußten diesen Leichtsinn sehr bald mit vielen Jahren Haft büßen. Wir konnten nicht über Deine Arbeit sprechen, das wäre auch Leichtsinn gewesen. Und wir ahnten nicht, daß wir uns wenige Monate später in Prag als Emigranten wiedertreffen würden.

1935 in Prag gehörte nicht viel Phantasie dazu, vorauszusehen, daß die Tschechoslowakei ziemlich bald ein Opfer des Hitlerschen Imperialismus werden würde. Im kleinen Kreis der Emigranten, von denen die meisten in kläglichen Verhältnissen leben mußten, war wenig Zuversicht. Es gab viele gereizte Auseinandersetzungen, die unser Verhältnis nicht betrafen, weil wir meist übereinstimmten.

Im Sommer 1935 fuhr ich von Prag durch den polnischen Korridor nach Gdynia und von dort mit der polnischen Amerika-Linie nach Kopenhagen. Von Kopenhagen weiter nach Oslo, wo mich Willy Brandt erwartete, der dort ein internationales sozialistisches Jugendbüro leitete und den ich bei seiner Arbeit unterstützen sollte. 1936 brach der spanische Bürgerkrieg aus und ich besuchte Dich in Paris, wo Du Dich inzwischen niedergelassen hattest.

Du hattest das Bureau International de Documentation aufgebaut, das mit unendlich viel Fleiß Dich und einige Genossen, die bei Dir arbeiten konnten, ernährte. Ich wollte das Paris der »Commune« sehen, für ein Stück, an dem ich damals arbeitete.

Auf dem Rückweg nach Oslo nahm ich in Brüssel an einem Internationalen Arbeiterkongreß gegen den Krieg teil, auf dem die kleinen Parteien wie die SAP, die ILP aus England, französische, holländische, schwedische und vor allem spanische Sozialisten von der POUM anwesend waren. Aus einem Kongreß gegen den Krieg wurde zwanglos ein

Kongreß für die spanische Revolution. Die Jugendorganisationen der Parteien, die ihr Büro in Oslo betrieben, beschlossen, dieses Jugendbüro in das Zentrum der spanischen Revolution nach Barcelona zu verlegen. Vorsitzender wurde der Vorsitzende des spanischen Jugendverbandes, und als internationaler Sekretär sollte ich in Barcelona arbeiten. Mein Weg führte mich also nicht nach Oslo, sondern von Brüssel nach Plessis Robinson bei Paris zu Dir, um Reisegeld und den besten Weg über die Pyrenäen zu finden. Geld und falsche Pässe sind oft recht schwierig zu beschaffen. Durch Dich und Deine Freunde in Paris habe ich unendlich viel solidarische Hilfe erfahren.

Im April 1937 war ich wieder bei Dir in Plessis. Die Differenzen in der SAP waren größer geworden. Bei manchen zeigten sich merkwürdige russische Einflüsse, und Jacob Walchers Rolle in jener Zeit – er landete wohl nicht zufällig nach dem Kriege in Ostberlin – ist für mich höchst zweifelhaft. Du hast durch den häufigen Umgang noch mehr Anlaß zum Zweifel gehabt und doch ohne Beweise vor einer Trennung gezögert. Es ging nicht um geographische, sondern um politische Differenzen.

Nach meinem Bericht in Paris wollte ich den 1. Mai 1937 in Barcelona erleben. Aber in Perpignan war Schluß mit der Reise, die Grenze war geschlossen: Inzwischen war die berüchtigte »Nonintervention« auch für Personen eingeführt worden. Jeden Mittag kamen die armen Teufel, die im französischen Grenzgebiet gefangen genommen worden waren, an Garde mobile gefesselt und wurden zur Verurteilung in Untersuchungshaft genommen. Für Ausländer, die Schutz durch eine Botschaft oder ein Konsulat genossen, war das eine Episode. Aber für einen deutschen Emigranten, mit gefälschtem Paß, konnte das sehr bitter, eventuell mit einer Auslieferung an die Nazis enden. Am 5. Mai gelang mir die illegale Grenzüberschreitung, und erst auf spanischer Seite erfuhr ich von dem kommunistischen Putsch in Barcelona. Elitetruppen mit Elitewaffen rückten von Valencia auf Befehl der Zentralregierung in Barcelona ein. Was sich abgespielt hatte, beschreibt meisterhaft George Orwell in »Hommage to Catalonia«.

Die Freunde von der SAP zogen sich von der POUM zurück. Nach der Spaltung in Paris blieb ich bei der POUM für die Gruppe Neuer Weg, die Du mit Genossen geschaffen hattest. Es bedeutete für mich Treue zu den alten Grundsätzen und Kampf gegen den Stalinismus in der Sowjet-Union, in Spanien oder wo auch immer. Am gleichen Tage wie die Spitze der spanischen POUM wurden die bei ihr tätigen Ausländer, so auch ich, verhaftet. Aus dem solidarischen Sozialisten war ein deutscher »Gestapo-Agent« geworden. So klar wir diese Politik durchschauten, so bitter war es, sie zu erleiden. Nun gab es keine Brücken mehr. Eine Barrikade hat nur zwei Seiten.

Wir blieben brieflich in Verbindung, was Haft und Krankheit leichter zu ertragen half. Die Krankheit war eine Tbc, deren Grund in der Nazihaft gelegt wurde und die in den Kellern der GPU offen ausbrach. Die Unterbringung als Gefangener unter Bewachung in einem Sanatorium war besonders deprimierend, wenn auch mit manchen Vorteilen verbunden. Die Zeit der Moskauer Prozesse war gefährlich, auch in Spanien, nachdem man in Moskau angekündigt hatte, in Spanien nach Moskauer Vorbild aufräumen zu wollen. Viel ist von Dir und Deinen Freunden 1937/38 geschehen, um meine Freunde und mich durch internationalen Druck freizubekommen. Auch ich stand auf der Liste derer, die gerettet werden sollten. Deine Sorge wurde besonders groß, als ich in einem Transport fehlte, weil ich in meinem Sanatorium nicht mehr angetroffen wurde. Ich war einen Tag vor diesem Transport, von dem ich nichts wußte, geflüchtet. Eine Ehrenerklärung des Höchsten Gerichts in Valencia machte auf den stalinistischen Polizeipräsidenten von Barcelona keinen Eindruck, und so erschien mir die Flucht als der einzige Ausweg. Als ich dann, es war 1938 geworden, eines sehr frühen Morgens vor Deiner Tür in Plessis stand, glaubtest Du ein Gespenst zu sehen. Da ich bei dem Transport zwei Wochen vorher gefehlt hatte, waren die meisten Freunde in Paris überzeugt, daß ich wie Wolf, wie Landau, wie Nin den Säuberungen zum Opfer gefallen war.

Wieder ging es um Geld und Paß. Auch einen falschen Paß muß man fristgemäß verlängern. Wieviel hatte ich wieder Dir und Deinen Freunden zu danken. In Paris konnte ich kaum leben, im Norden in Schweden und Norwegen gab es Gewerkschaften, die Kollegen Hilfe leisteten. Nach ein paar Monaten war es soweit, und auch die meisten von uns, die in Spanien festgesessen hatten, waren irgendwie nach Frankreich entkommen. John McNair und MacGovern aus Großbritannien, Leon Blum und Marceau Pivert aus Frankreich und viele andere Sozialisten Europas halfen, den stalinistischen Terror zu begrenzen. Aber es kostete viel Mühe, den unmenschlichen Charakter von Stalins Spanienpolitik überall klar zu machen.

Es kam der zweite Weltkrieg, und Du lerntest Frankreichs grandeur kennen, mit der Sorge um eine Frau, die gerade ein Baby bekommen hatte. Wir in Skandinavien, etwas ab vom Schuß, hatten es besser, es blieb bis zum Ende der neutrale Schlupfwinkel Schweden. Wir hatten das Glück, den zweiten Weltkrieg auf einem Logenplatz in Sicherheit verbringen zu können. Du warst in dem unbesetzten Süden Frankreichs und konntest Dich noch rechtzeitig über die Alpen nach der Schweiz retten.

Erst nach dem Kriege 1947 trafen wir uns in der Schweiz wieder. Ich hatte geglaubt, Du würdest sobald wie möglich nach Deutschland zurückkehren. Aber Du kamst nicht, und ich habe das immer bedauert. Ich hielt jeden Demokraten und vor allem jeden Sozialisten, der nach Deutschland zurückkehrte, mit seinen wichtigen Erfahrungen aus anderen demokratischen Ländern, für einen Gewinn beim demokratischen Aufbau Westdeutschlands. Damals hätte ich gesagt Deutschlands, denn an eine andauernde Trennung konnte ich nicht glauben.

Du hast Dich schließlich Mitte der fünfziger Jahre entschlossen, Chefredakteur der Gewerkschaftlichen Monatshefte zu werden. Das war eine wichtige Aufgabe und ein guter Entschluß. Umsomehr als wir den ersten Redakteur, wegen allzu brauner Publizistik in den tausend Jahren, mit Mühe von seinem Stuhl gebracht hatten. Es war eine Zeit, in der es an demokratisch gebildeten Menschen fehlte.

Nach Deiner Rückkehr nach Köln haben wir uns öfter gesehen. Zu meinem Bedauern bist Du nicht wieder Mitglied der SPD geworden. Auch dafür kenne ich die Gründe nicht. Es ist eine sehr persönliche Entscheidung, die jeder für sich treffen muß. Als ich in die SPD wieder eintrat, war Kurt Schumacher ihr Vorsitzender, der es mir sehr erleichterte, diesen Schritt zu tun. Inzwischen ist vieles anders. Aber ich hätte geglaubt, daß wir darin einig sind, daß es in dieser Zeit neben SP und KP keinen Platz für weitere sozialistische Parteien gibt. Und keiner Partei anzugehören, scheint mir ein Luxus, den wir uns nicht leisten sollten, weil es ohne Parteien keinen politischen Fortschritt geben kann. Die linkssozialistischen Parteien in verschiedenen Ländern nach dem Kriege, von denen sogar einige vorübergehend Erfolge hatten, beweisen schließlich meine These, daß für sie kein Platz ist.

Am Institut für Erwachsenenbildung in Frankfurt, an das Du durch Prof. Heinz-Joachim Heydorn, den Gründungspräsidenten der damaligen Hochschule für Erziehung, die später in die Universität integriert wurde, berufen wurdest, fandest Du eine Dir angemessene Ergänzung Deiner journalistischen Tätigkeit. Die Dir verliehene Professur war nicht nur ein Titel, sondern eine wichtige Aufgabe.

Die Humanistische Union fand in Dir einen aktiven Förderer. Neben den starken klerikalen Einflüssen in der Bundesrepublik war für viele wie wir eine freigeistige Gegenkraft ein Erfordernis.

Frei von Parteibindungen konntest Du wertvolle Initiativen gegen den Krieg in Vietnam und für die Normalisierung der Beziehungen zum polnischen Volk und Staat entwickeln. Auch den langen Kampf um die Notstandsgesetze hast Du wirksam unterstützt.

Frei von Parteibindungen ist manches leichter, aber das Schicksal der zweiten deutschen Demokratie kann nur von demokratischen Parteien dauerhaft gesichert werden.

Arno Behrisch

Ein großartiger Sämann
Sachsen 1930

Ein guter Lehrer muß Wissen, Geduld, Fantasie, Enthusiasmus und Vitalität besitzen. Als Walter Fabian, von Chemnitz kommend, wo er politischer Redakteur der »Volksstimme« gewesen war, 1928 in Dresden auftauchte und gleich voll in die Arbeiterbildungsarbeit einstieg, haben wir ihn beschnuppert und sogleich festgestellt: »Der ist richtig, den brauchen wir.« Diesen ersten Eindruck haben wir nie korrigieren müssen.

Hier muß gleich etwas zu »wir« gesagt werden. Als ich z. B. 1927 in Dresden ins Berufsleben eintrat, war es für mich ganz selbstverständlich, dem Buchdruckerverband, der Sozialistischen Arbeiterjugend (SAJ) und den Naturfreunden beizutreten; im Arbeiter Turn- und Sportbund war ich eh schon. Die Arbeiterbewegung, zumal in Sachsen, war weit über den politischen Bereich hinaus eine mächtige Kultur- und Bildungsbewegung. Und für uns, die Jungen in dieser weitverzweigten Bewegung, war politische Bildungsarbeit das strategisch wichtigste Element zur Überwindung von Unverstand, Ungerechtigkeit und Ungleichheit in der Gesellschaft.

Der Kampf um Wissen, Gerechtigkeit und Gleichheit war für uns ein alle politische Tätigkeit durchdringendes Bestreben. Ob SPD-Mitglieder oder (noch) nicht, ob Marxisten oder (noch) nicht, wir Jungen waren SOZIAL-Demokraten im Sinne einer Definition von Werner Sombart: »Unter einer sozialen Bewegung verstehen wir den Inbegriff aller derjenigen Bestrebungen einer sozialen Klasse, die darauf gerichtet sind, eine bestehende soziale Ordnung in einer den Interessen dieser Klasse entsprechenden Weise prinzipiell umzugestalten.« Darum war die Arbeiterbewegung für uns etwas Gewordenes und nicht von Demagogen Erfundenes oder von Umstürzlern Gemachtes.

Als Walter Fabian 1928 als sozialdemokratischer Pressevertreter im

Landtag in Dresden seine Tätigkeit aufnahm, befand sich die sozialistische Jugend gerade in einem tiefgreifenden Prozeß der Neuorientierung. Im Mai 1928 hatten Reichstagswahlen stattgefunden, die der SPD – und abgestuft auch der KPD – große Stimmengewinne gebracht hatten. Die zentrale Losung der SPD im Wahlkampf: »Für Kinderspeisung, gegen Panzerkreuzer!« war bei den Wählern angekommen. Ein Sozialdemokrat wurde Reichskanzler. Und da geschah es (ähnlich wie 1976 in der Rentenfrage): die sozialdemokratisch geführte neue Reichsregierung bewilligte am 10. August 1928 den Bau des Panzerkreuzers A. Und da ein Unglück selten allein kommt, folgte dem Panzerkreuzer-Streich auf dem Magdeburger Parteitag der SPD 1929 der Reichswehrstreich. In der Wehrdebatte unterlag Paul Levi, »der weitaus klügste, allen anderen vielfach überlegene Kopf der deutschen Sozialdemokratie«. Die SPD erklärte, für die Republik von Weimar sei eine Wehrmacht notwendig »zum Schutze ihrer Neutralität und der politischen, wirtschaftlichen und sozialen Errungenschaften der Arbeiterklasse«.

Das war für die sozialdemokratisch orientierte Jugend, die den Wahlsieg durch opfervollen Einsatz erstritten hatte, nicht nur der Bruch des Wahlversprechens. Die Reichswehr hatte 1923 die völlig legal amtierende Arbeiterregierung unter Dr. Erich Zeigner in verfassungswidriger Weise gestürzt, und seither wurde das rote Sachsen von der Reaktion regiert. Diese Reichswehr nun als Schutz der politischen, wirtschaftlichen und sozialen Errungenschaften der Arbeiterklasse hinzustellen, war unerträglich. Die SPD verlor mit dieser Politik das Vertrauen ihrer Wähler und das der eigenen Jugend. Nach 22 Monaten stürzte dann die Reichsregierung des Sozialdemokraten Hermann Müller über die Frage der Erhöhung der Beiträge zur Arbeitslosenversicherung. Das vom Zentrumsführer Brüning gebildete Kabinett und seine Notverordnungspolitik wurden von der SPD als »kleineres Übel« toleriert. Damit war für Sozialisten die Grenze des Zumutbaren überschritten.

Im Zusammenhang mit der Panzerkreuzer-Affäre hatten die Dresdner Jungsozialisten eine Zentrale Arbeitsgemeinschaft gebildet, wo vor allem aktuelle politische Fragen diskutiert wurden. Von Walter Pöppel geleitet, kristallisierten sich dort vor allem Walter Fabian, Helmut Wagner, Kurt Liebermann und Franz Blazeizack als besonders aktive Diskutanten und Referenten heraus. Diese systematische Bildungsarbeit kam vor allem in ganz Ostsachsen den Jungsozialisten, der SAJ, den Falken, den Naturfreunden und Arbeitersportlern zugute.

Walter Fabian, der damals die »Sozialistische Information« herausgab und Mitarbeiter an verschiedenen sozialdemokratischen Tageszeitungen und Zeitschriften war, galt bald als einer der meistgesuchten Referenten und Kursusleiter. Er war ein ausgezeichneter Redner, sowohl in seiner Rhetorik wie im Wissen. Dabei war ihm die bombastische Rhetorik, deren sich etwa der Reichstagsabgeordnete Arthur Arzt bediente, absolut fremd. Walter Fabian sprach ruhig und überzeugend, wie ein guter Lehrer oder Dozent. Er war der typische Wissensvermittler und kein Propagandist.

Dabei war Walter Fabian, wie alle Referenten aus der Zentralen Arbeitsgemeinschaft, sehr uneigennützig. Soweit ich das überblicken konnte, ging es ihm finanziell nicht sonderlich gut, und als sich die Richtungskämpfe in der Partei zuspitzten, bekamen das die Repräsentanten des linken Flügels pekuniär besonders zu spüren, zumal auch die Rundfunkanstalten, wo Walter nicht oft, aber doch kontinuierlich zu Wort gekommen war, von den Linken abrückten.

Man muß hier einflechten, daß damals ganz generell in der deutschen Arbeiterbewegung weitaus mehr gedient als verdient wurde. Ein Referent bekam für Vorträge in den Jugendgruppen zwei Reichsmark und manchmal das Fahrgeld dazu, oft auch gar nichts. Die Partei bezahlte etwas besser. Aber dort wurde Walter Fabian nach dem Willen der Parteileitung – und sie hatte die Referentenvermittlung – tunlichst geschnitten. Doch das konnte einen Mann wie Walter Fabian nicht zu Abstrichen an seiner Überzeugung bewegen. Die Jugend honorierte ihn dafür mit großem Vertrauen. Wenn er sammelnd und mahnend, opfernd und fordernd unter uns stand, wobei ihm ein Schuß Humor und Spitzbüberei nie fehlte, dann war er ein Wegweiser für eine Generation junger Sozialisten.

Dabei war es nun wirklich nicht so, daß Walter Fabian in der Jugend nicht »Konkurrenten« gehabt hätte. Sieht man von seinen Freunden aus der Zentralen Arbeitsgemeinschaft ab, so hatte die SAJ in Ostsachsen eine besonders gute Nase für Referenten, die etwas konnten und wußten und nicht nur redeten. Auf der Jugendburg Hohnstein, wo viele der Wochenendkurse abgehalten wurden, kreuzten Frauen und Männer auf, die man sein Leben lang in bester Erinnerung behalten hat: Dr. Erich Zeigner (»Ein Blick hinter die Kulissen der Regierungen und Parlamente«); Frau Prof. Anna Siemsen, MdR, und ihr Bruder August Siemsen, MdR; Alice und Otto Rühle; Engelbert Graf und Paul Frölich, nicht zu vergessen Paul Levi, von dem sich Reichsanwalt Jorns, der die Mörder von Rosa Luxemburg und Karl Liebknecht begünstigt hatte, öffentlich die Frage gefallen lassen mußte: »Wissen Sie, Herr Reichsanwalt Jorns, wovon Ihre Robe so rot ist?« Als Paul Levi im Februar 1930 plötzlich starb, blieb vielen von uns sein »Huttenwort« in Erinnerung:

Mich reut die Stunde, die nicht Harnisch trug.
Mich reut der Tag, der keine Wunden schlug.
Mich reut, ich streu mir Asche auf das Haupt,
Daß ich nicht fester noch an Sieg geglaubt!
Mich reut, ich beicht es mit zerknirschtem Sinn,
Daß ich nicht Hutten stets gewesen bin.

Man traf Walter Fabian auch, wenn die SAJ zu ihren großen zentralen Veranstaltungen aufrief: Gegen die Ermordung von Sacco und Vancetti durch die US-Justiz; wenn Pietro Nenni zur Wachsamkeit gegen den Faschismus aufrief oder auch bei Kulturveranstaltungen, wenn die Dresdner Philharmoniker über »Komik und Humor in der Orchestermusik« oder »Von den Hymnen der Nationen zur Internationale« »referierten«. Immer war Walter wie ein großer Bruder unter den lernbegierigen Jungen.

Wenn ich mich rückschauend frage, warum Walter Fabian junge Sozialisten so faszinieren konnte, dann komme ich zu folgendem Ergebnis: Er sprach nie *zu* den Menschen, sondern *mit* ihnen. Er zwang seine Zuhörer schier unmerklich dazu, über die von ihm gestellten Fragen nachzudenken. Er selbst befand sich in einer ständigen Überprüfung der eigenen und anderer Gedanken. Er hatte feste Wertvorstellungen und zugleich Respekt vor denen anderer. Er war marxistischer Theoretiker, der aber nie Ideologe sein wollte. Denn ein Ideologe ist mit Denken fertig, hat ein System zu verteidigen, eine Position zu bewachen, während ein Theoretiker mit Denken beschäftigt ist. Walter war immer in Anspruch genommen von der Suche nach neuen originellen Gedanken, denn für ihn war Politik Veränderung. Er hatte sehr konkrete Vorstellungen, aber kaum definitive. Denken machte ihm Freude. Er hatte Lust am Ausbrechen und doch auch den notwendigen Sinn für Einordnung. Und er war immer unbequem.

Der Leipziger Parteitag der SPD im Juni 1931 hatte vor allem die Aufgabe, die linken Genossen in der Partei zu disziplinieren und die Opponenten gegen die Tolerierungspolitik zum Schweigen zu bringen. In Ostsachsen äußerte sich das zuerst in der Auflösung der Zentralen Arbeitsgemeinschaft der Jungsozialisten. Die Parteispitze gab die Anweisung an die Jusos, weniger Veranstaltungen abzuhalten. Referenten und Themen bedurften fürder der Prüfung und Kontrolle durch den Bezirksvorstand. Über Walter Fabian wurde ein Redeverbot verhängt (ein in der SPD damals wohl einmaliger Fall), und die weitere Herausgabe seiner »Sozialistischen Information« wurde ihm untersagt. Als er sich nicht fügte, wurde er vom Bezirksvorstand ausgeschlossen, was wiederum den Protest anderer Parteibezirke auslöste.

Das Vorgehen gegen die Jungsozialisten in Dresden war höchst unklug, denn die Zentrale Arbeitsgemeinschaft wurde in einem anderen Rahmen – illegal gegenüber der Parteiführung – fortgesetzt. Und da die leitenden Funktionäre der SAJ fast ohne Ausnahme zur Arbeitsgemeinschaft gehört hatten, befand sich faktisch die gesamte Jugend der Partei im Lager der Opposition. Die Opposition bestand eben nicht nur, wie die Parteispitze vermutete, aus wenigen »Störenfriden« und »Quertreibern«, sondern die linken Genossen wollten nicht nur eine Meinung haben, sie wollten sie auch äußern und vertreten dürfen, wollten die Partei mitgestalten und mitverwalten. Auch die beim SPD-Vorstand praktizierte Methode, oppositionelle Genossen als Kommunisten zu denunzieren, schweißte die Jugend erst richtig zusammen. Zumal der Vorwurf sachlich völlig unbegründet war. Die Linken in der SPD standen der Politik Stalins sehr kritisch gegenüber und übten Distanz zur KPD vor allem ob deren Kritiklosigkeit gegenüber dem Kreml.

Die Tolerierungspolitik der sozialdemokratischen Reichstagsfraktion gegenüber der Brüningschen Notverordnungspolitik wirkte auf die SPD und ihre Wähler wie Gift, denn angesichts der umsichgreifenden Massenarbeitslosigkeit und des Massenelends erwarteten die Menschen eine entschlossene Opposition der SPD gegen Brüning. Als Brüning den Reichstag vorzeitig auflöste, verlor die SPD die Wahl. Die Massen begannen sich von der Sozialdemokratie abzuwenden, weil die SPD zu einer Zeit und in einer Situation total versagte, als das Volk die Sozialdemokratie am dringendsten brauchte. Das Volk erwartete den konzentrierten Einsatz der Klassenkampfkraft der SPD und der mit ihr eng liierten Gewerkschaften, nicht aber die von der SPD im Reichstag praktizierte Mitverantwortung für die volksfeindliche Sozial- und Wirtschaftspolitik des Herrn Brüning und seines »Kabinetts der Frontsoldaten«.

Alle krampfhaften Versuche der SPD-Spitze, dem Partei- und Wahlvolk die Tolerierungspolitik als »kleineres Übel« schmackhaft zu machen, waren erfolglos. Und alle Disziplinierungsmaßnahmen, bis hin zum Ausschluß von Mitgliedern der sozialdemokratischen Reichstagsfraktion (Max Seydewitz, Kurt Rosenfeld und andere) ebenso. Es kam zum Bruch und zur Gründung der Sozialistischen Arbeiterpartei (SAP) und des Sozialistischen Jugendverbandes (SJV). Auf dem ersten Parteitag der SAP vom 25.-28. März 1932 in Berlin wurde Walter Fabian mit hoher Stimmenzahl in den Vorstand gewählt.

Ich will noch erwähnen, daß das Buch »Klassenkampf um Sachsen«, das Fabian 1930 veröffentlichte, für uns Jüngere den Zugang zum Verständnis des Zeitgeschehens sehr erleichterte; denn es vermittelte wirklich, wie es der Untertitel versprach, »Ein Stück Geschichte 1918-1930« – aus der Sicht eines unabhängigen, sehr kritischen und selbstkritischen linken Sozialisten.

Wohl nirgendwo hat die Jugend der SPD damals so geschlossen die Gefolgschaft verweigert wie in Dresden. Zu nahezu hundert Prozent erfolgte der Übertritt von der SAJ zum SJV. Das hatte gute Gründe, aber einer davon war sicher die unermüdliche politische Arbeit von Walter Fabian und der Zentralen Arbeitsgemeinschaft. Das wurde doppelt unter Beweis gestellt:

Einmal durch ein politisches Kabarett des SJV, »Die Nebelspalter«, wo klar ausgesprochen wurde, wovon das Herz der jungen Genossen übervoll war. Nach der Melodie »Das ist die Liebe der Matrosen« wurde da gesungen:

Das ist das Lied vom kleinren Übel,
bei der SPD, mein Schatz,
hat so manches Übel Platz.
Es notverordnet ganze Kübel,
und auf jede Notverordnung folgt Ersatz.
Man kann so herrlich tolerieren,
nur dem Proleten, dem tut's weh.
Die Notverordner können diktieren,
denn sie stützt und unterstützt auf jeden Fall die SPD,
jawohl, die SPD!

zum anderen durch den Dresdner SAP-Prozeß des Jahres 1933. Der Gestapo war es im Sommer 1933 gelungen, in Dresden über hundert Mitglieder der illegalen SAP zu verhaften, die fast ohne Ausnahme um die zwanzig Jahre alt waren. Trotz Folter und schrecklicher Verhöre gelobten in der Gerichtsverhandlung nur zwei »Besserung« und freiwillige Eingliederung in die braune Volksgemeinschaft. Alle anderen nahmen ihre Strafen auf sich und zeigten den braunen Schändern Deutschlands und ihren Handlangern in der Justiz ihre Verachtung. Die politische und moralische Qualität der »Fabianzöglinge« (so 1929 ein Parteivorstandsmitglied) stand über jedem Zweifel.

Nach der vom Parteivorstand der SPD systematisch provozierten und durchgeführten Spaltung wurde Walter Fabian 1932 als Redakteur an das Zentralorgan der SAP »Sozialistische Arbeiterzeitung« berufen. Es würde sich bestimmt lohnen, aus den zahllosen Artikeln, die innerhalb des kurzen Zeitraumes bis zur Illegalität von ihm und seinen Freunden geschrieben worden sind, Auszüge zu machen, weil viel davon mahnende

Begleitmusik zur selbstmörderischen Politik der SPD gewesen ist, und gewiß nicht aktueller Bezüge entbehrt. Man denke an die abenteuerliche Hilfe der SPD zur Wiederwahl Hindenburgs, der ebenfalls kleineres Übel und angeblicher Schutzwall gegen die Nazis sein sollte. Man rufe sich in Erinnerung die schmähliche Kapitulation der sozialdemokratischen Preußenregierung vor dem elenden von Papen. Wie diese wieder und wieder beschworene »Machtposition« dahinschmolz wie Schnee. Und schließlich das bittere Ende, als sich die »Eiserne Front« der SPD als reine Papp-Front erwies.

In der SAP war die Frage des aktiven Kampfes gegen das System der braunen Verbrecher und ihrer bürgerlichen Steigbügelhalter keine Minute umstritten. Auf dem ersten illegalen Parteitag am 11./12. März 1933 in Dresden wurde Walter Fabian in die illegale Reichsleitung gewählt. Bis Januar 1935 hat Walter Fabian in Berlin die Funktion eines illegalen Reichsleiters der SAP ausgeübt. Wie locker saß in diesen langen und schweren Monaten sein Kopf auf den Schultern! Wenn man im Deutschen Bundestag einmal von Männern wie Walter Fabian sagen wird: »Er hat sich ums Vaterland verdient gemacht,« wird auch bei uns DIENEN und nicht mehr VERDIENEN honoriert werden, wird der Bundestag endlich eine VOLKS-Vertretung sein.

Irmgard Enderle

Breslau 1932/33

Ich lernte Walter Fabian kennen, als wir Mitglieder der Sozialistischen Arbeiter-Partei wurden. Er hatte 1931 die SAP als linke Abspaltung von der SPD mitbegründet. Mein Mann und ich waren mit einem Teil der von der KPD abgespalteten KPO im März 1932 dieser Partei beigetreten. Da in Breslau die stärkste Gruppe der SAP unter Führung des Rechtsanwalts Dr. Ernst Eckstein bestand, waren Walter und mein Mann August Enderle von der zentralen Leitung in Berlin als leitende Redakteure dorthin entsandt worden. Die Herausgabe der »Sozialistischen Arbeiter-Zeitung« war in Breslau weniger kostspielig als in Berlin, wo sie bisher erschienen war.

Walter Fabian hat mir später oft erzählt, wie gut August und er sich verstanden und ergänzten. Fast jeden Morgen, wenn sie sich in ihrem gemeinsamen Redaktionszimmer trafen, hatte August die Idee für den Leitartikel des Tages fest im Kopf; ihm fehlte es nie an dem Blick für das, was im Augenblick wesentlich war. Die Ausführung übernahm dann, nach kurzer Diskussion, meistens Walter; er hatte in sehr jungen Jahren als politischer Redakteur an der Parteizeitung der SPD in Chemnitz, die früh am Morgen fertig sein mußte, um am gleichen Tage bis in die entferntesten Orte im Erzgebirge zu kommen, die Fähigkeit erworben, sehr schnell zu diktieren oder selbst in die Schreibmaschine zu schreiben.

Ich war August nachgefolgt, wurde ständige Mitarbeiterin der SAZ und sehr schnell auch Mitglied des Breslauer Ortsvorstandes. Das dauerte bis zu Hitlers Machtergreifung bzw. bis zur Nacht des Reichstagsbrandes am 27. Februar 1933. Die Partei und die Zeitung wurden verboten. Wir waren mit einem Schlag illegal geworden. Wir setzten aber den Kampf gegen die Nationalsozialisten insgeheim fort, schrieben und verteilten antinazistische Flugblätter und hielten in kleinen Gruppen, die durch ihre Vorsitzenden mit der zentralen Leitung zusammenkamen, die Partei nach Möglichkeit aufrecht. Pekuniär ging es uns natürlich miserabel. Zum Wohlfahrtsamt konnten wir wegen zu großer Gefährdung nicht gehen. Der deutsch-nationale und nicht gefährdete Bekannte eines Bekannten bot uns Tischdecken und Oberhemden zum Weiterverkauf an. Damit hatten wir zugleich ein Alibi, wenn wir bisherige Parteimitglieder in ihren Wohnungen aufsuchten.

Walter war in Breslau zusätzlich gefährdet – nicht nur wegen seiner jüdischen Herkunft, sondern auch deshalb, weil er sich den Zorn des Polizeipräsidenten zugezogen hatte, bei dem er mehrfach in scharfer Form gegen Verbote der SAZ schon vor der »Machtergreifung« protestiert hatte. Nachdem in der Nacht nach dem Reichstagsbrand Ernst Eckstein in seiner Wohnung verhaftet worden war, kehrte Walter gar nicht mehr in sein möbliertes Zimmer zurück; etwa eine Woche lebte er versteckt bei Breslauer Genossen, dann fuhr er nach Berlin, wo er nach dem illegalen Parteitag der SAP (Mitte März in Dresden) eine Funktion in der illegalen Reichsleitung übernahm. Die persönliche Verbindung war aus Gründen der Sicherheit unterbrochen – wir konnten sie erst wieder aufnehmen, als wir, und später auch Walter, in der Emigration waren.

Im Juni 1933 wurde eine größere Anzahl, darunter auch ich, von der Gestapo verhaftet. August, der inzwischen der Vorsitzende der Bezirksleitung Mittelschlesien der SAP geworden war, konnte fliehen. Die nicht verhafteten Funktionäre arbeiteten im Bezirk Schlesien weiter. Viele von ihnen wurden schließlich doch verhaftet und in Konzentrationslager oder Zuchthäuser gebracht, aus denen einige erst 1945 durch die siegreichen alliierten Armeen befreit worden sind. Ich selbst erlebte einige schlimme Tage in der Gestapo-Kaserne in Breslau, konnte dann aber nach Schweden fliehen, wo ich elf Jahre in der Emigration lebte. Man hatte mich bedingt freigelassen, weil man über mich meinen Mann zu finden hoffte.

Wie konnte es 1933 zu dieser furchtbaren Situation kommen, welche Position bezog die SAP in jener Zeit und was habe ich von Ende 1932 bis Juni 1933 in Breslau miterlebt?

Die SAP war begründet worden, um dem großen Versagen der SPD vor der Weltwirtschaftskrise 1929/30 und dem sich verschärfenden Terror der Nationalsozialisten einerseits und den von Moskau abhängigen, die Sozialdemokraten als »Sozialfaschisten« bekämpfenden Kommunisten andererseits ein Bollwerk entgegenzusetzen. Die verheerenden Fehler beider Parteien sollten vermieden, die Mehrheit der Arbeiterklasse für eine unabhängige, kämpferische Politik gewonnen werden. Wir waren überzeugt, daß, wenn Hitler die Staatsmacht erringen würde, dies keine kurze Episode bleiben, sondern in einen zweiten Weltkrieg münden werde. Der Traum, ein sozialistisches Sammelbecken zu werden, war indes bald ausgeträumt. Es erwies sich, daß die Mehrzahl der Mitglieder von SPD und KPD, auch wenn sie mit der Politik ihrer Parteien nicht einverstanden waren, ihnen doch die Treue hielten, und daß eine neue Partei von den Wählern mit Mißtrauen betrachtet wurde. Die KPD hatte allerdings in den Krisenjahren Anhänger gesammelt, die höchst unzuverlässig waren und sehr bald den demagogischen Versprechungen der Nazis zum Opfer fielen. Die SAP drängte in dieser Situation auf eine Einheitsfront von SAP, KPD und SPD, stieß dabei aber bei beiden Parteileitungen auf Ablehnung.

Nachdem Hitler Reichskanzler geworden war, kam es im Februar 1933 in Breslau und anderen Orten endlich doch noch zu gemeinsamen, machtvollen Demonstrationen. In Breslau, wo der sozialdemokratische Reichstagsabgeordnete Paul Loebe auf einer Kundgebung sprach – er erwähnt davon in seinen Memoiren aber nichts! – spielten sich rührende Verbrüderungsszenen zwischen Kommunisten und Sozialdemokraten ab. Man hoffte noch auf die Zurückdämmung des nazistischen Terrors, aber es war zu spät. SA und SS beherrschten bereits die meisten Rathäuser und Polizeireviere. Die Kundgebungen verliefen ohne Resultat, und als die KPD zum Massenstreik aufrufen wollte, lehnte die SPD ab.

Inzwischen hatten bereits Massenverhaftungen begonnen. In der Nacht des Reichstagsbrandes wurden, wohlvorbereitet, in ganz Deutschland die Führer und Funktionäre der Arbeiterparteien verhaftet, in Breslau neben anderen auch Dr. Ernst Eckstein. Er war Vorsitzender der Breslauer SPD gewesen und 1931 führendes Gründungsmitglied der SAP geworden. Bei seiner Verhaftung war er Vorsitzender der Bezirksleitung Mittelschlesien der SAP. Er war Anwalt und durch seine langjährige politische Tätigkeit als Stadtverordneter in Breslau sehr populär. Jeden Morgen wurde er jetzt auf einem Leiterwagen vom Polizeigefängnis nach dem im Aufbau begriffenen Konzentrationslager Dürrgoy gefahren. Ich stand mit seiner Freundin an einer Straßenecke, wo er vorbeikommen mußte. Weder er noch wir wagten zu winken.

Edmund Heines, berüchtigter Polizeipräsident von Breslau – der als Fememörder nie abgeurteilt worden war – hatte Eckstein an einem Abend persönlich begrüßt und ihn in der Hoffnung gewiegt, daß er freigelassen werden würde. Das erzählte er seiner Mutter, als sie ihn im Gefängnis besuchte. Einige Tage danach war er tot – nach furchtbaren

Torturen, wie Mithäftlinge später berichteten. Die Mutter durfte ans Totenbett gehen, aber nicht die Decke heben, um den Leichnam zu betrachten. Sie wurde mit Gewalt daran gehindert.

Die Leiche, die vermutlich zerschunden war, wurde natürlich nicht freigegeben. Ich nehme an, daß der geschlossene Sarg vom Krankenhaus zum Friedhof gefahren wurde. Das mußte Frau Eckstein bezahlen und erfuhr daher das Datum des Transports. Einer Beerdigung auf dem städtischen Friedhof wurde kein Hindernis in den Weg gelegt. Sie fand am 8. Mai 1933 statt. Trotz des Nazi-Terrors hatte sich eine große Menschenmenge zusammengefunden, tausende von Arbeitern, deren Armenanwalt Eckstein zeit seines Lebens gewesen war, folgten dem Sarg. Der Breslauer SAP-Parteisekretär Max Rausch hielt eine kurze Ansprache.

Der Termin der Beerdigung war den Breslauern durch ein Flugblatt bekannt gemacht worden, das zu tausenden in die Briefkästen geworfen wurde. Die SAP-Parteileitung hatte es drucken lassen und von Mitgliedern war es verteilt worden. Heines suchte monatelang nach den Urhebern dieses und anderer Umtriebe. Natürlich waren auch SA- und SS-Leute auf dem Friedhof. Man kannte sie teilweise schon, auch wenn sie nicht uniformiert waren. Verschiedene Teilnehmer an der Beerdigung mußten daher in die Illegalität überwechseln. Sie konnten nicht mehr zuhause wohnen, sondern mußten sich einen Unterschlupf suchen, wo sie fürs erste sicher waren.

Schon vor dem Reichstagsbrand hatte in Breslau eine infame Judenhetze eingesetzt. Wenn die Schaufenster jüdischer Geschäfte nicht zertrümmert wurden, waren sie bemalt mit Aufschriften wie »Dies ist ein Juden-Geschäft«, »Deutsche, kauft nicht beim Juden«, »Judensau« usw. Vor den Läden standen bewaffnete SA- und SS-Leute, die Käufer am Betreten der Läden zu hindern. Einige Mutige traten trotzdem ein. Im Moment geschah ihnen, soweit ich es beobachten konnte, nichts. Aber nachträglich wurden sie aufgespürt, ins »Braune Haus« geschleppt und wer Glück hatte, kam mit Prügeln davon, die ihn noch nicht fürs Leben zum Krüppel machten.

Gleich nach dem 30. Januar hatten Razzien auf den Straßen und in den Häusern der Arbeiterviertel stattgefunden. Oft sah ich, wie Menschen abgeführt oder mit blutigem Kopfverband unter SA-Bewachung vom Polizeipräsidium ins »Braune Haus« gebracht wurden. Man zitterte vor Empörung, aber schwieg. Man wußte genau, daß man bei der geringsten Unmutsäußerung dasselbe Schicksal erleiden würde.

Ich selbst erlebte, als ich bei meiner Einlieferung in die Gestapo-

Kaserne zunächst noch im Flur saß, wie Männer und Frauen angelaufen kamen, um mißliebige Nachbarn oder Arbeitskollegen anzuschwärzen (»sie haben den Führer beschimpft« oder dgl.). Sofort wurde ein SA-Trupp in Marsch gesetzt, um die Betreffenden ins »Braune Haus« abzuführen.

Diejenigen, die das alles nicht miterlebt haben, fragen immer wieder, wie so etwas möglich war. Da muß man wohl zurückgehen bis zum Ende des Ersten Weltkrieges. Damals haben sich die »Völkischen« in Form von bewaffneten Freikorps und sehr bald auch in der damals von vielen verspotteten NSDAP gesammelt. Sie hetzten systematisch gegen die Weimarer Republik und deren angebliche »Judenherrschaft«. Inflation und Weltwirtschaftskrise bereiteten den Boden für ihre Parolen und das konfuse Programm der NSDAP, in dem allen alles versprochen wurde. Geschickt nutzten die Nationalsozialisten die Ratlosigkeit der Regierungen vor der steigenden Arbeitslosigkeit aus. Bis zu ihrem Höhepunkt mit 6 Mio. Arbeitslosen hatte Reichskanzler Brüning unter Tolerierung durch die SPD und die Gewerkschaften mit Hilfe von Notverordnungen wesentliche Errungenschaften der Arbeiterschaft abgebaut. Zu dieser Zeit richteten die Nazis – mit Geldern der Großindustrie – in großem Umfang Speiseküchen ein, in denen Arbeitslose unentgeltlich verpflegt wurden. Sie halfen auch ihrem Kleidermangel ab, indem sie ihnen Nazi-Uniformen lieferten. So gelang es ihnen, ihre »Kampfgemeinschaften«, sprich Schlägertrupps, aufzufüllen. Um die Gegner einzuschüchtern, wurde an die niedrigsten Instinkte appelliert. Daß in einer solchen Atmosphäre das Denunziantentum blühte, ist nur zu natürlich. Aber selbst in den Gestapo-Folterkellern mußten sie die Schlägertrupps erst betrunken machen, damit sie völlig hemmungslos losschlagen konnten. Das habe ich in Breslau selbst erlebt. Die Schreie, die dann aus den Kellern in die oberen Stockwerke des Hauses drangen, sind durch Jahrzehnte mein Alptraum geblieben.

Ich blieb von Prügeln verschont. Wir circa zwanzig SAP-Häftlinge, die zunächst Tag und Nacht in einem Raum des Gestapo-Hauses rundum an den Wänden saßen und uns nicht rühren durften, wurden ununterbrochen von SA-Leuten bewacht, die zugleich den Flur und das WC im Augen behielten. Spät abends wurden plötzlich auf einem Plattenspieler Strauß-Walzer gespielt und dabei Peitschen und andere Schlaginstrumente vor unseren Augen ausgebreitet. Wir wurden abgezählt, in welcher Reihenfolge wir zum Prügeln ins Nebenzimmer geführt werden sollten. Da kam in letzter Minute ein Anruf aus dem Polizeipräsidium, daß in dieser Nacht nicht geprügelt werden dürfe. So kam ich mit dem Anschauen anderer Verprügelter davon und mit »Späßen« wie, daß dicht über meinen Kopf hinweg Pfeile in Wandbretter geschleudert wurden, und mit wüsten Beschimpfungen.

Die SAP lebte im Ausland und in kleinen illegalen Gruppen in Deutschland weiter. In Schweden vereinte sich unsere SAP-Gruppe 1944 mit der dortigen SPD-Emigrationsgruppe. Im westlichen Deutschland wurden die früheren SAP-Mitglieder nach 1945 fast durchweg Mitglieder der SPD; in der sowjetisch besetzten Zone, in der die Flüchtlinge aus Breslau und dem übrigen Schlesien Zuflucht fanden, schlossen sie sich dagegen in der Mehrzahl der KPD bzw. SED an. Walter Fabian kam nach uns aus der Emigration zurück. Er hatte, nachdem er 1942 aus dem französischen Exil in die Schweiz geflohen war, ein Wirkungsfeld in den schweizerischen Gewerkschaften und der dortigen sozialdemokratischen Partei gefunden. In der Bundesrepublik stellte er seine Kraft in erster Linie den Gewerkschaften zur Verfügung – zunächst als Referent in den Bundesschulen des DGB, später als Chefredakteur der »Gewerkschaftlichen Monatshefte«. Auf Walters Wunsch wurde ich dort, wie einst in der SAZ, regelmäßige Mitarbeiterin. Seit zwanzig Jahren stehen wir wieder in regem Gedankenaustausch – wie damals in Breslau.

Berthold Simonsohn

Persönliches Schicksal — Teil der Geschichte der deutschen Arbeiterbewegung

Walter Fabian zum 75. Geburtstag

Drei Viertel eines Jahrhunderts Deines Lebens – sie beinhalten zugleich ein Stück der Geschichte mit ihrem Auf und Ab – für das, wofür wir einstehen: d. h. Aufwachsen im wilhelminischen Kaiserreich, kämpferische Aktivität für sozialistische Demokratie in der Weimarer Republik, Kampf gegen den Faschismus im Untergrund und – als die Gefahr für Freiheit und Leben zur Flucht zwang –, Weiterkämpfen in den bitteren Jahren der Emigration, ums Überleben, nicht nur für die eigene Person, sondern für alles, was im Lande der Geburt verbrannt, verboten, unterdrückt war: fortschrittliches Denken, fortschrittliche deutsche Kultur; das hieß: radikale Demokratie und radikaler Sozialismus, radikal nicht in dem von rechts und links mißbrauchten Sinn, sondern in dem Sinne, wie es Karl Marx vor 130 Jahren schrieb: »Radikal sein ist: die Sache an der Wurzel fassen. Die Wurzel für den Menschen ist aber der Mensch selbst.«[1] Und schließlich die Rückkehr aus der erzwungenen Emigration, um nach dem völligen Zusammenbruch unseres Todfeindes nach all dem Unglück, das er über das deutsche Volk gebracht hat, nun doch bald wieder – von kurzem Hoffnungsschimmer unterbrochen – jeweils nur feststellen zu müssen, was Marx in der gleichen Schrift geschrieben hat:

»Ja, die deutsche Geschichte schmeichelt sich einer Bewegung, welche ihr kein Volk am historischen Himmel weder vorgemacht hat noch nach-

---

1 K. Marx: Zur Kritik der Hegelschen Rechtsphilosophie, Einleitung. In: Deutsch-Französische Jahrbücher, 1846. Marx-Engels, Werke, Dietz Verlag, Berlin 1961, Bd. I, S. 385.

machen wird. Wir haben nämlich die Restauration der modernen Völker geteilt, ohne ihre Revolutionen zu teilen. Wir wurden restauriert, erstens, weil andere Völker eine Revolution wagten, und zweitens, weil andere Völker eine Konterrevolution hatten. . .«²

Du ließest die Hoffnung nicht sinken. Du hieltest Dich an Rosa Luxemburg, die in den schwärzesten Tagen die Hoffnung nicht aufgab. Es ist wohl kein Zufall, daß wir uns das erste Mal persönlich begegneten bei der Gedenkfeier, die die Sozialistische Studentenschaft Zürich am 15. Januar 1948 zum 30. Jahrestag ihrer und Karl Liebknechts Ermordung abhielt. Vielleicht wäre ohne dieses Geschehnis die Geschichte der deutschen und der internationalen Arbeiterbewegung anders verlaufen, wären uns ihre stalinistische Entartung und ihre Zerschlagung durch Faschismus und Nationalsozialismus erspart geblieben.

Du hieltest Dich an die Worte Romain Rollands, als Du die Kraft hattest, die Arbeit in der Erwachsenenbildung, der Gewerkschaftsbewegung und viele politische Aktivitäten noch einmal zu beginnen und Dich durch Enttäuschungen nicht entmutigen zu lassen:

»Ich hasse den feigen Idealismus, der die Augen wegwendet von den Traurigkeiten des Lebens und den Schwächen der Seele. Man muß einem Volk, das zu leicht dem Zauber hochtönender Worte erliegt, dem bald die Ernüchterung folgt, zurufen: die heldische Lüge ist eine Feigheit. Es gibt nur ein Heldentum auf der Welt: Die Welt zu sehen, wie sie ist und sie zu lieben.«

Um die Gradlinigkeit zu verstehen, mit der Du von der Schulzeit an bis heute dieser Devise gefolgt bist, und darüber hinaus dafür gekämpft hast, die Welt nicht nur trotz der Traurigkeit zu lieben, sondern auch liebenswerter zu machen und die Ursachen der Traurigkeit verringern zu helfen, muß ich Dein Leben so schildern, wie es mir bekannt ist.

Denn erst aus der Vorgeschichte eines Menschen ist seine künftige Entwicklung zu verstehen.

Unsere Lebenswege haben sich seit fast 50 Jahren mehrfach unter ganz verschiedenen Umständen gekreuzt, weil Interessengebiete und Aktivitäten so viele Gemeinsamkeiten aufzeigen.

Ich will aus der großen Palette Deines Lebens diejenigen Gebiete herausgreifen, die bisher noch kaum gewürdigt worden sind und die, da wir ja alle immer nur einen Teilausschnitt aus dem Leben anderer kennen, vielleicht auch kaum noch zur Geltung kommen und doch zum Verständnis des Menschen Walter Fabian gehören. Ich meine Dein Eintreten

2 Ebenda, S. 379.

für fortschrittliche Pädagogik und Bildungsinhalte. Ich weiß, daß der Kampf um einen neuen Menschen durch eine neue Erziehung bei Dir schon sehr früh am Gymnasium eingesetzt hat und daß das Element Deines politischen Strebens, das eigentlich alle Deine Tätigkeiten durchzieht, der Kampf um Mitbestimmung und Selbstverwaltung bereits am Gymnasium in Berlin seinen Anfang genommen hat, indem Du dort dem Schülerrat ebenso wie dem Zentralen Schülerrat von Berlin angehörtest; daß Du sehr früh, noch als Schüler, dem Bund Entschiedener Schulreformer beitratest und daß in dem Buch von Paul Oestreich »Die Schule als Strafanstalt oder Lebensschule«[3] unter vielen pädagogischen Kapazitäten auch ein Beitrag eines Studenten Walter Fabian sich befindet. Nicht zufällig hat dieser Kampf um Selbstverantwortung und Selbstbestimmung auch Dein Interesse für unseren gemeinsamen, heute 92 Jahre alten Freund Karl Wilker und seine Tätigkeit geweckt, den ersten Sozialpädagogen, der den Versuch unternommen hat, in der heute wieder so aktuell gewordenen Frage der Fürsorgeerziehung, die Gedanken – im »Lindenhof«[4] – in die Tat umzusetzen: weg von allem, was an eine Gefangenenanstalt erinnert, hin zur Erziehung zur Freiheit, zur Selbstbestimmung und Selbstverwaltung der Gefangenen – denn das waren damals Fürsorgezöglinge, nicht anders als heute, noch allzuoft –, um durch ein exemplarisches Beispiel den Weg zu zeigen. Er ist daran gescheitert. Unter den vielen Protestschreiben führender Pädagogen und Politiker findet sich auch das Deine.

Du hast auch damals in vielen Zeitschriften entschiedener Schulreformer: »Die Neue Erziehung«, »Das Werdende Zeitalter« geschrieben und mitgearbeitet – wie immer in Deinem Leben hast Du geglaubt, mit vielen Vorträgen und Mitwirkung an Kongressen, für eine neue und bessere Erziehung in einem neuen und besseren Deutschland kämpfen zu können und zu sollen.

Vielleicht ist es kein Zufall, daß die Wahl des Themas Deiner Dissertation »Autorität und Freiheit« ein zentrales Thema Deines Lebens und unser aller Leben berührte und daß sie über Friedrich Wilhelm Foerster geschrieben wurde, einen vielschichtigen Pädagogen – ich glaube, er war der erste Emigrant aus dem Deutschland der Weimarer Republik. Er mußte als Pazifist seinen Lehrstuhl in München aufgrund der Proteste reaktionärer Studenten bereits im Jahre 1920 aufgeben und ging in die Schweiz, gleich symbolisch auch für die zukünftige Etappe Deines Lebens. Allmählich verlagerten sich, wie bei vielen, die für eine neue Pädagogik kämpften, bei Dir die Schwerpunkte mehr in die Richtung

3 Berlin 1921.
4 Fürsorgeanstalt. Berlin-Lichterfelde 1917-1921.

des politischen Kampfes und der Erwachsenenbildung und insbesondere dort, wo sich beides berührte, in der Arbeiterbildung. Dein Wirken nicht nur an Volkshochschulen, an vielen Gewerkschaftsschulen war damals, wie auch nach 1945 wieder, Zentrum Deiner Tätigkeit. Die Mitwirkung im Reichsausschuß für sozialistische Bildungsarbeit und in unserem damaligen gemeinsamen Lebenszentrum, im politischen Sturmzentrum Sachsen in den entscheidenden Jahren vor 1933, die Mitarbeit am »Kulturwillen«[5], einem der zentralen kulturellen Organe der deutschen Arbeiterbewegung, wie auch in der »Sozialistischen Bildung«[6] sprechen für jene Zeit. Du warst abwechselnd freier Journalist und Redakteur – dieses auch, obwohl Dir der freie Publizist stets nähergelegen hat. Doch wenn Du Redakteur an einer linkssozialistischen Tageszeitung wurdest, so tatest Du es damals für unsere gemeinsame Sache und teiltest mit vielen tausend meist jungen Menschen die Hoffnung, das unaufhaltsame Schicksal noch einmal zu wenden in dem Versuch, durch eine Bewegung von unten die großen Apparate zur Einheitsfront zu zwingen. Wir wußten, daß das Gelingen dieses Unterfangens als einziges in der Lage gewesen wäre, das Unheil zu verhüten. Vielleicht hätten wir den Versuch früher unternehmen sollen; wir alle wissen nicht, ob es genutzt hätte, ich weiß nur, daß damals – mit jungen Menschen wie Willy Brandt und dem verstorbenen Otto Brenner im Kreise der Sozialistischen Arbeiterpartei[7] – unsere Wege sich wieder zusammengefunden und wir versucht haben, die Woge des Hitlerismus mit schwachen, viel zu schwachen Kräften aufzuhalten. Und dann hat sie uns überrollt, die Sintflut, hat viele für immer entrissen und hat unser aller Leben neu und anders gestaltet, als wir je glaubten. Du glaubtest die Treue halten zu müssen und hier auszuharren. Das war nur im Untergrund möglich. Zwei Jahre hast Du in täglicher Lebensgefahr die illegale Arbeit der so kleinen und im Widerstand bewährten SAP von Berlin aus geleitet. Dann war für Dich nur Flucht noch der Ausweg. Was danach kam, war für Dich nicht allein das Bemühen um Überleben, sondern das Ziel, den Kampf von außen fortzusetzen. Du hast, um zu tun, was noch geblieben war, in Frankreich, in der Schweiz an Zeitungen mitgearbeitet, über dieses Deutschland, und was da in ihm geschah, berichtet und vom anderen besseren Deutschland zu künden

---

5 Zeitschrift des »Sozialistischen Kulturbundes«. Erschienen bis 1933 in Leipzig.
6 Herausgegeben vom Kulturausschuß bei der Reichsleitung der SPD in Berlin (bis 1933).
7 1931 aus der Abspaltung des linken Flügels der SPD unter Vereinigung mit Teilen der KPO entstanden.

gesucht. Wo das nicht mehr ging, suchtest Du in wissenschaftlichen Institutionen zu arbeiten, Dich mit dem Studium der französischen Literatur zu befassen und ein Mittler dessen zu sein, was damals Landesverrat genannt wurde und heute inzwischen selbstverständlich geworden ist: zwischen deutscher und französischer Kultur zu vermitteln durch die Übersetzung bedeutender französischer Schriftsteller ins Deutsche. Deine Tätigkeit im Schweizer Arbeiterbildungswerk, in der Schweizer Flüchtlingshilfe, im Schutzverband deutscher Schriftsteller in der Schweiz zeugen von Deinen vielseitigen Aktivitäten. Und dann trafen wir uns dort. Ich, nach Jahren des Konzentrationslagers, nach den Stationen Sachsenhausen, Theresienstadt, Dachau, Auschwitz, um Heilung zu suchen in der Schweiz – als Du schon wieder Deine Blicke nach Deutschland wandtest. Du warst mir wie vielen persönlich behilflich – in Deiner Stellung dort – im Kampf gegen die Bürokratie, im Kampf gegen Engherzigkeit und Engstirnigkeit auch in jenem Lande, das uns als das Land der Humanität galt. Schon damals reistest Du nach Deutschland, um an den Schulen des DGB, an Volkshochschulen, an französischen Instituten und in Amerika-Häusern, wieder Deine alte Tätigkeit aufzunehmen, die dann in der Übernahme der Redaktion der »Gewerkschaftlichen Monatshefte« gipfelte, die Deine endgültige Wohnsitzverlegung nach Deutschland einleitete. Und eng damit verbunden die Arbeit in der Erwachsenenbildung in allen ihren Sparten, die Mitarbeiterschulung als Pädagogischer Mitarbeiter des Landesverbandes der Volkshochschulen Niedersachsens, die Planung für die Neuorganisierung der Erwachsenenbildung in der Bundesrepublik, die Herstellung dessen, was Dir stets ein Anliegen war: die Zusammenarbeit von Schule und Erwachsenenbildung. Und so war konsequent der Weg in die universitäre Laufbahn, zunächst an der Hochschule für Erziehung und dann am Institut für Sozialpädagogik und Erwachsenenbildung der Johann-Wolfgang-Goethe-Universität in Frankfurt. Ich müßte lügen, wenn ich sagen würde, die hessischen Amtsstellen hätten Dir diesen Weg leichtgemacht. Du ließest Dich dadurch nicht beirren. Allmählich kamst Du über Lehraufträge doch in die Dir liegende Tätigkeit hinein, zunächst nur über das alte Gebiet der Reformpädagogik und dann zu dem, was Dein Schwerpunkt war: über die Didaktik der Erwachsenenbildung zu lesen. Daß Du Anklang und Mitarbeit fandest, zeigt die wachsende Zahl der Studenten.

Daneben Deine Tätigkeit auf vielen Gebieten, die andere würdigen werden. Als Du im Jahre 1965 Honorarprofessor wurdest und endlich Deine Verdienste auf dem Gebiet der Pädagogik von Kindheit an eine entsprechende Würdigung fanden, da hast Du mitgewirkt an allen Diskussionen über die Schul- und Bildungsreform in Deutschland. Jetzt sind wir gerade dort, an dem das Gestalt anzunehmen scheint, wofür wir beide, wenn auch auf verschiedenen Sektoren, aber doch innerhalb desselben Instituts, um einen Zusammenhang gekämpft haben: die akademische Ausbildung auf dem Gebiet der Sozialpädagogik, der außerschulischen Jugendbildung und der Erwachsenenbildung. Jetzt endlich, wo wir glauben, es erreicht zu haben, stehen wir alle etwas verlegen, daß nun eine neue Generation diese Aufgaben in die Hand nimmt, und wir Alten bei aller Beweglichkeit, die wir glaubten zu haben, doch manchmal Mühe hatten, Schritt zu halten, und uns dennoch berufen fühlten, auch die Gesichtspunkte der Realität zu vertreten. Wie ein roter Faden durchziehen Deine Treue, Dein Mut, Deine Konsequenz, Dein steter Kampf und Deine unermüdliche Aktivität Dein Leben. Wir Pädagogen nennen das eigentlich »Sekundärtugenden«. Denn alle diese Tugenden können ganz mißbraucht werden und sind nur allzuoft in ihr Gegenteil ausgeartet. Es kommt darauf an: Treue zu welchem Ziel? Sie kann in blinde Gefolgschaft ausarten! Der Mut desgleichen, aber keiner, ich glaube auch niemand von Deinen Gegnern, wird das je behaupten, daß Du in diesem Sinne die Tugenden zu anderen als humanitären Zielen verwendet hast. Treue und Kampf für demokratischen Sozialismus, für Rechts- und Sozialstaat.

Wir haben auf vielen Gebieten sachliche Gemeinsamkeiten, wie in Deiner langjährigen Tätigkeit als Vorsitzender der Humanistischen Union, im Kampf um die Sicherung der Grundfreiheiten, der Menschenwürde, um die Verwirklichung des Grundauftrags des Grundgesetzes, auf das sich heute so viele »Schützer« zu Unrecht berufen. Auch in der Treue zur Arbeiterbewegung und zum Sozialismus, so schillernd diese Begriffe heute erscheinen mögen, Treue zur Friedensidee, zum Abbau der internationalen Spannungen, zur Aussöhnung mit dem »Erbfeind« Frankreich, dann mit Osteuropa. Einen Beitrag zum Frieden zu leisten hieltest Du stets für Deine Aufgabe. Ich glaube, sie sind die Richtschnur Deines Lebens geblieben: für die Überwindung der Selbstentfremdung, den Kampf um Selbstbestimmung des Menschen oder, wie man auch sagt: die Wiedergewinnung des wirklichen Lebens des Menschen, von der wir alle träumen. Und nie hast Du zu denen gehört, in Deinem vielfachen Wirken in Wort und Schrift, denen es nur darum ging, die Welt zu interpretieren, sondern Du wußtest stets, daß es darauf ankam, sie zu verändern.

Daß Du, nach allen Rückschlägen, auch jetzt wieder, nicht zu denen gehörst, die resignieren oder von ihren Erfahrungen reden – wir, Deine Freunde von einst und jetzt und Deine Mitarbeiter, bewundern es. Du gleichst in Deiner Arbeit, die junge Menschen heute so nötig brauchen, dem, was Albert Schweitzer in seinem Buch: »Aus meiner Kindheit und Jugendzeit«, schrieb:

»Zu gerne gefallen sich die Erwachsenen in dem traurigen Amt, die Jugend darauf vorzubereiten, daß sie einmal das meiste von dem, was ihr jetzt das Herz und die Sinne erhebt, als Illusion ansehen wird. Die tiefere Lebenserfahrung aber redet anders zu der Unerfahrenheit. Sie beschwört die Jugend, die Gedanken, die sie begeistern, durch das ganze Leben hindurch festzuhalten. Im Jugendidealismus erschaut der Mensch die Wahrheit. In ihm besitzt er einen Reichtum, den er gegen nichts eintauschen soll.

... Das Wissen vom Leben, das wir Erwachsenen den Jugendlichen mitzuteilen haben, lautet also nicht: ›Die Wirklichkeit wird schon unter Euren Idealen aufräumen‹, sondern: ›Wachset in Eure Ideale hinein, daß das Leben sie euch nicht nehmen kann‹.«

Wir wünschen Dir, daß Du noch lange in diesem Geiste wirken kannst.

Walter Fabian und Werner Berthold

Exilliteratur in der Deutschen Bibliothek in Frankfurt am Main
Ein Gespräch (17. 1. 1977)

Die Deutsche Bibliothek in Frankfurt a. M. nimmt für das Gebiet der Bundesrepublik die Funktionen einer Nationalbibliothek wahr, d. h., sie ist die zentrale Archivbibliothek, die laut Gesetz vom 31. 5. 1969 »die nach dem 8. 5. 1945 in Deutschland verlegten [...] Druckwerke [...] zu sammeln, zu inventarisieren und bibliographisch zu verzeichnen« hat. Die »zwischen 1933 und 1945 von deutschsprachigen Emigranten verfaßten oder veröffentlichten Druckwerke« sind außerdem ausdrücklich in den gesetzlich fixierten Aufgabenkatalog aufgenommen worden.

W. Berthold: Lieber Herr Fabian, Sie haben uns heute die Freude gemacht, unsere Abteilung Exilliteratur 1933-1945 zu besuchen. Für uns ist das schon ein besonderes Ereignis, sind Sie doch einer der »Mitbegründer« unserer Sondersammlung, die Sie, Hanns W. Eppelsheimer und die anderen Beteiligten damals – 1948 – die Emigrationsbibliothek nannten.

Wir haben Ihnen soeben die Bestände und Erschließungsmittel gezeigt: die Sammlung der gedruckten Exilliteratur, die sich auf dem Gebiet der Belletristik und der Politik der Vollständigkeit annähert und empfindliche Lücken nur noch hinsichtlich der Wissenschaftsemigration und der jüdischen Massenemigration aufweist. Sie haben auch das Literaturarchiv mit seinen reichen Beständen ungedruckten Materials, besonders Archivmaterial von Emigrantenhilfsorganisationen, gesehen, haben sich unseren Lesesaal angeschaut und schienen, alles in allem, doch recht beeindruckt zu sein. Die Sammlung ist heute eine der größten ihres Gebiets, vielleicht die größte überhaupt. Der Deutsche Bundestag hat ihre Aufgaben in das Gesetz über die Deutsche Bibliothek – 1969 – mit einbezogen und sie damit gegenüber Zufälligkeiten abgesichert. Sie verfügt über einen kleinen Stab engagierter Mitarbeiter, einen ausreichenden Anschaffungsetat...

Wir wollen nun die Gelegenheit nutzen, Ihnen, Herr Fabian, einige Fragen zu stellen. In der Hauptsache wären es zwei Fragenkomplexe, zu denen uns Ihre Ansichten interessieren.

Erstens: Sie waren bei jener »historischen« Begegnung des Direktors der Deutschen Bibliothek – Hanns W. Eppelsheimer – mit Vertretern des Schutzverbandes Deutscher Schriftsteller in der Schweiz (SDS) in Zürich 1948 dabei, die dann zum Aufbau der »Emigrationsbibliothek« führte. Sie können sich vielleicht vorstellen, wie sehr es uns interessiert zu wissen, wie das damals eigentlich gewesen ist, besonders uns, die »Nachgeborenen«: bedenken Sie, daß fast alle meine Mitarbeiter zur Zeit der Zürcher Begegnung noch nicht einmal die Schule besucht haben.

Zuerst also zur »Gründung«. Aus den uns zugänglichen Unterlagen wissen wir einiges, nicht sehr viel. Eppelsheimer selbst erzählt davon kurz in seiner Einleitung zur Bio-Bibliographie von Sternfeld/Tiedemann »Deutsche Exil-Literatur 1933-1945«, 1. Aufl., Heidelberg 1962; 2. Aufl. 1970. Es begann im Zürcher Kreis, der im »Schutzverband der Schriftsteller deutscher Sprache« zusammengeschlossenen Emigranten:

»In diesem Kreis hatte ich – nachdem mir der menschenfreundliche Verleger Emil Oprecht die Einladung geschrieben, ohne die Reisen in Devisenländer noch nicht möglich waren – im Juni 1948, eingeführt von meinem alten Freund Kurt Hirschfeld, damals Dramaturg (heute Direktor) des Zürcher Schauspielhauses, eine Reihe freundlicher Besprechungen mit Emil Oprecht über die eben gegründete ›Deutsche Bibliothek‹, mit der ich die Unabhängigkeit der westlichen deutschsprachigen Bibliographie zu sichern hoffte; mit den Schriftstellern — vorab Ossip Kalenter und Walter Fabian — gute, bald herzliche Gespräche, in denen wir, angerührt von dem ersten unbeschwerten Austausch alter Erinnerungen und neuer Hoffnungen, die Si-

tuation der deutschen Literatur und die Wiedereingliederung
der so gewalttätig ausgesprengten Teile in das literarische Leben und die Literaturgeschichte Deutschlands berieten. Es lag
ein Glanz des Anfangs über diesen Gesprächen, auch froher
Zuversicht, mit der man nach manchen leichteren Projekten
sofort die notwendig grundlegenden Arbeiten ins Auge faßte:
die Sammlung der im Exil veröffentlichten deutschsprachigen
Literatur in einer ›Bibliothek der Emigration‹ und die Ab-
fassung eines Lexikons der emigrierten deutschsprachigen Schriftsteller, das die Namen und biographischen Daten, besonders
den Weg in die Asylländer und die Titel und Erscheinungs-
jahre der von ihnen im Exil verfaßten Bücher und größeren
Aufsätze, kurzum die materialen Unterlagen einer künftigen
Literaturgeschichte sicherstellen sollte.« Und er sagt dann:
»Es war mehr ein Entschluß des Herzens als des Verstandes,
daß ich die Leitung dieser Aufgaben übernahm.« (S. 9)

Herr Fabian, können Sie uns sagen, wie es zu dieser
Begegnung gekommen ist, und in welcher Eigenschaft Sie
daran teilgenommen haben? Erinnern Sie sich noch an
Einzelheiten des Gesprächs?

W. Fabian: Ich kann eigentlich nur das bestätigen, was Eppelsheimer
in so schönen Worten gesagt hat und was ich hier nicht
wiederholen will. Meine eigenen Erinnerungen sind aber
ganz in der gleichen Richtung, wobei ich jetzt gar nicht
genau sagen könnte, von wem diese Idee in diesem Gespräch zwischen einigen Mitgliedern des Vorstandes des
damaligen »Schutzverbandes Deutscher Schriftsteller im
Ausland« und Eppelsheimer ausgegangen ist. Zweifellos
hat Eppelsheimer zuerst den Gedanken formuliert. Das
kann ich mir einfach gar nicht anders vorstellen, denn ich
glaube nicht, daß wir einen so kühnen Gedanken damals
als versprengte und hart um unsere Existenz ringende
mehr oder weniger vereinzelte, wenn auch in diesem
Schutzverband kollegial zusammengeschlossene Schriftsteller und Publizisten hätten fassen können. Aber das
Gespräch lief dann ganz so, wie Eppelsheimer es geschildert hat. Es ergab sich spontan eine Herzlichkeit und ein
volles Vertrauen zueinander von beiden Seiten. Das war
ja damals nicht ganz selbstverständlich, wenn jemand aus
Deutschland kam, der in der ganzen Nazizeit in Deutschland gewesen war, — wenn auch unter sehr schweren Bedingungen, wie es bei Eppelsheimer der Fall war. Bei

manchen Emigranten, das stellte sich später dann auch heraus, war ein gewisses Mißtrauen vorhanden oder wenigstens eine Zurückhaltung. Bei mir vielleicht weniger, aber bei anderen mehr, wie sich dann auch zeigte, als wir anfingen, Bücher und die ersten Beiträge für diese Emigrationsbibliothek oder Bibliothek der Exilliteratur – die Terminologie war damals in der Diskussion und ist ja noch lange weitergegangen – zu sammeln. Als wir damit anfingen, zeigte sich auch, daß es eben noch bei einigen einen Widerstand, sei es vom Herzen aus, also Ressentiments, sei es ein Widerstand vom Verstande aus, gab, weil man sich sagte: Das können wir ja gar nicht schaffen; das ist ja eine Aufgabe, mit der wir weit überfordert sind; materiell können wir das nicht. Man muß sich einmal die Situation vorstellen: diese deutsche Emigration war ja über alle fünf Erdteile verstreut. Unser Verband war zunächst in der Schweiz gegründet worden, hatte dann aber bald Mitglieder bis Australien, bis Nord- und Südamerika, Israel und mehr oder weniger in allen europäischen Ländern. Das waren aber alles einzelne Menschen. Manche hatten publiziert, manche hatten im Exil nicht publizieren können, und auch die, die publiziert hatten, besaßen manchmal kaum selber noch ein Exemplar von diesen Werken. Sie hatten vielleicht das letzte verliehen und nicht zurückbekommen oder das letzte verschenkt, oder sie hatten gerade noch das letzte und konnten und wollten das nicht hergeben. Sie fragten dann, in welcher Eigenschaft ich am Gespräch mit Eppelsheimer teilgenommen habe. Ich muß Ihnen gestehen, daß ich nicht mehr genau weiß, ob ich zu dieser Zeit schon Vorsitzender oder »nur« Vorstandsmitglied war. Ich war während einer Reihe von Jahren Vorsitzender des Schutzverbandes Deutscher Schriftsteller in der Schweiz, aber ich könnte das nicht mehr genau datieren. Es ist auch nicht so wichtig. Sie wissen es vielleicht...

W. Berthold: Ich glaube, in einem Brief von Ihnen aus dieser Zeit gelesen zu haben, daß Sie damals Vorstandsmitglied für das Tessin waren.

W. Fabian: Ja, das war ich anfangs, das heißt: 1947. Ich hatte im Tessin gelebt, aus privaten Gründen, vor allen Dingen, weil man dort, ohne dauernd von der Polizei beschnüffelt zu werden, arbeiten konnte, während man in Zürich schon dadurch auffiel, daß man stundenlang Schreibmaschine schrieb, und dann vielleicht die Fremdenpolizei kam und fragte, ob man etwa ohne Arbeitserlaubnis arbeitete.

Der Kreis, der damals mit Eppelsheimer ins Gespräch kam, bestand, wie er ja auch mehrfach in seinen Erinnerungen und Aufsätzen erwähnt hat, aus Otto Zimmermann, der in Basel lebte, aus Ossip Kalenter und mir. Wir lebten damals in Zürich. Nicht dabei, wohl aus geographischen Gründen, war die Schriftstellerin Jo Mihaly, die aber dann von Anfang an mit außerordentlicher Aktivität die Arbeit für die Sammlung von Büchern für diese Abteilung der Deutschen Bibliothek, die Eppelsheimer gegen seinen Verstand, aber mit seinem Herzen in die Wege leitete, gesammelt hat. Vielleicht sollte man das kurz erklären: Frau Mihaly hat individuelle Briefe an – ich kann's jetzt nur schätzen – vielleicht 150 Autoren, Exilverlage – und winzige Verlage darunter – geschrieben und diese Kollegen gebeten, sie sollten, wenn irgend möglich, Exemplare ihrer Veröffentlichungen zur Verfügung stellen und sich auch in ihrem Freundeskreis für die Sammlung einsetzen. Man sollte vielleicht, ich habe es Ihnen mitgebracht, daraus etwas zitieren, um zu zeigen, wie Frau Mihaly, in Übereinstimmung mit mir, an die Schriftstellerkollegen geschrieben hat. Ich besitze die Kopien aller dieser Briefe, und es ist mir eine Freude, lieber Herr Berthold, diese kleine Sammlung von Dokumenten hier Ihrer Abteilung in der Deutschen Bibliothek heute als Geschenk zu überreichen. Darunter sind dann auch Antworten von einigen Schriftstellern und einigen Verlagen, positive Antworten, aber auch negative.

W. Berthold: Haben Sie herzlichen Dank. Diese Dokumente aus der Anfangszeit sind für uns von großem Wert. Die Exilforschung ist ja heute ganz besonders auch an der Problematik der Rezeption der Exilliteratur interessiert, an der Frage wie, unter welchen Umständen sie »heim« geholt worden ist. Vielleicht zitieren wir kurz aus einem der »Werbeschreiben« von Jo Mihaly. (Abgesehen von einigen privaten einleitenden Worten scheint der Text, den die ein-

zelnen Mitglieder des SDS erhielten, identisch zu sein.)
So schrieb sie also am 16. 12. 1949 an Wilhelm Abegg:

Ich benutze mit Freuden die Gelegenheit, Ihnen in einer Angelegenheit des Schutzverbandes schreiben zu dürfen und, damit
verbunden, Ihnen meine herzlichen Grüße zu senden.

Der Schutzverband bittet Sie durch mich, ihm Ihre Hilfe
bei der Sammlung einer umfassenden deutschen Emigrations-
literatur zu gewähren. Wie Sie aus beiliegendem Rundschreiben
des SDS[1] ersehen, soll die Aufstellung der Bibliothek in Frankfurt a. M. erfolgen. Die Arbeit des Suchens und Sammelns hat
unser Verband übernommen. Wir wären Ihnen nun zu großem
Dank verpflichtet, wenn Sie von jeglicher Veröffentlichung
Ihrer Arbeiten zwischen 1933 und 1949 ein Belegexemplar zur
Verfügung stellen könnten. Sollten Sie an einige der Arbeiten
nicht herankönnen, so wären wir Ihnen wenigstens für Angabe
der Verlagsadresse sowie den Titel der Arbeit dankbar, damit
wir unsererseits der Angelegenheit nachgehen können. Es wäre
unendlich freundlich von Ihnen, wenn Sie vielleicht auch Ihre
eigene private Bibliothek nach Werken fremder Emigrations-
kollegen durchmustern könnten, um die Sammlung zu vervoll-
ständigen. Es ist selbstverständlich, daß Doppelexemplare an
Sie zurückgesandt würden.

Wollen Sie bitte solche Werke an folgende Adresse schicken:
Dr. Walter Fabian, Zürich 29, Postfach 101. [...]

Aber Sie sprachen gerade von Widerständen. Es gab also
doch auch ablehnende Stimmen, nicht nur aus eher »technischen« Gründen.

W. Fabian: Ja, ich sagte vorhin schon, daß es Widerstände gab. Bei
dieser kleinen Dokumentation, die ich Ihnen hier über-
gebe, befinden sich z. B. Briefe von Kurt Kläber und seiner
Frau Lisa Tetzner, die es aus doch ziemlich charakteristi-

---

1 Erschien (hektographiert) als »Mitteilung des Schutzverbandes deutscher Schriftsteller
in der Schweiz an Mitglieder und Freunde«, Zürich Nov. 1949, 3 S. Kürzer gefaßt
erschien in einigen Zeitungen, darunter im »Aufbau«, New York (2. 12. 1949), folgende Notiz: »Eine Bibliothek der Emigrations-Literatur. Prof. Dr. Hanns W.
Eppelsheimer, Direktor der Deutschen Bibliothek in Frankfurt am Main und Verfasser des ›Handbuches der Weltliteratur‹, das er allen Wünschen und Druckmitteln
von Goebbels und den Seinen zum Trotz nicht nach den Richtlinien der Nazis ›be-
reinigte‹, ist mit dem ›Schutzverband deutscher Schriftsteller in der Schweiz‹ (Sitz:
Zürich-Oberstraß) übereingekommen, eine Bibliothek der Emigrationsliteratur auf-
zustellen und als Dauerleihgabe des Schutzverbands der Frankfurter Deutschen
Bibliothek anzugliedern ... Die Deutsche Bibliothek ist zur Zeit die einzige zentrale
Bibliothek in Deutschland. Der ›Schutzverband deutscher Schriftsteller in der Schweiz‹
ruft nun alle Autoren, Verleger, Rezensenten, Buchantiquariate usw. auf [...]«

schen und gewissermaßen auch typischen Gründen ab-
lehnen, sich an dieser Sammlung zu beteiligen und auch
ihre Bücher dafür nicht zur Verfügung stellen wollen.
Aber das war die Minderzahl.

W. Berthold: Gerade weil es sich um Argumente handelte, die für das
damalige Verhältnis mancher Emigranten zu den »Da-
heimgebliebenen« typisch waren, sollte man sie hier nicht
verschweigen.

Kurt Kläber schrieb am 20. 4. 1950 aus Carona an
Jo Mihaly u. a.:

[...] Wenn der SDS glaubt, daß in Deutschland jemand Sehnsucht nach unserer Literatur hat, dann kann er auch anregen,
daß dort gesammelt wird, und daß die deutsche Stelle dann
die Bücher einfach bestellt. Wir erleben nur das Gegenteil. Die
Kinderodyssee meiner Frau, die bei Stuffer erschien, mußte
eingestellt werden, weil sie als Nestbekleckerung bezeichnet
wurde, die Bücher kamen zurück! Mirjam in Amerika ist doch
ein Judenmädchen. Wir werden doch den deutschen Kindern
keine Bücher geben, in denen Juden die Helden sind. [...]
Ich bin also doppelt der Meinung, wenn es wirklich Deutsche
geben sollte, die Sehnsucht nach unserer Literatur haben, so
soll die Sammlung von dort ausgehen. Es werden doch in allen
deutschen Buchhandlungen schon 1000ende von Juengers,
Dwingers, Grimmes, Heideggers usw. usw. gekauft, es wäre also
nur gut, wenn auch Emigrantenliteratur aus der Schweiz über
diese Buchhandlungen, die uns sonst sabotieren, bezogen
würde. [...]

W. Fabian: Eine größere Zahl hat einfach sagen müssen, wir haben
selber unsere Sachen nicht oder, ich habe nur noch ein
Exemplar, das kann ich nicht hergeben. Ich frage mich
heute: hat dieser sehr bescheidene Anfang, den wir da
gemacht haben, und der ja auch noch, wie ich vorhin gesehen habe, in Ihrem Magazin als der Anfang des Anfangs
steht, hat das überhaupt Sinn gehabt, denn es ist ja nur
ein winziger Bruchteil, so um 200 Bücher und Zeitschriften
in Ihrer Abteilung, die jetzt eine fünfstellige Zahl von
Einheiten umfaßt.

Ich glaube, es war doch wichtig. Einmal haben wir
sicher einiges gerettet, was sonst ganz verloren gewesen
wäre. Viele dieser Schriftsteller waren ja schon alt, und
man mußte befürchten, daß sie nicht mehr lange lebten,

und sie waren, wie ich schon sagte, in den verschiedensten Ländern oft völlig isoliert und standen mit uns nur in schriftlicher Verbindung. Unser Schutzverband war gerade auch gegründet worden, um diesen Kollegen einen gewissen kollegialen Halt zu geben, besonders denen, die so isoliert waren. Wenn wir damals diese Exemplare, so wenige es auch waren – und zwar oft von Autoren, die nicht gerade die führenden waren –, nicht gesammelt hätten, wären sie wahrscheinlich ganz verloren gegangen. Und das Zweite, was vielleicht sogar das Erste genannt werden könnte, war, daß durch unsere Zusammenarbeit mit Professor Eppelsheimer von Anfang an die Brücke geschlagen war zwischen dem Pionier Eppelsheimer hier in Westdeutschland, in Frankfurt, und uns in der Emigration, und daß sozusagen wir den zum Teil etwas mißtrauischen Emigranten gegenüber auch die Bürgen dafür waren, daß das eine ordentliche Sache war und daß das wirklich sehr wichtig war im Interesse und im Sinne der emigrierten und der exilierten Schriftsteller. Das wurde dadurch sicher betont, daß eine Emigrantenorganisation wie der Schutzverband Deutscher Schriftsteller sich dahinter stellte und gewissermaßen in einer Zeit, wo noch wenig Kontakt zwischen Deutschland und diesen Emigranten war, die Brücke schlug und sagte, wir machen das hier von Zürich aus in Verbindung mit unserem Freund Eppelsheimer in Frankfurt. Ich darf Freund sagen. Ich habe, das möchte ich hier gerne einfügen, eigentlich von diesem ersten Gespräch an eine große Verehrung für Eppelsheimer gehabt und habe dem auch dadurch Ausdruck gegeben, daß ich in den kommenden Jahren bei jedem Besuch in Frankfurt bei ihm am Untermainkai in seiner Wohnung gewesen bin und stundenlange Gespräche mit ihm, durchaus nicht nur fachlicher Natur, geführt habe. Ich erinnere mich auch der großen Wärme und Herzlichkeit, die von Eppelsheimer ausging, dieser Offenheit, mit der wir, die wir doch ganz Unterschiedliches erlebt hatten – er im Dritten Reich und wir in unseren verschiedensten Exilländern – miteinander sprechen konnten. Man konnte gar nicht anders mit ihm sprechen als ganz offen und ganz von Herzen und gleichzeitig mit dem Verstand. Das hat die Sache außerordentlich erleichtert. Um es nun vielleicht noch etwas zu konkretisieren: wir haben also, wie gesagt, durch individuelle Briefe an diese (für uns) relativ große Zahl von Autoren Bücher gesammelt. Die gingen an das schon erwähnte Postfach, das ich zu diesem Zweck in Zürich gemietet hatte, und sind dann von mir verpackt und dann immer, wenn eine Anzahl zusammen war, nach hier, nach Frankfurt geschickt worden.

W. Berthold: Es ist Ihnen auch aus unserer Erfahrung heraus zuzustimmen, wenn Sie betonen, wie wichtig es war, daß die Deutsche Bibliothek zusammen mit den Emigranten selbst diese Sondersammlung aufgebaut hat. Entscheidend war nicht, daß wir 50 oder 100 oder 300 Bücher mehr oder weniger bekommen haben, sondern daß Vertrauen investiert wurde sowohl vom SDS wie später auch vom deutschen Exil-PEN-Club in London durch Wilhelm Sternfeld, Richard Friedenthal, später dann Gabriele Tergit usw. Das wirkt sich heute noch aus. Nur so erklärt es sich, daß uns immer wieder wertvolle Nachlässe – so kürzlich auch das Archiv des Exil-PEN-Clubs, London, der Jahre 1933-1940 – übergeben werden.

Vielleicht wäre es ratsam, noch ein Wort zum SDS zu sagen, da man nicht voraussetzen kann, daß diese Organisation heute noch allgemein bekannt ist.

W. Fabian: Ja, man muß da vielleicht doch besser sagen Schutzverband Deutscher Schriftsteller, weil inzwischen die Abkürzung SDS ja anders besetzt ist.

W. Berthold: Sicher, Rudi Dutschke und seine Freunde haben Ende der Sechziger Jahre diese Abkürzung als Markenzeichen ihres Sozialistischen Studentenbundes popularisiert und die alte Bedeutung verdrängt.

W. Fabian: Ich sage gar nichts dagegen ... Man hat sich dann in Zürich in »Internationaler Schutzverband deutschsprachiger Schriftsteller« mit der Abkürzung ISDS umbenannt. Hier zum »alten« SDS vielleicht soviel: Man muß daran erinnern, daß der Schutzverband Deutscher Schriftsteller eigentlich eine Gewerkschaft der Schriftsteller war, der seit 1908 im Deutschen Reich existierte, 1933 in Deutschland von den Nazis aufgelöst, im Exil im Herbst 1933 in Paris neu gegründet wurde und nun allerdings mehr politische und kulturpolitische Arbeit als gewerkschaftliche leistete. Der Vorsitzende war damals Rudolf Leonhard, Heinrich Mann war Ehrenpräsident. Der Verband wurde dann Opfer der Besetzung Frankreichs durch die deutschen Truppen 1940. Erst kurz nach dem Kriege kommt es zu einer Neugründung in der Schweiz, genau am 25. 5. 1945 in Zürich im Pfauen, das ist das Restaurant im Schauspielhaus.

W. Berthold: Und nun noch eine Frage, die wir vorhin bei unserer Besichtigung schon kurz berührt haben. Karl Hans Bergmann berichtet in seinem Buch über die Bewegung Freies Deutschland in der Schweiz, es habe sich bei der Gründung des Schutzverbandes um eine Initiative dieser Bewegung gehandelt mit dem Ziel, sich Einfluß auf kulturellem Gebiet zu sichern, das heißt also: der SDS war eine Art Anhängsel der Bewegung »Freies Deutschland« in der Schweiz.[2] Stimmt das eigentlich so?

W. Fabian: Ja und nein. Für uns war das vielleicht nicht so ganz durchschaubar. Zweifellos sind die ersten Aktivitäten von mehr oder weniger kommunistisch organisierten deutschen Schriftstellern ausgegangen. Aber wenn ich etwa erwähne, daß frühere, sehr geachtete Redakteure der alten Frankfurter Zeitung, Dr. Fritz Wahl und seine Frau, Gründungsmitglieder waren, ich selber, wie ich glaube, als Nummer vier oder Nummer sieben – das weiß ich nicht mehr so genau – auf der Mitgliederliste stand und nichts mit dem Freien Deutschland oder kommunistisch unterwanderten Organisationen im Sinn hatte, dann muß man doch sagen, daß die Anfänge nicht so eindeutig waren. Zweifellos haben, genau wie in Paris nach 1933, auch in der Schweiz die immer sehr aktiven kommunistischen Kollegen versucht, den SDS zu einem ihrer Werkzeuge zu machen. Das ist aber durch die sehr große Zahl von Schriftstellern nichtkommunistischer Richtungen, die dem Schutzverband sofort beitraten, eigentlich von Anfang an ausgeglichen worden. Und wenn ich eben sagte, daß nachher Männer wie Ossip Kalenter, Otto Zimmermann, ich und andere natürlich ehrenamt-

---

2 Karl Hans Bergmann: Die Bewegung »Freies Deutschland« in der Schweiz 1943-1945, München 1974, S. 103-105.

lich die Geschäfte des Schutzverbandes geführt haben, dann zeigt das, daß das höchstens ganz im Anfang so war. Vielleicht sollte ich noch ein Wort zur Erklärung sagen, warum wir den Verband in der Schweiz so spät gegründet haben. Anders als in Frankreich waren uns solche Aktivitäten verboten. Wir konnten erst, nachdem der Krieg zu Ende war, und Sie haben vorhin das Datum genannt – also im Mai 1945 –, einen solchen Verband von Emigranten gründen. Früher war das nicht möglich.

W. Berthold: Vielleicht könnten Sie noch etwas zu der Frage: gewerkschaftlich oder kulturpolitisch sagen.

W. Fabian: Ich glaube beides. In Frankreich bin ich auch nach meiner Flucht aus Hitler-Deutschland nach 1935 Mitglied des Schutzverbandes gewesen. Dort waren es sicher in erster Linie kulturpolitische und überhaupt politische antifaschistische Aktivitäten. In der Schweiz leistete man, ich würde sagen, zur Hälfte doch auch gewerkschaftliche Tätigkeit, das heißt wir haben zahlreichen Kollegen, besonders denen, die noch weiter von Deutschland weg waren als wir, durch einen Syndikus, den wir hatten, einen Schweizer Anwalt, und zum Teil auch einfach durch die von uns geführte Korrespondenz zu ihren Autorenrechten verholfen. Das war also in gewissem Sinn eine gewerkschaftliche Tätigkeit. Auf der anderen Seite war kulturpolitisch wesentlich, daß wir seit 1945, als von Deutschland aus kaum jemand in die Schweiz kommen konnte, auch nicht vorübergehend, als Schutzverband die Möglichkeit hatten, deutsche Autoren, z. B. Erich Kästner und andere, erstmalig aus dem im tiefsten Elend sich befindenden Deutschland in die Schweiz einzuladen, teils zur Erholung, teils – aber das war das Wichtigste – zu Vorträgen und Diskussionen in unseren Veranstaltungen. Der Schutzverband hat damals und bis in die Fünfziger Jahre hinein eine erhebliche Vortragstätigkeit vor allen Dingen in Zürich entfaltet. Ich kann vielleicht ein Beispiel erwähnen – und daran wird mir dann doch klar in der Erinnerung, daß ich damals schon Vorsitzender war –: als Thomas Mann zum ersten Mal nach Zürich kam, anläßlich des Internationalen PEN-Kongresses Ende der Vierziger Jahre, habe ich ihn gebeten, im Kreis des Schutzverbandes vorzulesen. Er selbst hatte den Wunsch, und das ist vielleicht charakteristisch für den Schutzverband, im Kreise der emigrierten und noch nicht zurückgekehrten Kollegen sich mit ihnen zu solidarisieren und von da aus auch seine Position der damaligen Nichtrückkehr nach Deutschland zu erklären. Es war also ein gewisses kulturpolitisches Ereignis. Leider haben wir es nicht auf Band festgehalten. Aber ich kann Ihnen einen Aufsatz schicken, den ich voriges Jahr über Thomas Mann geschrieben habe: »Erinnerungen an Thomas Mann«, in dem ich seine Vorlesung, seine Rede und meine Begegnung mit ihm schildere.

W. Berthold: Eine andere Frage noch: Sie waren im Exil ja vor allem politisch tätig. Man muß vielleicht daran erinnern, daß Sie in Paris Mitglied der Auslandsleitung der Sozialistischen Arbeiterpartei (SAP) waren, sich 1937 von der Partei trennten und dann die Gruppe »Neuer Weg« – mit eigener Zeitschrift – leiteten. Dann kamen Sie in die Schweiz, wo Sie seit 1942 lebten, wie Sie mir vorhin sagten, – nach illegaler Tätigkeit in Marseille, nicht schon, wie es bei Bergmann[3] heißt, seit 1940 ...

W. Fabian: Ja, diese Flucht war sehr dramatisch. Ich bin also mit meiner Frau und mit unserem kleinen Kind bei Nacht und Nebel in der Nähe von Genf über die Grenze gekommen und zunächst in der Schweiz interniert worden. Das war im Oktober 1942, kurz bevor das sogenannte unbesetzte Frankreich dann auch besetzt wurde. Ich war damals in Frankreich auch zusätzlich dadurch gefährdet, daß ich seit Anfang 1941 einer der Leiter eines amerikanischen Hilfskomitees (Emergency Rescue Committee = Centre Américain de Sécours) war, und der Vertrauensmann der Emigranten in diesem Hilfskomitee. Dieses Komitee wurde auch von der Vichy-Polizei bereits verfolgt, und es war also dringend notwendig, daß ich vor dem ins Haus stehenden Einmarsch der deutschen Truppen in das unbesetzte Frankreich in die Schweiz flüchtete. In dem Buch von Bergmann, das Sie vorhin nannten, sind falsche

---

3 Bergmann, a.a.O., S. 257. – Zu Walter Fabians Tätigkeit in der SAP siehe auch: Hanno Drechsler: Die Sozialistische Arbeiterpartei Deutschlands (SAPD), Meisenheim am Glan 1965.

Daten angegeben. Darauf will ich nicht weiter eingehen. Es war also Ende 1942, und frei in der Schweiz habe ich erst seit 1943 gelebt. Vorher waren wir einige Monate interniert.

W. Berthold: Für uns wirkte sich die Tatsache, daß unter den »Gründern« der Emigrantenbibliothek ein Politiker und politischer Schriftsteller war, insofern gut aus, als von vornherein nicht nur »schöne« Exilliteratur, sondern gleich auch politische Publikationen gesammelt wurden. Wir sollten uns vielleicht jetzt einmal einige Beispiele aus den ersten Sendungen, die Sie uns geschickt haben, anschauen. Das läßt sich im Zugangsbuch noch feststellen. So tauchen unter Ihrem Namen als Absender eine Anzahl von Büchern und Zeitschriften auf, von denen ich nur einige Beispiele nennen will:

Am Anfang steht eine besonders interessante Tarnschrift: Bismarck: Im Kampf um das Reich. [Zürich 1943.], die Karl Hans Bergmann verfaßt hat. Dann sehen wir hier: Wilhelm Herzog: Hymnen und Pamphlete. Paris 1939; Rudolf Leonhard: Der Tod des Don Quijote. Geschichten aus dem Spanischen Bürgerkriege. Zürich (1938); Walter Kolbenhoff: Untermenschen. Kopenhagen 1933; Anna Seghers: Das siebte Kreuz. Roman aus Hitlerdeutschland. Amsterdam 1946; Deutsche innere Emigration. Antinationalsozialistische Zeugnisse aus Deutschland. Ges. u. erl. von Karl O. Paetel. New York 1946; Jo Mihaly, Lajser Ajchenbrand [u.] Stephan Hermlin: Wir verstummen nicht. Gedichte in der Fremde. Zürich [1945], – vor allem aber auch einige Zeitschriften und Zeitungen, so: Neuer Vorwärts, Sozialdemokratisches Wochenblatt. 1933-1940. Karlsbad, 1938 ff. Paris; Saar-Volksstimme. 1934-1935. Saarbrücken; Die deutsche Freiheit. 1937-1939. Paris; Westland. 1933-1934. Saarbrücken usw.

Meine nächste Frage, eine besonders wichtige: welche Absicht haben Sie, hat der Schutzverband verfolgt, als Sie den Entschluß zum Aufbau der Emigrantenbibliothek gefaßt haben? Eppelsheimer selbst schreibt einmal an Sternfeld am 16. 11. 1954, man müsse mit dieser Sammlung »den Literaturhistorikern die Ausrede nehmen, daß sie über die Einzelnen nicht genau Bescheid wußten«. Später

sprach er einmal in einem Schreiben an das Bundesinnen-
ministerium von einer moralischen Verpflichtung der
deutschen Emigration gegenüber – es ging um den An-
kauf der Sammlung Berendsohn (20. 5. 1952). Die Frage
ist nun, wollten Sie, der SDS, möglichen Legendenbildun-
gen begegnen, die zu erwarten waren nach der Zeit der
Diktatur? Die Verleumdungen ehemaliger emigierter
Politiker in Wahlkämpfen standen damals zwar noch aus;
aber Sie hatten andererseits bereits die Angriffe von Frank
Thiess und anderen gegen Thomas Mann erlebt. Das Ab-
surde an der Situation der Emigranten war ja von Anfang
an, daß sie es waren, die sich verteidigen mußten gegen
die, die drinnen geblieben waren.

W. Fabian: Ja, das spielte zweifellos auch ein Rolle. Ich hatte das
vorhin auch schon angedeutet, als ich von dem Vortrag
von Thomas Mann bei uns sprach. Diese Angriffe waren
uns bekannt. Wir haben zum Teil in der Schweizer Presse,
soweit wir die Möglichkeit hatten, darauf geantwortet, wie
es ja Thomas Mann vor allen Dingen selber getan hat.
Sicher hat das eine Rolle gespielt. Zunächst aber war es das
ganz primäre Bedürfnis, Dinge zu retten, die sonst möglicherweise verlorengegangen wären, und natürlich durch
diese Sammlung, die nun bei Ihnen einen so bedeutenden
Platz einnimmt, die Grundlagen für spätere Forschungen
der Literaturwissenschaft und Gesellschaftswissenschaften
zu schaffen. Vielleicht war auch in einigen Fällen der Gedanke, daß, wenn diese Bücher wenigstens gerettet waren,
dann vielleicht auch Neuausgaben in Deutschland leichter
zu bewerkstelligen wären, als wenn sie eben gar nicht mehr
da waren.

W. Berthold: Verlassen wir die Vergangenheit, Herr Fabian, und wenden wir uns der Gegenwart zu. Sie haben heute das Ergebnis des »Starts« von Zürich aus dem Jahr 1948 gesehen.
Nicht ganz ohne unsere Mitwirkung ist auch ein Schwer-
punktprogramm Exilforschung der Deutschen Forschungs-
gemeinschaft zustande gekommen. Mehrere Dokumenta-
tions- und Forschungsstellen im In- und Ausland
arbeiten an der Erforschung der deutschen Emigration
zusammen. Ich habe darüber ja eingehend in einem Bei-

trag im Jahrbuch für Internationale Germanistik berichtet[4]. Darf ich Sie nun zum Abschluß unserer Unterhaltung um Ihr (wirklich kritisches) Urteil bitten? Haben Sie sich das alles so vorgestellt? Und wie soll es weitergehen?

W. Fabian: Ja, zu einem kritischen Urteil fühle ich mich eigentlich nicht in der Lage, und ich habe auch keine rechte Veranlassung dazu. Ich bin sehr beeindruckt von dem, was ich hier gesehen habe und was ich mir in nächster Zeit noch etwas genauer anzusehen hoffe, wenn ich vielleicht auch selber hier etwas arbeiten werde. Ich finde es sehr imposant, was hier zusammengekommen ist und bin ganz sicher, daß das die weitaus wichtigste Sammlung ist, die es von diesem Zweig der deutschen Literatur gibt – Literatur in weitestem Sinne genommen, wie Sie richtig sagten. Wahrscheinlich wäre ohne diese Sammlung auch nicht in den vergangenen Jahrzehnten schon relativ viel zum Thema Exilliteratur publiziert worden. Dies wäre sicher nicht geschehen, wenn nicht schon Ende der Vierziger Jahre durch Eppelsheimer die Bedeutung dieser Literatur hervorgehoben und ihre Sammlung in die Tat umgesetzt worden wäre. Insofern finde ich das außerordentlich wichtig, und ich glaube, wenn Sie fragen, wie es weitergehen soll, daß wahrscheinlich die Auswertung dieser Schätze, die Sie hier haben, in Zukunft noch intensiver, noch breiter werden wird. Ich sehe bei vielen Studenten, daß das Interesse an Zeitgeschichte und überhaupt an Geschichte wieder wesentlich im Wachsen ist und auch gerade diese Thematik des Exils, der Verfolgung, des Widerstands und eben der Exilliteratur heute junge und auch nicht mehr ganz so junge Menschen, die das gar nicht selber erlebt haben, wieder in wachsendem Maße interessiert. Ich will nur als ein Beispiel erwähnen, daß gerade jetzt eine groß angelegte Dissertation über den Schriftsteller Kurt Kläber, der unter dem Namen Kurt Held auch ein bedeutender Jugendschriftsteller gewesen ist, geschrieben wird, die von Professor Doderer und von mir betreut wird. So gäbe es noch eine ganze Menge, was für Sie zweifellos auch als Sekun-

---

4 Werner Berthold: Exil-Literatur der Jahre 1933-1945 in der Deutschen Bibliothek, Frankfurt am Main – Jahrbuch für Internationale Germanistik 6 (1975), S. 108-124.

därliteratur von Interesse wäre, so wie es auch wichtig ist, daß diese Menschen hier in Ihrem Arbeitsraum, den ich vorhin gesehen habe, arbeiten und Materialien einsehen können, die ihnen sonst nicht erreichbar wären. Ich habe also ein sehr positives Urteil und bin auch nicht so bedrückt über mancherlei Rückschläge, die es in den letzten Jahren in der Exilforschung gegeben hat. Sie selber haben in einem Aufsatz des Börsenblattes für den Deutschen Buchhandel ja erfreulicherweise recht deutlich gesagt, daß man von einer Krise der Exilforschung in dieser aufgebauschten Form, wie es durch die Tagespresse gegangen ist, zum Glück nicht sprechen könne[5], und ich glaube, daß diese Abteilung IX der Deutschen Bibliothek viel dazu beitragen kann, daß es auch in Zukunft nicht zu einer solchen Krise kommt, sondern im Gegenteil zu einer kontinuierlichen, fruchtbaren Verarbeitung der hier gesammelten Quellen, so daß in der Literaturgeschichte – wie in der allgemeinen Geschichtsschreibung – dieses Kapitel der deutschen Literatur jener schrecklichen Jahre zwischen 1933 und 1945 seinen angemessenen Platz findet.

W. Berthold: Herr Professor Fabian, es bleibt mir nur noch, Ihnen herzlich für Ihren Besuch und dieses Gespräch, aber auch für Ihre fortwährende freundschaftliche Hilfe und Verbundenheit zu danken.

5 Werner Berthold: Krise der Exilforschung. – Börsenblatt für den Deutschen Buchhandel 31 (1975), S. 662-666.

Walter Fabian

Bio — Bibliographische Daten (Auswahl)

1902-1920: Geboren 24. August 1902 in Berlin; Vater Richard Fabian (Innenarchitekt und Musikpädagoge), Mutter Else F., geb. Hosch. Humanistisches Gymnasium (Mommsen-Gymnasium) bis zum Abitur (1920); hervorragende Lehrer, vor allem in Deutsch, Geschichte, Griechisch, Philosophie. – Seit 1919 in der Schüler-Selbstverwaltung: Vors. des Schülerrats des Mommsen-Gymnasiums, Gründer und Vors. des Zentral-Schülerausschusses von Großberlin. Beginn der journalistischen Betätigung; 1919 erwirkt eine Veröffentlichung in Berliner Tageszeitungen einen sofortigen Erlaß des preuß. Kultusministers, durch den alle (auch getarnte) Sedan-Feiern am 2. September 1919 verboten werden.

1920-1925: Studium an den Universitäten Berlin, Freiburg, Gießen und Leipzig: Philosophie, Pädagogik, Psychologie, Geschichte, Wirtschaftsgeographie und Nationalökonomie. Promotion (Dr. phil.) mit einer philosophisch-pädagogischen Arbeit »Das Problem von Autorität und Freiheit bei Friedrich Wilhelm Foerster«; mündliche Fächer: Philosophie, Pädagogik, Psychologie, Nationalökonomie. – Während des Studiums Aktivität in: »Bund Entschiedener Schulreformer«, »Deutsches Friedenskartell«, »Deutsche Friedensgesellschaft«, »Deutsche Liga für Menschenrechte«, pazifistische und sozialistische studentische Organisationen sowie Mitarbeit an Zeitschriften: »Junge Menschen«, »Die Neue Erziehung«, »Die Friedenswarte« u. a. Referent für die genannten Organisationen, insbes. auf Kongressen der Entschiedenen Schulreformer.

1925-1932: Berufliche Tätigkeit: Verlagslektor in Leipzig, Politischer Redakteur in Chemnitz (»Chemnitzer Volksstimme«) bis 1928, freier

Publizist in Dresden (1928-1932), Chefredakteur der SAZ (»Sozialisti-sche Arbeiterzeitung«, Zentralorgan der SAP) in Breslau August 1932 bis 28. Februar 1933. Daneben Tätigkeit in der Erwachsenenbildung: Reichsausschuß für Sozialistische Bildungsarbeit, Arbeiter-Bildungsinsti-tut Leipzig, sozialdemokratische Jugend- und Kultur-Organisationen, Volkshochschulen. Freie Mitarbeit an Tageszeitungen der SPD (im poli-tischen und kulturellen Teil) sowie an Zeitschriften wie »Kulturwille«, »Sozialistische Bildungsarbeit«, »Jungsozialistische Blätter«, »Klassen-kampf« u. a. Freie Mitarbeit am Rundfunk.

Politische Tätigkeit: Mitglied des Bezirksvorstandes der SPD Chemnitz-Erzgebirge, Referent in der SPD, ihren Jugend- und Kultur-Organi-sationen, Gründer und Herausgeber der Korrespondenz »Sozialistische Information«, deren oppositionelle Haltung innerhalb der SPD im September 1931 (nach vorangegangenem Redeverbot) zum Ausschluß aus der SPD führte; Oktober 1931 Anschluß an die neugegründete SAP, Wahl in deren Parteivorstand.

Buch-Veröffentlichungen: »Die Friedensbewegung – Ein Handbuch der Weltfriedensströmungen der Gegenwart«, zus. mit Kurt Lenz (Berlin 1922), »Friedrich Wilhelm Foerster – Darlegung und Würdigung seiner ethischen und pädagogischen Gedanken« (Berlin 1924), »Arbeitsdienst-pflicht?«, in Massenauflage von der Gewerkschaftsjugend und der SAJ verbreitet (Leipzig 1924), »Die Kriegsschuldfrage – Grundsätzliches und Tatsächliches zu ihrer Lösung« (Leipzig 1925), »Klassenkampf um Sach-sen – Ein Stück Geschichte 1918-1930« (Löbau 1930, Fotomechanischer Nachdruck Berlin 1972).

1933-1935: Sofort nach dem Reichstagsbrand »untergetaucht«, zuerst in Breslau, dann in Berlin; seit März 1933 Mitglied der illegalen Reichs-leitung der SAP, seit August 1933 deren Leiter; Juli 1934 Teilnahme an einer SAP-Tagung im Ausland (Paris), danach Rückkehr nach Berlin zur Fortsetzung der illegalen Arbeit; Januar 1935 unmittelbar vor der Verhaftung durch die Gestapo nächtliche Flucht über das Riesengebirge in die CSSR; etwa 6 Wochen politische Arbeit in Prag und an der tschechisch-deutschen Grenze. Übersiedlung nach Paris zur Mitarbeit in der Auslandszentrale der SAP. Journalistische Tätigkeit für englische (Manchester Guardian, New Leader) und Schweizer Zeitungen (Basler National-Zeitung, Berner Tagwacht u. a.). 1937 nach politischen Kon-flikten »Ausschluß« aus der SAP; Gründung und Leitung einer Emi-grantengruppe »Neuer Weg«, die u. a. Rosa Luxemburgs Schrift »Die russische Revolution« mit bis dahin unbekannten Ergänzungen herausgibt. – 1937 Ausbürgerung und Aberkennung des Doktor-Titels durch das Dritte Reich.

1939-1942: Nach Kriegsausbruch Internierung in Paris, an der Loire und in Nordafrika als »feindlicher Ausländer« bis Oktober 1940. Danach Exil in Marseille und Aix-en-Provence, Mitglied der Leitung des amerikanischen Hilfskomitees IRRC zur Rettung politischer Flüchtlinge. Sommer 1942 Schließung des Komitees durch die französische Polizei (auf Anweisung der Gestapo), illegale Fortsetzung der Hilfsarbeit. Oktober 1942 (kurz vor der Besetzung des sogen. unbesetzten Frankreichs) nächtliche Flucht in die Schweiz; dort zunächst Internierung (Auffanglager).

1943-1957: Nach Entlassung aus dem Lager Wirkungsmöglichkeiten in der Schweiz: Mitarbeit an Tageszeitungen (vorwiegend als Literatur- und Musikkritiker), Mitarbeit an Gewerkschaftspresse und SPS-Zeitschrift »Rote Revue«, Referent der Schweizerischen Arbeiterbildungszentrale, der SPS und zahlreicher Gewerkschaften. Mitarbeit an Lexika, Buch-Übersetzungen aus dem Französischen: Victor Hugo, Baudelaire, Romain Rolland, François Mauriac, André Maurois, Eugen Tarlé (»1812 – Napoleon in Rußland«) u. a. – Ehrenämter ab 1945: Vizepräsident der »Flüchtlingsvertretung« (als Repräsentant der politischen und intellektuellen Flüchtlinge); Mitbegründer und langjähriger Präsident des »Schutzverbandes deutscher Schriftsteller in der Schweiz«.

Nach Kriegsende Korrespondent für westdeutsche Zeitungen (»Die Neue Zeitung«, »Frankfurter Rundschau« u. a.) sowie Vortragstätigkeit in den Westzonen und Westberlin, später Bundesrepublik, in Gewerkschaftsschulen, Volkshochschulen, Amerikahäusern (bis zur Mac-Carthy-Ära) usw. Mitarbeit an westdeutschen Gewerkschaftsblättern.

1957-1970: Chefredakteur der »Gewerkschaftlichen Monatshefte«. Daneben freie Mitarbeit an westdeutschen und Schweizer Zeitungen und Zeitschriften sowie an einer Reihe von Sammelwerken. Nebenberufliche Tätigkeit in der Erwachsenenbildung: zunächst als Pädagogischer Mitarbeiter des Landesverbandes der Volkshochschulen Niedersachsens sowie als freier Mitarbeiter an Volkshochschulen und bei »Arbeit und Leben«; seit 1960 Lehrauftrag für Erwachsenenbildung und außerschulische Jugendbildung zunächst an der Hochschule für Erziehung in Frankfurt, später (bis heute) an der Universität Frankfurt, Fachbereich Erziehungswissenschaften; 1965 Verleihung des Titels Honorarprofessor.

Ab 1971: Nach Beendigung der Chefredaktion der »Gewerkschaftlichen Monatshefte« wieder verstärkte freie Mitarbeit an deutschen und Schweizer Zeitungen sowie am Rundfunk; Ausbau der Tätigkeit an der Universität Frankfurt und der Vortragstätigkeit.

Ehrenämter in der Bundesrepublik:

1958-1963 Vorsitzender der Deutschen Journalisten-Union in der IG Druck und Papier

1960-1976 Mitglied des Deutschen Presserats

Seit 1965 Mitbegründer und 1. Vorsitzender der Hilfsaktion Vietnam e. V.

1969-1973 Bundesvorsitzender der Humanistischen Union

Seit 1971 1. Vorsitzender der Deutsch-Polnischen Gesellschaft der Bundesrepublik Deutschland e. V.

Auszeichnungen

1960 Joseph E. Drexel-Preis

1971 Carl von Ossietzky-Medaille

1974 Orden für »Kulturelle Verdienste«, verliehen vom Minister für Kultur und Schöne Künste der VR Polen

Lieber Walter!

Diese Festschrift, die ein Kreis Deiner Freunde zu Deinen Ehren herausgegeben hat, ist recht vielseitig geworden und behandelt zahlreiche Themen, mit denen Du Dich in Deinem Leben beschäftigt hast. Arbeiterbildung und Erwachsenenbildung werden in ihr genauso behandelt wie Fragen des Demokratieverständnisses, der Arbeiterbewegung, des Zionismus, der Presse, der Gewerkschaften und auch Erinnerungen an die Jahrzehnte, die wir gemeinsam durchlebt haben und die uns prägten. Das Buch ist so vielseitig und vielschichtig geworden, wie es Dein Leben immer war. Dein Leben, das vielen Jüngeren zum Vorbild diente und noch einer weitaus größeren Zahl zum Vorbild dienen sollte, war immer den Idealen der sozialen Demokratie und der Arbeiterbewegung gewidmet. Schon mit 22 Jahren hast Du promoviert. Dein ganzes Berufsleben war seitdem Deinen politischen Aufgaben und der Hilfe für Flüchtlinge und Verfolgte gewidmet. Auch als Du selber jahrelang auf der Flucht warst, hast Du jede Gelegenheit genutzt, anderen zu helfen und Dich für sie einzusetzen. Als die Jahre der Diktatur und der Unterdrückung vorüber waren, wurdest Du mit großer Selbstverständlichkeit im zerstörten Deutschland wieder aktiv und bemühtest Dich, Kenntnisse über die Arbeiterbewegung und ihre Ziele zu verbreiten.

Ich glaube, es ist gut, wenn man an seinem 75. Geburtstag auf ein geradliniges Leben zurückblicken und feststellen kann, daß man trotz aller Enttäuschungen und Rückschläge doch immer für die Ziele, denen man sich in der Jugend verschrieben hat, eingetreten ist, und daß es einem dabei gelungen ist, mitzuhelfen, diese Vorstellungen der Verwirklichung ein wenig näherzubringen.

Möge Dir diese Festschrift viel Freude machen. Hoffentlich werden viele Menschen aus den hier veröffentlichten Aufsätzen zusätzliche Kenntnisse und Erkenntnisse erhalten.

Dir selber wünsche ich bei dieser Gelegenheit noch viele Jahre der Aktivität, aber auch die Geruhsamkeit, die Du Dir redlich verdient hast.

Dein
Walter Hesselbach

Kurzbiographien der Autoren

Arno Behrisch, geb. 6. 7. 1913 in Dresden. Volksschule, Schriftsetzer-lehre. Wegen illegaler Tätigkeit für die Sozialistische Arbeiterjugend und die SPD ab 1933 politisch verfolgt. 1934 Emigration in die Tschecho-slowakei, Schweden und Dänemark. 1940-1944 Zuchthaus. 1946-1949 Mitglied des Bayerischen Vorparlaments und des Bayerischen Landtags. Bis 1961 Chefredakteur der Oberfränkischen Volkszeitung und Ge-schäftsführer der Oberfränkischen Verlagsanstalt, Hof. 1949-1961 MdB. 1961 Austritt aus der SPD, Mitglied des Direktoriums der Deutschen Friedensunion.

Werner Berthold, geb. am 10. 2. 1921 in Auerbach (Vogtl.). Studierte (u. a.) bei H. A. Korff, W. Markov, T. Litt und E. Bloch in Leipzig; Dissertation über das Phänomen der Entfremdung bei E. T. A. Hoff-mann, 1953. Bibliotheksreferendar, Wissenschaftlicher Bibliothekar an der Deutschen Staatsbibliothek in Berlin. 1957 an die Deutsche Biblio-thek, Frankfurt a. M.: Leiter der Benutzungsabteilung, außerdem Auf- und Ausbau der Abteilung Exil-Literatur. Mitwirkung bei der Einrich-tung der »Exilforschung« als eines speziellen Forschungszweiges.

Albrecht Betz, geb. 1943. Studierte nach zweijährigem Redaktionsvolon-tariat Literaturwissenschaft, Philosophie und Soziologie in Frankfurt/ Main, Berlin und Paris und promovierte 1970 mit einer Arbeit über Heinrich Heine: »Ästhetik und Politik – Heinrich Heines Prosa«, Mün-chen 1971. Sein zweites Buch galt: »Hanns Eisler – Musik einer Zeit, die sich eben bildet«, München 1976. Er veröffentlichte Funkessays, Features und Reiseberichte. Seit 1970 lehrt er deutsche Literatur an der Pariser Sorbonne.

Peter Blachstein, geb. 30. 4. 1911 in Dresden. Studium der Germanistik und Theaterwissenschaften, Tätigkeit im Buchhandel, Ausbildung zum Schauspieler und Regisseur. Ab 1927 Mitglied der Soz. Arbeiterjugend, ab 1929 der SPD, 1931 Ausschluß aus der SPD. Gründungsmitglied der Soz. Arbeiterpartei und ihres Jugendverbandes. Mai 1933 Verhaftung, KZ Hohnstein und Untersuchungshaft, August 1934 amnestiert. Ende 1934 Warnung vor erneuter Verhaftung und Flucht in die Emigration. Von Januar bis August 1935 in Prag, anschließend durch Polen über Kopenhagen nach Oslo zur Unterstützung Willy Brandts im Internationalen sozialist. Jugendbüro. Sommer 1936 Antikriegskongreß in Brüssel, Verlegung des Internationalen Jugendbüros nach Barcelona. Sekretär des Internationalen Jugendbüros in Barcelona, Mitarbeit bei der POUM (Arbeiterpartei für marxistische Einheit). Im Mai 1937 Verhaftung durch Stalinisten in Barcelona. Ausbruch einer im KZ erworbenen Tbc. Im Januar 1938 Flucht nach Frankreich, später nach Norwegen, dort als Journalist und Lehrer tätig. 1940 Flucht nach Schweden. In Uppsala Archivarbeit an der Universität. 1947 im April Rückkehr nach Deutschland, Niederlassung in Hamburg, Journalist. Ab 1949 Mitglied des Bundestages für die SPD bis 1968. 1968/69 Botschafter in Belgrad. Vorsitzender des Aufsichtsrats von Studio Hamburg.

Fritz Borinski, geb. 17. 6. 1903 in Berlin. 1921 Abitur. Bis 1927 Studium der Rechtswissenschaften, Soziologie, Geschichte. Daneben Mitarbeit an der Volkshochschule. Anschließend hauptberufliche Tätigkeit in der Erwachsenenbildung (Volkshochschulheim Leipzig, Heimvolkshochschule Sachsenburg, Assistent am Seminar für Freie Volksbildung der Universität Leipzig). Mitarbeiter der »Neuen Blätter für den Sozialismus« (1930 bis 1933). 1934 Emigration nach England. Fortsetzung der Tätigkeit in der Erwachsenenbildung, zeitweise (1940/41) in Australien interniert. 1943-1947 Sekretär des German Educational Reconstruction Committee in London. 1947 Rückkehr nach Deutschland. Mitarbeit am Aufbau des westdeutschen Volkshochschulwesens. 1947-1954 Leiter der Heimvolkshochschule Göhrde, 1956-1960 Leiter der Bremer Volkshochschule, 1953 bis 1965 Mitglied des Deutschen Ausschusses für das Erziehungs- und Bildungswesen, 1956-1970 Professor für Erziehungswissenschaft an der Freien Universität Berlin. Emeritus. Seit 1972 in Baden-Baden.

Gottfried Buttler, Pfarrer, Dipl.-Päd., nach Studium der Theologie Gemeindepfarrer in Buxtehude und Meyenburg (Bez. Bremen), danach 1963-1970 Leiter des Gemeindehelferinnen-Seminars Hermannsburg, seit 1971 Fachhochschullehrer an der Ev. Fachhochschule Darmstadt, berufsbegleitend Studium der Erziehungswissenschaft Schwerpunkt Erwachsenenbildung in Hannover und Frankfurt/M. Z. Zt. Rektor der Ev. Fachhochschule Darmstadt. Verschiedene Veröffentlichungen zur kirchlichen Mitarbeiterbildung und zur Erwachsenenbildung.

Irmgard Buttler, geb. Wilkens, Dipl.-Päd., nach einigen Semestern Theologiestudium und Ausbildung zur Gemeindehelferin Jugendarbeit in Bremen und Göttingen, 1958-1963 ehrenamtliche Jugend- und Erwachsenenarbeit in Meyenburg, dann nebenamtliche Dozentin am Gemeindehelferinnen-Seminar Hermannsburg, 1970-1974 Studium der Erziehungswissenschaft mit Schwerpunkt Erwachsenenbildung in Hannover und Frankfurt/M., seitdem freiberuflich in der Erwachsenenbildung tätig (Ev. Kirche und Volkshochschule).

Irmgard Enderle, geb. 28. 4. 1895 in Frankfurt/Main. Lehrerinnen-Examen 1917; in Berlin Studium der Volkswirtschaft. In der KPD Industriegruppen-Instrukteur, Gewerkschaftsredakteurin in Halle und Berlin. Anfang 1929 Ausschluß aus der KPD, danach KPO. Anfang 1932 Eintritt in die Sozialistische Arbeiterpartei. Juni 1933 in Breslau verhaftet, danach Emigration in Holland, Belgien, Schweden. Juli 1945 Rückkehr nach Bremen. Redakteurin am Weser-Kurier. Ostern 1947 nach Köln als Redakteurin des Gewerkschaftsblattes für die britische Besatzungszone »Der Bund«, später »Welt der Arbeit«. Seit 1955 freie Journalistin. Lebt in Köln.

Anne-Marie Fabian, geb. 20. 11. 1920 in Stettin. 1940 Abitur in Berlin. 1949-1955 Studium der Politischen Wissenschaft an der Deutschen Hochschule für Politik Berlin, Diplom-Politologin. Sachbearbeiterin für Sozialversicherung beim Senat von Berlin. 1958-1960 Mitglied des Geschäftsführenden Vorstandes des Hauptpersonalrats des Senats von Berlin. Seit 1961 freie Journalistin in Köln. Verheiratet, drei Töchter.

Ossip K. Flechtheim, geb. 1909 in Nikolajew (Rußland), seit 1910 in Deutschland, 1927-1931 Studium der Rechts- und Staatswissenschaften an den Universitäten Freiburg/Br., Paris, Heidelberg, Berlin und Köln. Dr. iur. 1931, bis 1933 Referendar. 1933 Entlassung aus politischen und

»rassischen« Gründen, 1935 Verhaftung und Emigration. 1935-1939 Studium in Genf. 1939-1946, 1947-1951 Dozent und Professor an verschiedenen amerikanischen Hochschulen. 1946/47 Sektionschef beim US-Hauptankläger für Kriegsverbrechen in Nürnberg. 1947 Dr. phil. in Heidelberg. 1951-1952 Gastprofessor an der Freien Universität Berlin. 1952-1959 Professor an der Deutschen Hochschule für Politik in Berlin, 1954-1955 Gastprofessor an der University of Kansas City. 1957 Habilitation. 1959 außerordentlicher, 1961 ordentlicher Professor für die Wissenschaft von der Politik an der Freien Universität Berlin (Otto-Suhr-Institut). 1974 emeritiert.

Erich Frister, geb. 1927 in Berlin, war von 1951-1959 Lehrer an Grund- und Hauptschulen, dann bis 1961 Schulleiter, anschließend Schulrat in Berlin-Reinickendorf und von 1964-1971 Bezirksstadtrat für Volksbildung in Berlin-Neukölln. Mitglied der GEW seit 1948, 1950-1961 Personalratsmitglied, die letzten sieben Jahre als Vorsitzender. Von 1954 bis 1965 Vorsitzender der GEW-Berlin. 1960 zum 3. Vorsitzenden, 1966 zum 2. Vorsitzenden und 1968 zum 1. Vorsitzenden der Gewerkschaft Erziehung und Wissenschaft gewählt. Seit 1972 Präsident des internationalen Berufssekretariats der Lehrer.

Helga Grebing, geb. 1930 in Berlin. Studierte Geschichte, Philosophie und Germanistik und promovierte 1953 an der Freien Universität Berlin zum Dr. phil. Danach als Lektorin, Redakteurin und Referentin in der politischen Jugend- und Erwachsenenbildung tätig. 1967-1969 Stipendiatin der DFG, 1970 Habilitation im Fach Politikwissenschaft, 1971 Professorin an der Universität Frankfurt, 1972 auf den Lehrstuhl für Neuere Geschichte unter besonderer Berücksichtigung der Sozialgeschichte des 19. und 20. Jahrhunderts an der Universität Göttingen berufen. Wichtigste Publikationen: Der Nationalsozialismus – Ursprung und Wesen (1. Aufl. 1959); Geschichte der deutschen Arbeiterbewegung (1. Aufl. 1966); Konservative gegen die Demokratie (1971); Linksradikalismus gleich Rechtsradikalismus – Eine falsche Gleichung (1971); Aktuelle Theorien über Faschismus und Konservatismus. Eine Kritik (1974).

Walter Hesselbach, Dr. h. c., geb. 20. 1. 1915 in Frankfurt am Main. Am Wöhler Gymnasium machte er 1933 das Abitur. Bis 1935 absolvierte er eine Banklehre im Bankhaus Dreyfus & Co. Von 1935 bis 1939 Tätigkeit bei verschiedenen Banken und Sekretär von Georg von Opel. Kriegsdienst und Gefangenschaft. Nach dem Krieg in der Bank

Deutscher Länder und in der Landeszentralbank in Hessen. Dort von 1952 bis 1958 Vorstandsmitglied. Seit 1958 Bank für Gemeinwirtschaft AG, Frankfurt, deren Vorsitzender des Vorstandes er ab 1961 war. Seit kurzem ist er Vorsitzender des Vorstandes der Beteiligungsgesellschaft für Gemeinwirtschaft AG, der Konzernspitze der den Gewerkschaften verbundenen Unternehmen der freien Gemeinwirtschaft in der Bundesrepublik Deutschland.

Fritz Hüser, Diplom-Bibliothekar, Büchereidirektor a. D., geb. am 4. 10. 1908 in Mülheim/Ruhr, lebt ab 1910 in Dortmund. Nach einer Lehre als Kernmacher und Former Arbeit in Maschinenfabriken, Hüttenbetrieben und im Bergbau. Empfing wesentliche Anregungen in der Gewerkschaftsjugend und in der sozialistischen Arbeiterjugendbewegung. Neben industrieller Berufsarbeit publizistische und bibliothekarische Tätigkeit in verschiedenen Organisationen der Arbeiterbewegung. Bibliothekarische Ausbildung in Leipzig, Arbeit in Werkbüchereien, Ausbau der Dortmunder Stadtbüchereien. Begründer und Leiter des Archivs für Arbeiterdichtung und Soziale Literatur sowie des Archivs der Arbeiterjugendbewegung in Dortmund. Im Archiv entstand die Dortmunder Gruppe 61, eine lose Arbeitsgemeinschaft von Arbeiterautoren aus dem Ruhrgebiet.

Christian Graf von Krockow, geb. 1927 in Ostpommern. Studium 1947-1954 in Göttingen und Durham/England; Dr. phil. (Soziologie, Staatsrecht, Philosophie). 1954-1960 Hilfsassistent und wissenschaftlicher Assistent am Soziologischen Seminar der Universität Göttingen. 1961 bis 1965 Professor für Politikwissenschaft an der Pädagogischen Hochschule in Göttingen. 1965-1969 o. ö. Professor für Politikwissenschaft der Universitäten Saarbrücken und Frankfurt/Main, seither freier Wissenschaftler und Publizist. 1971-1974 Mitglied im Gründungsausschuß der Universität Oldenburg. Letzte Veröffentlichung: Reform als politisches Prinzip, München 1976 (serie piper). Studienreisen: UdSSR, Japan, Mexiko, China usw.

Dieter Kühn, geb. 1. 2. 1935 in Köln. Schulzeit in Bayern. Studium der Germanistik und Anglistik in Freiburg, München, Bonn. Ein Jahr Lehrassistent in den USA. Promotion über Robert Musil. Seit 1964 als freier Schriftsteller. Verheiratet, zwei Söhne. Hörspiele seit 1960; 1974 Hörspielkreis der Kriegsblinden; Hörfeatures; Theaterstücke. Publikationen, eine Auswahl: N, Erzählung, 1970; Ausflüge im Fesselballon, Roman, 1971, Neufassung, 1977; Grenzen des Widerstands, Essays, 1972; Siam-

Siam, Ein Abenteuerbuch, 1972; Die Präsidentin, Roman, 1973; Unternehmen Rammbock, Planspielstudie, 1974; Festspiel für Rothäute, Erzählung, 1974; Luftkrieg als Abenteuer, Kampfschrift, 1975; Stanislaw der Schweiger, Roman, 1975; Josephine, Essay, 1976; Goldberg-Variationen, Hörspiele, 1976.

Arnold Künzli, geb. 1919 in Zürich. Jugendzeit in Zagreb (Jugoslawien), Studium der Philosophie, Germanistik, Romanistik in Zürich, Promotion mit einer Dissertation über Kierkegaard. Von 1946-1955 Auslandskorrespondent von Schweizer Zeitungen in Rom, London, Bonn. 1956-1962 Redakteur der »National-Zeitung« Basel. 1964 Habilitation für Philosophie der Politik – mit einer Arbeit über Karl Marx – an der Universität Basel. Seit 1971 a. o. Professor in Basel.

Leonhard Mahlein, geb. 4. 4. 1921 in Nürnberg. Volksschule, Buchdruckerlehre, Meisterprüfung, REFA-Schein. 1946-1949 Jugendleiter der IG Druck und Papier, Betriebsratsvorsitzender, 1951-1956 Fachlehrer. Seit 1956 hauptberuflicher Funktionär der IG Druck und Papier. 1965 Landesbezirksvorsitzender von Bayern, 1968 Vorsitzender der Gesamtorganisation. Mitglied des DGB-Bundesvorstandes und der Exekutive der Internationalen Graphischen Föderation, Beiratsmitglied der Graphischen Akademie München.

Joseph Rovan, geb. 25. 7. 1918 in München. Humanistisches Gymnasium in Berlin, Abitur am Lycée Carnot Paris, 1938 Studium der Science Politique. Direktor der deutschen Abteilung der Universität Paris VIII (Vincennes), Professor für Civilisation Allemande. Mitbegründer des Verbandes »Peuple et Culture«, dessen Generalsekretär er ist. Mitarbeiter der Zeitschriften »Esprit« und »Frankfurter Hefte«, Frankreich-Korrespondent des Bayerischen Rundfunks. Veröffentlichungen u. a.: Histoire du catholicisme politique en Allemagne, Paris 1957 (Edition du Seuil); Une idée neuve, la Démocratie, Paris 1961 (Edition du Seuil); Allemagne, Paris 1975 (re-édition, Edition du Seuil); Histoire de la social-démocratie allemande (erscheint 1977); La Calabre (mit Paul Lengrand), Paris 1957 (Edition Armand Collin).

Berthold Simonsohn, geb. 24. 4. 1912 in Bernburg/Saale. Human. Gymnasium 1918-1930. Nach dem Abitur Studium der Rechtswissenschaft in Leipzig und Halle/Saale. 1934 Abschluß mit der Promotion zum Dr. jur. (Thema: Die Geschichte des Verbrechens des Hochverrats in der Epoche des Liberalismus). Politische Tätigkeit in der SAJ, Sozialistischen Studentenschaft, später S.A.P. Verhaftet 1933 und 1938. Von 1938-1942 in jüdischer Sozialarbeit beschäftigt. 1942 Deportation nach den KZ-Lägern Theresienstadt, Auschwitz und Dachau. Nach der Befreiung 10 Monate in Prag beim Repatriierungsamt, danach von 1947-1950 Studium der Sozialwissenschaften an der Universität Zürich. Von 1951-1960 Aufbau und Leitung der Zentralen Jüdischen Wohlfahrtsorganisation in Hamburg und Frankfurt/Main. Seit 1961 Professor für Sozialpädagogik und Jugendrecht, zuerst an der Hochschule für Erziehung, nach deren Eingliederung an der Johann-Wolfgang-Goethe-Universität in Frankfurt/Main, Mitglied mehrerer Kommissionen zur Reform des Jugendhilfe- und Jugendstrafrechts, besonders im Rahmen der Arbeiterwohlfahrt.

Carola Stern, geb. in Seebad Ahlbeck. Bis 1951 in der DDR, zuletzt als Lehrerin an der SED-Parteihochschule. In den fünfziger Jahren Studium der Soziologie und Politischen Wissenschaft, wiss. Assistentin am Institut für Politische Wissenschaft der Freien Universität Berlin. Von 1960-1970 Leiterin des Politischen Lektorats beim Verlag Kiepenheuer und Witsch, Köln, seit 1970 in der Hauptabteilung Politik des Westdeutschen Rundfunks. Mitbegründerin der Deutschen Sektion von Amnesty International, zeitweise Vorsitzende und Mitglied des Internationalen Exekutivkomitees. Mehrere Buchveröffentlichungen, u. a. eine Ulbricht-Biographie und eine Monographie über Willy Brandt. Zusammen mit Günter Grass und Heinrich Böll Herausgeberin der Zeitschrift L 76 – Demokratie und Sozialismus.

Lutz v. Werder, geb. 1939, M. A., Dr. phil., Habilitation für das Fach Soziologie. Studierte Philospohie, Erziehungswissenschaften, Soziologie in Göttingen und Westberlin. Z. Z. Privatdozent für Soziologie an der Freien Universität Berlin. Mitarbeit in der Kinderladenbewegung, Arbeit in Jugendzentren. Seit 1976 Leitung des Projekts »Stadtteilnahe Volkshochschularbeit« in Berlin-Schöneberg. Zahlreiche Aufsätze zur Arbeiterbildung, Sozialgeschichte der Erziehung, Sozialisationsforschung, alternativen Erziehung. Bücher: Von der antiautoritären zur proletarischen Erziehung (1972), Sozialistische Erziehung in Deutschland (1974), Erziehung und gesellschaftlicher Fortschritt (1976). Was kommt nach der Kinderladenbewegung? (1977).